让教育阳光
普照在学生心田

长江大学应用在线开放课程的实践与探索

谢红星 等著

中国社会科学出版社

图书在版编目（CIP）数据

让教育阳光普照在学生心田：长江大学应用在线开放课程的实践与探索/谢红星等著.—北京：中国社会科学出版社，2018.3
ISBN 978 - 7 - 5203 - 2173 - 0

Ⅰ.①让… Ⅱ.①谢… Ⅲ.①网络教学—教学研究—高等学校
Ⅳ.①G642

中国版本图书馆 CIP 数据核字（2018）第 042826 号

出 版 人	赵剑英
责任编辑	卢小生
责任校对	周晓东
责任印制	王　超

出　　　版	中国社会科学出版社
社　　　址	北京鼓楼西大街甲 158 号
邮　　　编	100720
网　　　址	http：//www.csspw.cn
发 行 部	010 - 84083685
门 市 部	010 - 84029450
经　　　销	新华书店及其他书店

印刷装订	北京明恒达印务有限公司
版　　　次	2018 年 3 月第 1 版
印　　　次	2018 年 3 月第 1 次印刷

开　　　本	710×1000　1/16
印　　　张	18
插　　　页	2
字　　　数	291 千字
定　　　价	78.00 元

凡购买中国社会科学出版社图书，如有质量问题请与本社营销中心联系调换
电话：010 - 84083683

序：让教育阳光普照在学生心田

——长江大学运用在线开放课程跨越"知识沟"的思考与实践*

随着以慕课（MOOC）为代表的在线开放课程的兴起，国内许多高校启动了以在线开放课程为核心的教学改革。如何应对在线开放课程大潮的来袭，已成为新形势下高校教学改革必须直面的重要问题。为此，长江大学依托"互联网＋"平台，构建了"五位一体"的教学体系和在线开放课程体系，实现了优质资源的共享与分享。

一　一个平台：互联网＋教育

2015年4月，教育部发布《关于加强高等学校在线开放课程建设应用与管理的意见》，全国优质教学资源得以充分放大，高等教育开始进入一个教育"雨露均沾"的时代。作为一所合并组建的地方高校，长江大学在学科之间具有很大的差异性，如何实现实质性融合是一个多年来存在的难题。如果我们能紧紧抓住"互联网＋教育"的机会，将优质教学资源共享，就有可能跨越各种因素造成的"知识沟"，实现全体学生的全面发展，让学生可以公平地享有优质教学资源，从而让教育阳光普照在学生心田。

按照"互联网＋教育"的改革思路，为体现公平、共享，长江大学实行教学课程创新改革，从最初的国家精品课程到国家精品开放课程，再到大规模在线开放课程，学校的在线开放课程建设的整体进展与国内外教育大环境和实际需求并进，逐步形成了视频公开课、资源共享课、

---

* 原载2016年12月9日《中国教育报》，标题略有改动。

慕课和在慕课基础上发展的私播课（SPOC）等多种类型的长江大学特色在线开放课程体系。当前，学校的慕课学院已成为全校师生学习的重要平台，吸引了众多名师参与、广大学生参加，汇聚了自行开发和联盟高校共享的课程资源。如此，校际、院系、专业间的"鸿沟"被打破，教师资源、课程资源的垄断成为历史。名师被公平地共享，由多校区办学所造成的影响逐步削弱，学科间的"鸿沟"得到弥合，学校整体文化精神实现了交流、融通与共享。

除教学资源实现校内共享之外，长江大学也积极探索将教学改革成果向校外辐射，分享自己的教学资源，尤其是有特色的教学资源。这种分享，在某种程度上跨越了地方与部属高校间资源分配造成的"知识沟"，跨越了校地间科学技术、文化精神上的"知识沟"。学校积极输出特色课程资源，尤其是石油、湿地农业、荆楚文化和区域经济等学校特色学科方面的课程资源，让其他学校的学生也能了解区域文化、特定行业的特色课程。同时，学校还以在线开放课程的方式积极地为地方企事业单位提供多种培训，利用石油工程、机械工程、农学、管理科学等学校特色学科资源，制作在线开放课程，为有关行业系统和当地企事业单位提供业务指导。

二　两种体系：教学体系＋在线开放课程体系

构建"五位一体"的教学体系。在线开放课程对传统课程冲击力巨大，一开始就体现了对传统课程体系的创新，甚至是颠覆。自2003年建设各级各类精品课程以来，长江大学已有200多门课程上线运用，累计选修人数达500万人次。作为一种新型的教学形式，在线开放课程在教学与管理等环节都给学校带来了许多新的挑战，比如，教师的工作量如何计算、学生怎样选课、成绩怎样认定、线上线下及考试各占多大比重等。2016年上半年，学校出台了《长江大学在线开放课程管理实施办法》，结合本校实际，建设、引用和改造在线开放课程，从学生、教师、管理者、学校和地方五个层面构建"五位一体"的教学体系。学校长年活跃着十余支联系紧密、运行良好的在线开放课程教学队伍，将一些课程通过在线开放的方式前置于假期，在给学校教师资源、教室资源和在校学生学习压力减负的同时，也丰富了学生假期的生活，这样的教学改革让在线开放课程成为对传统惯性的颠覆性创新。

构建国家、省、校三个层次的在线开放课程体系。在线开放课程建设伊始，我们就采取一种与时俱进的态度，摸索出一条网络课程可持续健康发展的长效机制。尤其是近几年来，学校通过"引改建"相结合的网络课程建设方式，将2003年以来的200多门精品课程重新评估，充分利用原有精品课程丰富的教学资源，以学生为中心重新设计、重新讲授、重新拍摄。原有的优质课程资源、国家精品开放课程在实行慕课化改造后，学生参与教学活动、利用网站开展教学互动的重视程度得到提高，封闭的、有限的资源重新得到有效利用。

三 三个关键点：质量 + 品牌 + 管理

目前，国家正在推进高等教育信息化改革，许多大学也积极推出在线开放课程平台建设，致力于在线开放课程的开发、运用。长江大学的实践证明，作为地方综合性高校，在线开放课程如果真正秉承开放、平等、共享的理念，高校间的各种壁垒将会不攻自破，高校间也将真正实现无障碍的沟通与交流。当然，在线开放课程若要进一步发展，以下三点十分关键：

第一，不断提高在线开放课程质量。目前，国内运行的在线开放课程平台多为高校或者企业建设，具有自己的特色，也有一定的影响，但是，课程质量是保证在线开放课题建设的核心要素。为提高课程质量，迫切需要建立国家级的课程平台，提供技术支持，规范课程来源，保证课程质量，促进在线开放教育的发展。

第二，努力打造在线开放课程品牌。应当整合优质课程资源，在建立国家级课程平台的基础上，大范围地遴选优质课程与特色课程，挖掘和整合资源，主推名师名课，使中国在线开放课程形成具有特色的品牌。

第三，全面规范在线课程管理。教育主管部门应当顺势而为，为在线开放课程的发展提供资金、政策、平台等全方位的支持。当在线开放课程达到一定规模后，教育主管部门应尽快出台管理措施，尤其是确立学分的互选与互认，从而真正实现教育资源的分享与共享，体现教育的公平与平等。

（作者：谢红星　长江大学校长、教授）

目　录

第一篇　理论篇

第二篇　实践篇

第三篇　效果篇

第一篇
理论篇

　　作为一种全新的教学模式，在线开放课程与传统课程在教学环境支持、教学内容和方法、教学管理体制等方面都存在着较大区别。如何有效地开设在线开放课程，提高教学效果和效率，使更多的人享受优质教育资源以实现教育公平，解决人民日益增长的美好生活需要和不平衡不充分发展之间的矛盾，相关的理论研究必须先行。

　　本篇收录的10篇文章，以谢红星教授的文章《把握社会主要矛盾，通过在线开放课程深化高等教育改革》为核心，围绕在线开放课程（包括精品课程）建设的内涵与体系外延，进行了多视角、多层次、多维度的研究，主要内容涉及地方高校如何建设慕课、慕课对学术职业产生的影响、学生的接受度和满意度、学习效果等方面，其中，量化研究与质性研究的结合极大地提高了结论的科学性和针对性。

把握社会主要矛盾，通过在线开放课程深化高等教育改革

习近平总书记在党的十九大报告中强调指出："中国特色社会主义进入新时代，我国社会主要矛盾已经转化为人民日益增长的美好生活需要和不平衡不充分的发展之间的矛盾。"深刻理解社会主要矛盾变化的新特点、正确把握新时期我国社会主要矛盾，是深入学习贯彻十九大精神的重要内容，也是我国高等教育改革进程中要时刻把握的关键点。

一 社会主要矛盾的转化要求深化高等教育改革

改革开放以来，我国社会生产力水平总体上显著提高，人民美好生活需要日益广泛。社会主要矛盾的转化，抓住了新时代中国基本国情的主要特征，为制定新时代中国特色社会主义的新思路、新战略、新举措提供了基本依据，具有重大的现实意义。高等教育作为中国特色社会主义事业的重要组成部分，必须坚持以人民为中心的发展思想，依照新时代社会主要矛盾，观照高等教育领域的主要矛盾以及面临的困难和挑战，围绕重点和难点问题，进一步深化改革。

首先，高等教育发展不充分的问题依然存在。1999年，我国启动高等教育大众化进程，到2016年，高等教育毛入学率由9.1%迅速增长到42.7%，在校学生总规模达到3699万人，占世界高等教育规模的20%，规模位居世界第一。在高等教育规模扩张的同时，高等教育质量也在逐步提升，一批学科进入或接近世界一流，我国高校培养学生的质量逐渐获得发达国家和地区高校的认可，高等教育的国际影响力和竞争力不断显现。我国高等教育发展的巨大成就有目共睹，但与国家、社会和人民的需求相比还有较大的差距，高等教育发展不充分的问题依然存在。随

着全面建设社会主义现代化国家新征程的开启，对全面高等教育的需要将比以往任何时候都更加迫切，对科学知识和卓越人才的渴求比以往任何时候都更加强烈，这就对高等教育质量提出了更高的要求。因而，要深入领会习近平总书记在党的十九大报告中强调指出的"实现高等教育内涵式发展"的精神，在高等教育现有规模基础上，切实转变外延式、粗放型的发展模式，把提高质量作为核心任务，把质量作为高等教育的生命线，以质量求生存，以贡献求支持，加快推进我国高等教育内涵式发展。

其次，高等教育发展不平衡的问题有待解决。高等教育均衡发展，一是要求高等教育本身在质量、规模、结构、效益等方面协调发展；二是要求在全国范围内不同地区、不同层次的各高校之间均衡发展。一段时间以来，我国高等教育实行扩张型的发展方式，对高等教育规模、质量、结构、效益的协调发展缺乏足够的重视，导致了我国高等教育发展的严重不均衡。主要体现在以下几个方面：一是尚未形成高等教育大众化背景下科学的质量观，数量和质量失衡，结构调整和优化不够，忽视办学效益；二是高等教育入学机会不平等，高考录取分数线地区差异不合理，高校生源出现阶层固化倾向；三是高等教育资源分配不平等，集中体现在重点高校与普通高校之间、发达地区与欠发达地区之间、自然科学与人文社会科学之间的差异之上。2017 年，随着"双一流"建设高校及建设学科名单的公布，这种不平衡有进一步扩大的趋势，顶尖高校获得的预算拨款远远高于一般高校，"双一流"建设高校和学科也集中分布在发达地区，人文学科在"双一流"建设中依然被忽视。这些问题的解决，需要进一步优化高等教育结构布局，完善高等教育资源优化配置机制，通盘考虑全国范围内高等教育不同地区、不同层次的现状和需求，合理、均衡地进行教育资源优化配置，对非重点高校、欠发达地区高等教育和人文社会科学进行适度政策倾斜，满足相关人群对此类高等教育的需求。

再次，高等教育"同质化"倾向依旧明显，不能满足社会对高等教育的多样化需要。目前，高等教育的同质化主要表现在大学组织结构、专业设置、人才培养目标和方案、课程设置、办学理念等方面，同质化的直接后果就是部分大学特色不鲜明，定位模糊，人才培养"千人一面"。高等教育本应是一项充满创造力的活动，但同质化现象的出现，使其沦为一种工具性的活动，通过这种简单的同质化"克隆"，虽然使高等教育得到了前所未有的普及，推动了教育形式上的公平，但却导致了结果上的不公平。著名教育学者胡森曾提出教育的"影响均等"，也就是说，为每个具有不同发展前景的学生提供适合未来前景的多元异质教育才是真正的"公平教育"，而同质化的教育则扼杀了这种公平。当前，对高等教育的迫切需求，从宏观来看，是时代发展的需要和历史的必然；从微观来看，又必然落实到每一个具体的个人。而每一个具体的个人对高等教育的需求是不同的，是多方面、个性化、多变性、多层次的，要满足这些多样化需求，就不能仅仅止步于统一的质量标准和发展模式，也不能仅仅依靠传统的手段方法去应对这些问题。我们要强化特色，促进高校合理定位、各展所长，在不同层次、不同领域办出特色，争创一流。注重创新，以体制机制改革为重点，鼓励地方和高校大胆探索试验，加快重要领域和关键环节改革步伐，推动高等教育内涵式发展。

二　以高等教育资源共享破解高等教育发展的不平衡不充分

新时期我国高等教育领域的主要矛盾，归根结底，是优质高等教育资源短缺的问题，正是这种"短缺"造成了人民群众对高等教育的需求无法得到满足。为应对这种"短缺"，既要进一步加大高等教育投入，增加优质高等教育的供应量，也要提高现有高等教育资源利用率，使有限资源产出尽可能多的效益。但就操作层面而言，前者说起来容易，做起来却很难，且不说政府的财政资金是有限的，它是有多方用途的，不可能无限量地投入到高校中去，而且仅是加大投入也不能解决资源重复建设、资源浪费、资源配置不均等问题，因此，从我国目前的经济社会发展水平来看，后一种方法更具有可行性。而如何提高现有资源的利用率呢？一条行之有效的途径就是资源共享。

首先，高等教育资源共享有利于消除资源配置与分布不均衡问题。我国高等教育长期以来实行的非均衡发展政策，带来的一个直接后果就是教育资源在学校之间、地区之间、学科之间等的不均衡，形成我国高等教育领域的差序格局。这种差序格局导致人们竭尽全力向资源富集的一端靠拢，而另一端却无人问津。高等教育资源共享可促进高校物力资源、人力资源、信息资源、课程资源等各种资源要素在一定范围内自由流动，尤其是从资源富集区向资源贫瘠区流动，从而在一定程度上消除资源配置与分布的不均衡性。

其次，高等教育资源共享有利于减少资源浪费，提高资源利用率。当前，与我国高等教育投入不足相伴相生的另一个现象是高等教育资源浪费严重，重复建设、资源闲置、资产流失在很多高校屡见不鲜。在资源有限的情况下，如何提高资源利用效率成为高等教育改革的当务之急。通过资源共享，可以使优质教育资源在更大的范围内传播、使用，避免不必要的重复建设和资源闲置，提高教育资源的利用率。

再次，高等教育资源共享有利于促进高等教育协同创新，合作共赢。当前，合作共赢已经成为世界高等教育发展的大趋势，加强高校之间、地区之间、学科之间的优势互补，合作共享，实现相互促进，共同提升，是全面提高高等教育质量、促进高校协同创新的重要举措，也是我国乃至世界高校发展的必由之路，因此，高等教育资源共享便呼之欲出了。

我国的高校类型多样，既有研究型大学、教学型大学，又有应用型本科高校；既有综合性大学，又有行业特色大学、高职高专；既有中央直属高校，又有地方高校；既有公立高校，又有各种社会力量办学高校。类型的多样性再加上地区之间的差异，为我国高等教育资源的共享提供了良好的契机。现在，许多高校和地区之间已经广泛开展了信息、教师、课程、教材、仪器设备、实验室、运动场地等方面的共享，内容丰富，形式多样，为我国持续开展高等教育资源共享研究与实践提供了有益的借鉴。

三　通过建设在线开放课程，实现高等教育资源共享

在各类教育资源当中，课程资源的利用和管理在人才培养过程中起到至关重要的作用，与高校办学质量和教学水平息息相关。优质课程资源的共享，可以有效地满足社会对高等教育的多样化需求，减少教学资源的浪费，提高利用率，减轻教师教学负担，缓解许多高校课程资源短

缺、生师比偏高等问题，同时使课程种类大幅增加，更有利于高校培养复合型、综合型人才。现代科学技术的发展为课程资源的共享提供了良好的发展机遇，尤其是现代网络技术的出现为在线开放课程提供了技术上的可能，使课程资源的利用能够突破时空限制，大大节省了共享成本。

自 2013 年以来，以慕课（MOOC）为代表的在线开放课程在国内形成了热潮，对传统的教育观念、教学方式、教学内容、教学管理体制和机制都形成了冲击，许多高校纷纷开始进行以慕课或其他形式的在线开放课程为核心的教学改革。截至 2017 年 4 月，慕课已经与国内 400 余所高校、科研院所合作，其中，包括 118 所原 "211" 高校、"985" 高校，并拥有近 2000 门课程和 15 万课程视频数量，同时平台注册用户近 750万，选课人次近 2500 万，高等教育在线开放课程建设成效显著。

与传统课程相比，在线开放课程体现出明显的大规模性和开放性特征，并在以下几个方面体现出自身的优势。

首先，以自我学习为主的在线教学，契合了 "以学习者为中心" 的教学理念，学生自己把握学习的方法和进度，有利于学习者养成自我管理、自我监督的学习习惯，有利于促进终身学习、全民学习的学习型社会的形成。

其次，短小精确、内容生动的课程内容更利于学生的吸收消化。一般而言，在线开放课程不会采用 "满堂灌" 的教学方式，也不会以教材为蓝本按部就班地讲授，而是将相关内容按照一定的逻辑、意义、目的进行重组（Remix），聚集成具有不同学习目标的学习单元集，利用音频、视频、动画、游戏等多种方式予以呈现，使课程教学充满趣味性和实用性。

最后，在线开放课程的师生互动和教学管理，体现了民主平等的社会发展理念，每一个学习者都可以像在其他交流社区一样自由发言，平等交流，提出质疑，灵活运用所学知识解答他人的问题，正是这种无限扩大的交互作用，使在线课程资源能够在世界各地的学习者中间传播，并最大限度地促进知识的传播和扩散。

但是，我们也要看到，在建设在线开放课程过程中，有些观念上的、制度上的、技术上的问题还在制约着我们的行为，影响着在线开放课程的发展，未来需要加以认真克服。

其一，要转变思想观念，真正树立教育资源共享的意识，高度重视在线开放课程在解决优质教育资源短缺、满足人民多样化需求这一主要矛盾中的重要作用，投入人力、物力和精力开展在线开放课程建设。

其二，建立健全高等教育管理体制，赋予高校更多的办学自主权，使高校能及时、主动、有效地适应市场变化，根据自身实际情况，选择共享的课程资源，探索有效的共享评价机制和有偿共享机制。

其三，开发和运用先进技术，为在线开放课程提供技术支持，重点解决师生互动不足、学习者之间协作匮乏、学习效果跟踪手段欠缺等高校教学中反映强烈的问题。

（作者：谢红星　长江大学校长、教授）

地方高校开展慕课建设的思考与实践

大规模在线开放课程（慕课）是近年来出现的一种网络学习新形式，它的出现便很快成为媒体、企业、教育机构以及公众关注的热门话题，并引起了许多高等教育机构的极大兴趣和国际社会的广泛关注。最初只是作为一门在线计算机课程的慕课，当时谁也没想到，在短短的几年时间就对世界高等教育产生了如此深刻的影响——不仅是对课程教学，甚至引发了人们对未来高等教育模式的思考。

一 慕课对大学的挑战

由于慕课具有开放性和对优质教育资源的易获得性等特点，因此，慕课对一般大学学习者的学习、大学教学者的教学和大学管理者的管理带来了深远的影响及前所未有的挑战。

（一）大学学习者

相对于传统的实体课堂，慕课在知识传播上似乎更符合学习的规律与要求，学习者具有极大的选择权利，既可以选择在自己最高效的时间内进行学习，也可以选择在自己最适宜的地方学习，从而使学习更加有效率。此外，慕课具有"碎片化"的特质，课程内容通常只有10—20分钟的时长，学习者可以充分利用自己零散的、碎片的时间进行有效学习；如有不理解，或是有疑问的地方，学习者还可以通过重复观看视频，直至彻底理解。[①]

（二）大学教学者

慕课对教学方法与设计提供了一种变革的契机。教师可以将教学视

---

① 肖薇薇：《对慕课的几点思考》，《教育探索》2014 年第 8 期。

频录像作为线上环节，要求学生在课堂外先行听课和学习，进而在线下课堂内侧重研究探讨问题的解决。这种教学模式一般被称作"翻转课堂"，让教师从讲授者、讲解者变为学习的激励者、启发者，促使教师角色发生根本性变化。

慕课不仅能有效地帮助教师进行教学改革与探索，提高教学质量，同时也对教师提出了前所未有的挑战。当慕课资源越来越丰富、学生能在网上找到相同的学习资源时，教师的知识水平和教学能力就成为学生选择的重要指标。这对于一些只会照本宣科的教师来说无疑是一场考验，但对于高校教师和学生来说，又无疑是极为有利的。

（三）大学管理者

慕课对大学机构的组织和管理提供了新的思路。目前，很多大学，尤其是世界顶尖大学正投身于慕课热潮中，它们正是看到了以慕课为代表的在线教育对传统教育的变革。目前，慕课在有些国家已经得到了正规教育的认可，同时，慕课的大规模和开放性特点极大地拓宽了课程提供给教师和学校的影响力。知名教师在一门课程上面对的学生常常数以万计，这不仅对教师提出了挑战，也同样对教学管理者提出了挑战。除此以外，慕课建设的成本也是管理者要面对和考虑的。

二　慕课的局限性

尽管慕课由于其在开放、便利、信息量大等方面具有绝对优势，但是，随着人们对慕课的广泛关注，忧虑和质疑也随之而来。除对慕课本身的可持续性（商业模式）、教学法、质量和完成率、高等教育学分授予等质疑外，其在运用中的局限性也是显而易见的。

（一）语言的局限性

从世界范围看，慕课课程很多是英文资源，所以，对学生的学习和利用具有门槛，虽然部分课程也有字幕翻译，但是，课程中的互动环节依然需要非英语国家学生具备相当水准的英文能力，才能和外籍教师进行学术沟通。

（二）信息化条件的局限性

由于慕课是基于现代信息技术发展应运而生的，因此，自然对信息技术与网络硬件设施具有较高的要求，因此，网络基础条件好、信息化水平高的地区和高校具有显著的优势，而基础较差、信息技术发展不足的地区和高校则难以运用。

（三）师生之间互动的局限性

虽然慕课比之前的网络公开课更加深入，教学环节更加细致，教学管理更加严密，但是，终究无法替代师生之间"面对面"的交流和互动。当然，更加无法完全呈现一名富有经验的教师对课堂教学、对授课内容的全部想法。

在认识到慕课的局限性的同时，我们要关注慕课的两种极端的倾向：一种是过于乐观。认为慕课全面超越现有课程模式，甚至提出慕课将取代一般的学校教育。另一种则过于悲观或者漠视。他们对慕课的变革及其产生的积极作用视而不见，并且一厢情愿地完全不加分析地进行批判，并予以否定，更是对慕课未来的发展全不看好。需要指出的是，过度乐观或过于悲观都是不客观或是片面的，只有客观地分析并认识慕课的复杂性及其对传统教育所带来的巨大变革，我们才能从容地应对慕课的来临。①

三　别人都慕课了，我们怎么办

作为地方高校的一员，慕课来临，我们既要充分地认识到慕课的局限性，也要积极应对和参与；既要做好顶层设计和系统规划，加强投入，又要加强教育教学改革，积极应对。

（一）加强学校教育信息化水平建设，提供慕课的基本保障条件

通常来说，教育信息化建设，包括内外部两个方面的建设内容，即外部的硬件的信息化建设和内部的人的信息化建设，只有这内外部两个方面的建设水平与能力共同提高，教育信息化才能真正得到发展。②

硬件的信息化建设主要是指改善网络教学条件，推进建设数字化校

---

① 《复旦大学引入 Coursera 采用翻转式教学模式——阿帕图教育》，http：//blog. sina. com，2014 年。

② 阳强：《慕课的发展及其对旅游教育的启示》，《桂林师范高等专科学校学报》2014 年第12 期。

园。具体包括网络环境、教学平台、网络课程、资源库（中心）、应用服务、评价认证与质量保证等要素，其中网络环境是基础。学校若要推行慕课计划，就必须进一步完善校园网络环境，从硬件（服务器）和管理系统（软件）两方面完善网络课程教学平台。其中，慕课建设无疑必须得到学校网络信息中心的大力支持。

人的信息化是指加强师生的信息素养和信息技术能力建设。不能把慕课当作网络课堂，或者当作教学录像看待。开展慕课教学，必须有一批愿意并且有能力从事慕课教学的教师和教辅团队，完善的慕课制作团队需要包括摄影师、教学设计师、IT专家等在内的专业人士的积极配合与协同工作。为此，学校必须要重视慕课课程制作队伍建设，提高教师的专业技术能力。这样的问题不解决，很难在未来的慕课发展中占有先机。

（二）开展慕课时代的课程建设，推进教学模式改革

开展慕课建设，需要回答两个问题：一是学校和教师为什么要去教授慕课课程？二是开设一门慕课，教师需要投入多少时间和精力？

第一，关于开设慕课的动机。有人认为是一种社会责任或者成就感；也有人认为是为了名与利，"名"是现在时，"利"是潜在的未来时。虽然学校会对慕课课程的制作教师或团队给予一些补贴，但制作慕课需要巨大的付出，这个补贴其实算不上利。还有人是因为危机感，慕课带来的竞争是赤裸裸的，对这种前景有感知的学校和教师必定要参与慕课工作。

第二，关于慕课制作的工作量。慕课设计和制作与我们熟悉的网络公开课的制作不完全一样，有自己独特的一套运作流程，除传统的网络课程包括的教学资源外，还要进行前期策划、中期拍摄、后期制作、课程上线以及质量评估等阶段。从宏观上讲，制作慕课的工作量与以下因素有关：①课程制作水准要求；②教师的讲课和表演能力；③课程本身的难易与改编为慕课所需要做的裁剪；④制作团队的工作效率（含团队人数、管理和协调能力、录播室等资源充裕程度等）；⑤对慕课的理解和适应程度。

慕课来袭，学校和教师需要做好应对，积极关注和参与，以适应时代发展的需要。推进慕课建设，具体可以从以下几个方面来采取措施：

1. 制作校本化的慕课

校本化的慕课建设包括自建慕课、改造传统精品课程、建设小规模限制性在线课程。

（1）自建慕课。根据学生的需求和学校定位，选择优秀的授课老师和受欢迎的课程确定课题，从而进行慕课化制作。无论是从教师的精力和时间投入，还是从学校的经费投入来看，自建慕课的成本都很高。此外，自建慕课对教师的教学水平和授课能力，包括教师的表演能力要求极高，所以，校本化的自建慕课不能作为长江大学慕课建设的主流。

（2）改造现有精品课程。改造精品课程是将原有的精品课程进行慕课化改造，从而进行资源的重新整合与再利用。自 2003 年以来，长江大学先后建设了国家精品课程 3 门、国家双语教学示范课程 1 门、国家精品资源共享课程 3 门和国家精品视频公开课程 2 门，省级精品课程和精品开放课程 38 门以及校级精品课程 117 门。这些已建成的精品课程具有较好的建设基础，并在促进学校课程建设与改革过程中发挥了重要作用，但是，同时也呈现出资源共享不足、资料利用率不高，尤其是缺少评估与考核的环节。从精品课程中遴选部分课程，采用慕课技术对其进行改造，是目前不少高校采取的做法。

（3）建设小规模限制性在线课程（Small Private Online Course，SPOC）。小规模限制性在线课程仍然属于免费在线课程，全球学习者都可以申请。不同的是它创建了一种混合教学环境，既融合了慕课的优点，也有其自身的优势。[①]

在慕课的校本化建设过程中，各高校不仅要打造精品课程资源，充实学校教学资源平台，而且应该注意将优秀的课程资源输送到更高、更大的慕课平台，充分展示本校名师的个人能力、知识水平和人格魅力，从而提高学校的影响力和教学声誉。

按照"改建结合"的原则，长江大学对 2003 年以来的 200 多门精品课程进行重新评估。一方面，充分利用原有精品课程在教学大纲、教案、习题、实验指导、参考文献目录、网络课件、授课录像等方面丰富的教学资源；另一方面，以学生为中心，重新设计，重新讲授，重新拍摄，

---

① 崔维霞、苏勇：《挑战与对策：慕课（MOOCs）时代的中国高等教育》，《中国成人教育》2016 年第 7 期。

制作慕课课程。原有的优质课程资源、国家精品开放课程,如《楚文化漫谈》《沉积岩石学》《地震勘探原理》《生产测井原理》等,得到慕课化改造,传统的精品课程静态网站被改造成动态网站,学生参与教学活动,利用网站开展教学互动的重视程度得到提高,限制的资源重新得到有效利用,国家级、省级和校级三级在线开放课程体系得以重新构建。在改造传统精品课程的基础上,学校筹划申报和建设了第一批校本慕课,文学院《中外文化精神十讲》等 5 门具有长江大学优势和特色的课程,目前已制作完毕,正供本校学生学习,并于 2016 年 9 月正式在"优课联盟"上线。2016 年第二批校本慕课的申报工作即将完成,将再次遴选新一批课程,计划在"十三五"期间,打造 20 门左右精品慕课,推介长江大学名师名课,扩大学校影响。

2. 引进优质慕课

由于受到大学传统专业教育的影响,学生对通识类教育课程不重视,教师也很难调动其积极性,加上此类课程往往以单调的讲授方式为主,师生之间缺乏互动和交流,课堂效果往往不甚理想。同时,学校很多通识课程师资力量不足,或是在这方面底蕴不深厚,难以开出优质通识课程。通过引进优质慕课,可以弥补学校教学资源、课程资源、师资力量不足等问题。[①]

作为一所四校合并,且荆州、武汉两地办学的地方高校,长江大学一直面临学科发展、分布不平衡的困惑。为了解决武汉校区人文类课程短缺的实际问题,2014 年,学校从"超星"公司引入首批慕课课程,由此开始了慕课课程的引进和建设工作。至今,长江大学已经累计从超星"好大学在线""优课联盟"及慕课平台引入 72 门次在线开放课程,涵盖文、理、工、医、农、艺术等多个学科门类,既有通识选修课,又有学科基础课,极大地丰富了学校的课程形态。这些高水平大学的优质课程弥补了长江大学课程资源不足的现状,使学生能够享受到名校名师的课程资源,开拓了学生的视野,充实了学生的知识结构,提升了学生的综合能力。截至目前,选修慕课学生人数已经达到 3.2 万人次。

3. 加入慕课联盟

加入高校慕课联盟,能帮助学校充分享用联盟内的课程资源,同时

① 李凌霞:《"慕课+翻转课堂"推动应用型本科院校人才培养研究》,《黑龙江高教研究》2016 年第 6 期。

在联盟高校的带动下，更为有序、有效地推进慕课建设。目前，国内规模较大的慕课联盟包括"学堂在线""好大学在线"以及"优课联盟"等。长江大学也分别于 2014 年 11 月和 12 月先后申请加入了上海交通大学主办的"好大学在线"和深圳大学主办的"优课联盟"，希望通过加入上述联盟，更好地促进长江大学课程建设与课程改革，并逐步提高教育教学质量与人才培养质量。

（三）创新教学支持服务体系，实现慕课效益最大化

传统的教育模式体现的是工业化时代的标准化特色，比如铃声、班级、标准化的课堂、统一的教材、按照时间编排的教学计划等。而慕课冲击下的现代教育模式将呈现出完全不同的特征，比如，弹性学制、个性化辅导、社区和家庭学习等。这些特征的变化带给我们的必然是内部管理的变革，特别是教学管理、学生管理等，都要主动优化管理，为教师的教和学生的学提供支持与服务。[①]

在我国，就当下来说，管理制度方面走在前列的应该是上海交通大学牵头建设的"好大学在线"中文慕课平台。从上海市西南片高校签署的《MOOC（慕课）课程共建共享协议》来看，该联盟正在逐步实现慕课进校园、课程共享、学分落地的目标。学校若要真正慕课化，就必须做好超前的制度设计，并出台相应的政策。

毋庸置疑，慕课来临给高等教育带来了巨大的冲击，它不仅给学校、教师带来了便利、名誉和潜在的利益，更重要的是，改变了传统的教学模式。未来必须是多赢的考虑，教师、学生和学校三者都要受益，慕课才能持续发展。但是，不论其将来如何变革、走向如何，我们都必须积极应对。有人说："慕课市场和平台并非大学所擅长。"对于长江大学来说，建设慕课必须结合学校的校情，更重要的是，要加强课程内容建设并推进混合式教学改革。

参考文献

1. 肖薇薇：《对慕课的几点思考》，《教育探索》2014 年第 8 期。
2. 《复旦大学引入 Coursera 采用翻转式教学模式——阿帕图教育》，ht-

---

① 刘畅、曹峰梅：《高校 MOOC 建设中的探索与实践——以"中国大学 MOOC"平台为实例》，《教育探索》2016 年第 5 期。

tp：//blog. sina. com，2014 年。

3. 阳强：《慕课的发展及其对旅游教育的启示》，《桂林师范高等专科学校学报》2014 年第 12 期。

4. 崔维霞、苏勇：《挑战与对策：慕课（MOOCs）时代的中国高等教育》，《中国成人教育》2016 年第 7 期。

5. 李凌霞：《"慕课 + 翻转课堂"推动应用型本科院校人才培养研究》，《黑龙江高教研究》2016 年第 6 期。

6. 刘畅、曹峰梅：《高校 MOOC 建设中的探索与实践——以"中国大学 MOOC"平台为实例》，《教育探索》2016 年第 5 期。

[原载《长江大学学报》（社会科学版）2016 年第 10 期]

（作者：刘 逸 长江大学教务处）

MOOC 教育质量的理论探究

——以高等教育大众化为视角

一　引言

　　高等教育大众化理论是在科学技术不断发展、教育民主化思潮下提出的，它既是社会发展的结果，也是人类社会自身发展、应对知识经济挑战以及建设人力资源强国的一种必然选择。高等教育大众化理论的基本框架建设者马丁·特罗认为，大众化是对高等教育内部变化的预警信号，在这一阶段，高等教育不再是少数人的特权。他说："大众化是揭示变化的一种理论，是揭示变化的一个信号，它具有一种预警功能。"① 这种变化体现在量的变化上，涉及高等教育内部的每个方面：高等教育规模，高等教育观，高等教育的功能，课程和教学形式，学生的经历，高等教育的多样性、特点和界限，领导和决策，学术标准，入学选拔，学术管理形式，高等教育的内部管理。潘懋元先生则进一步提出从"质"变带动"量"变。他指出，高等教育大众化应确立人文与功力相统一的高等教育价值观，高等教育大众化应体现可持续发展的高等教育发展观，高等教育大众化应确立和谐、多样的高等教育质量观，高等教育大众化应确立国际化与民族化统一的高等教育改革的基本行动准则。潘懋元先生还特别强调了多样性在高等教育大众化进程中的重要性。MOOC 的诞生虽然并不是高等教育大众化的直接产物（而是由其自身的独立性决定

---

　　① 参见 Studying Learning in the Worldwide Classroom Research into edX's First MOOC, http://www.rpajournal.com/studying – learning – in – the – worldwide – classroom – resear – ch – in – to – edxs – first – mooc/。

的），但是，它能极大地推动高等教育大众化。MOOC 的异军突起，不仅促进了高等教育结构和体系的完善与丰富，也推动了教育质量观的更新。

二 高等教育大众化进程中 MOOC 的发展

（一）MOOC 的特点

MOOC 是 Massive Online Open Course 的缩写。MOOC 沿革于函授教育、广播电视教育等传统的远程教育，代表了麻省理工学院（MIT）开放课件运动（OCW）之后兴起的又一开放课程资源建设热潮。它有传统教育的共性，也随着时代和技术的发展，展现出独特的一面。

1. 与传统远程教育的共性

（1）淡化"时空"限制。计算机无线互联网的广泛应用，可以使有志学习者自由地选择在家庭、单位，在边远山区、农村，在工作、家务之余和旅行途中，在想要学习的时间，进行全时空的学习选择，能把零散的时间充分地利用起来。

（2）教育对象面向全社会。MOOC 面向全社会，没有入学门槛，没有入学考试。

（3）教育转变为以学生为中心。学生可以自我选择专业、选择课程、选择教材，也可以自我组织课程，灵活多样，更好地适应了个人需要，做到以学生为本。MOOC 教育质量的好坏直接体现在学习者的学习效果上。所以，在保证质量过程中，要注重对学习者的分析，了解学习者的需求和期望，从学习者角度出发，去运营整个教育过程，并提供相应的服务。

2. 与传统远程教育相比的突出特点

（1）内涵更为丰富。畅通的教学信息传输与反馈通道，丰富的网上教学信息资源和可供选择的多种学习方式与途径，提供了全套现代化的学习支持与服务体系。

（2）以高新技术为依托。MOOC 通过信息技术和多媒体技术，使电子计算机、手机和平板电脑都能成为学习的平台。MOOC 还运用多项计算机技术，获得大量的学生学习数据，对于分析学生的学习、促进教育理论的发展发挥了重要的作用。

（3）朝向全球化发展。据统计，2012 年，在 edX 平台上选择"6.002x"课程的学生来自世界上 194 个国家和地区，实现了大范围的全球化发展方向。[①] 截至 2014 年 1 月 17 日，Coursera 平台上共有 117 所大学，超过 1000 万来自世界各地注册的学生。这些都表明 MOOC 在朝向全球化的方向发展。[②]

（4）以市场需求为导向，引入市场机制。MOOC 各大平台的学生自由进入和退出课程，清除了传统大学保护屏障，只有部分了解学生和社会的需求，强调市场竞争意识，才是 MOOC 发展的机制选择。

（二）MOOC 的定位

定位是决定 MOOC 教育质量标准和评价的核心问题，关系到如何培养参与课程的学生，规定了所要培养的人才的基本规格和质量要求。潘懋元先生认为，在高等教育大众化的背景下，现代远程教育应"定位在大众教育"。"重点应从学历教育转向继续教育、终身教育。""应坚持面向地方、面向基层、面向少数民族和边远地区的办学方向。"[③] 作为现代远程教育的最新发展成果，MOOC 也应该有相同的定位。

1. 定位在大众教育

由于知识经济社会要求劳动者要随着社会的发展而不断地更新自己的知识体系，而传统高等教育无法满足社会的巨大需求，因而 MOOC 凭借其特点在快速发展的同时，成为冲击传统高等教育、适应知识经济社会要求的一种崭新的教育形式。同时，计算机技术、互联网技术的发展及教学方法的更新，为 MOOC 的发展提供了必要的条件。

2. 重点转向继续教育和终身教育

MOOC 是一种不同于传统高等学校的教育形态。教师和学生在教与学的全过程中处于分离状态。尽管通过 MOOC 的讨论平台可以实现师生互动，但是，由于师生之间存在空间甚至时间上的距离，不能进行直接的面对面交流，师生之间不能在情感上得到充分的互动，对教学效果有着潜在的负面影响。师生之间的情感交流是课堂交流的魅力所在和课程

---

① 邬大光：《高等教育大众化理论的内涵与价值——与马丁·特罗教授的对话》，《教育研究》2003 年第 6 期。

② 参见 https：//www. coursera. org/。

③ 潘懋元：《中国高等教育大众化的结构与体系》，广东高等教育出版社 2009 年版，第 134—136 页。

成功的重要因素，而这却是 MOOC 固有的弱点。"师生远离"的这一差异，决定了 MOOC 不能简单地照搬和套用传统高等学校培养理论型拔尖人才或者应用型专门人才的做法。这一差异给教育对象的开放提供了可能，受教育者不再有地区、年龄、职业、家庭背景、学业背景等因素的限制，真正做到对全社会开放。而这正适应了现代教育终身教育的内在要求。在以知识经济为主导的 21 世纪，人们如果没有终身学习的意识，就难以在 21 世纪生存发展。在传统工业没落导致许多人员失业时，大量的新兴产业将需要大量的新雇员，只有不断地更新知识储备、掌握新技能，才能适应时代的要求。而 MOOC 凭借自己的特点可以更好地承担这份责任。

3. 面向地方、面向基层、面向少数民族和边远地区的办学方向

在高等教育大众化进程中，高等教育从总体上有利于实现教育的平等，然而，教育的不平等并没有完全得到解决，地区、家庭背景等导致的教育不均等的现象仍然存在。必须说明的是，MOOC 平台提供的课程一般是免费的，对于收费课程也往往能够提供助学基金来帮助学生完成课程学习。总之，MOOC 要发挥自身的优势，整合和利用自身的优势与资源，面向教育欠发达地区，为更多人提供学习机会，促进这些地区教育事业实现跨越式发展。

三 高等教育大众化进程中 MOOC 的质量评价观

"'质量评价'强调的是指标和标准体系。评价者为了测量和评价被评价者的完成水平，将按照预先设定的与目标息息相关的标准进行评价。这个评价有一定的等级和标准，有分数高低之分。这个阶段一般发生在质量保障制度的初期。"[1] 严格的质量评价过程能够在最短的时间内让 MOOC 认识到自己的不足，规范 MOOC 对自身质量负责的行为。

（一）"质"与"量"的矛盾

MOOC"量"的扩张与"质"的保障如何有效统一，是影响 MOOC

---

[1] 史秋衡、吴雪、王爱萍：《高等教育大众化阶段质量保障与评价体系研究》，广东高等教育出版社 2012 年版。

推动高等教育大众化的关键问题之一。

MOOC "宽进宽出"的生源选择，使一些学生往往半途而废。MOOC 课程结束之后，对完成课程学习并通过考核的学生，各个 MOOC 的平台会颁发证书。2012 年，国外有三份针对 MOOC 的报告，根据报告得出数据："爱丁堡大学六个课程中一共发放 34850 个课程完成证书，占所有 MOOC 学习者总数的 21%。"[①] "edX '6.002x'《电路与电子学》课程规定，如果学生分数达到或超过 87 分，将获得等级为 'A' 的证书，70—86 分等级为 'B'，60—69 分等级为 'C'，超过 7100 人获得了证书，占所有学习者总数的 4.6%。"[②] "杜克大学提供的 MOOC 课程《生物电：一种计量方法》中有 261 名学生完成了 A 系列或 B 系列测验，总分超过比值 70%，并按规定获得了荣誉证书，这些人占所有注册学习者的 2.1%。此外，52 名学生虽然在 A 系列测验中得分超过 70%，但并没有达到获得证书的标准，学校为其提供了一个基本的学习情况的证明。"[③]

MOOC 的"量"和"质"是一个矛盾，是相互依存、相互协调的概念。因此，在高等教育大众化进程中，必须解决好对 MOOC 教育质量的认识问题。马丁·特罗在其《高等教育的大众化——量的发展与质的变化》中指出，"量"的变化必然要引起"质"的变化。为了修正和完善马丁·特罗的理论，潘懋元先生指出，高等教育的大众化还可以走出从"质"变到"量"变的道路。一方面，数量的增长是高等教育大众化的首要指标，也是 MOOC 规模扩大的前提；另一方面，教育质量是高等教育大众化的生命线，自然也是 MOOC 课程的关键问题。高等教育大众化要保证质量问题，MOOC 也要保证质量。有人认为，MOOC 推动高等教育大众化进程可以不顾或降低质量，这是错误的。这种错误将对 MOOC 课程的进一步推广产生误导作用。MOOC 的推广不仅意味着受教育学生数量的增加，而且它必将带来对"质"的变化的诉求。这种由"量"的变化引起的"质"的变化，首先表现在教育理念转变上，其次是学生受教育

---

① 参见 *MOOCs @ Ediuburgh 2013 – Report #1*，https：//www. era. lib. ed. ac. uk/han – dle/ 1842/6683。

② 参见 *Studying Learning in the Worldwide Classroom Research into edX's First MOOC*，http：// www. rpajournal. com/studying – learning – in – the – worldwide – classroom – research – into – edxs – first – mooc/。

③ 参见 *Bioelectricity：A Quantitative Approach*，http：//dukespace. lib. duke. edu/dspace/han- dle/10161/6216。

的"入学条件",再次表现在课程设置、教学方式与方法上,最后是管理方式以及高等教育与社会的关系。也就是说,MOOC 教育质量的内涵既包含"量"的增长,也包含"质"的变化,不能只顾"量"的增长而不顾"质"的变化,否则,其发展将陷入"质"与"量"的两难境地,而如何在"量"的扩张中保障"质"的水平,就成为 MOOC 急需解决的问题。

(二)教育质量观

高等教育大众化的质量观要符合其大众化背景下高等教育自身的目标,满足学生需要,并且重视价值增值,强调效益。与此同时,高等教育大众化的教育质量观不仅要考虑到教育的历时性,避免固守僵化,也要考虑教育的共时性,适应当前高等教育的现状,强调多样化,以特色实现高等教育的发展,并最终从整体上统一于经济和生产力的发展当中,做到既保"质"又保"量"。教育质量是高等教育大众化的生命线,也是 MOOC 教学成果判断的核心问题。但是,MOOC 课程与高等教育大众化阶段中其他高等教育模式的特点和定位存在差异,因而其质量标准也就不同。我们不应该完全照搬传统高等教育的评价标准来衡量 MOOC,而应该结合其自身的特点,建立富有特色的教育质量观。

1. MOOC 的教育质量标准应该符合"目的适切性"质量观

目的适切性,是衡量高等教育教学质量的标准,也应当是当初所设定的相应行为目标。MOOC 的这种目的适切性主要反映在三个方面:首先是知识的迁移价值,即课程的学习内容有利于学生进一步学习。其次是个体自我实现的价值,即满足个体认知、情感认知、能力和品质等的需要,注重学生在学习过程中的自由性、独特性、整体性和自我指导性。学生是教育的直接参与者之一,其教育参与过程不仅是获得间接知识的过程,更是直接体验教育的过程。MOOC 要实现进一步发展,就必须尊重和充分重视学生的质量认同及学生的学习经历,了解学生的动机,满足学生的需要。最后是人才培养的社会价值,即课程学习能为企业、社会乃至国家培养合格的劳动者。

2. 衡量 MOOC 教育质量高低的标准应该是"价值增值"

MOOC 的价值增值是基于这样的比较的:学生在参与 MOOC 之前和完成 MOOC 之后的学习成果发生价值上的变化,那么,前后的变化越大,价值增值就越多,MOOC 教育教学的质量也就越好。如果成功的标准是价值增值，那么 MOOC "更愿意招收起点低的学生而不是较高起点的学生，因为要提高那些低起点的学生比高起点的学生的水平更加容易。"①

3. MOOC 的教育质量标准应该坚持多元化

教育质量标准的多元化，是 MOOC 教育大众化下各行各业对教育的要求不同所决定的，也是推进教育大众化进程中不同的受教育者个性、禀赋、追求的目标以及所愿付出的代价不同决定的。多元化的质量标准，必须体现在教育质量标准要符合文化的多元性上。确定符合多元文化的质量标准可以体现公正，同时也是质量评估科学性的保证。在 MOOC 教育的全球化趋势下，要构建出能让各国人士普遍接受的教育质量标准，在不同的文化背景与个体差异下要采取多元的方式进行处理。需要强调的是，MOOC 要求以多元视角审视教育质量，但这并不意味着 MOOC 的质量标准没有统一的基本要求，MOOC 也要以基本的质量为前提，从而实现 MOOC "质" 与 "量" 的统一。

（三）评价观

评价是基于所收集到的信息进行价值判断，其目的是通过评价发现问题，改进工作，促进评价对象的健康发展。当前凭借先进的电子信息技术，参与 MOOC 的人数、登录状况、资源下载利用以及参与互动等信息都迅速地得到收集与整理，实现了对教育质量有效的监控体系。

1. 评价主体多元化

MOOC 的质量标准要多元化，MOOC 的评价主体也要多元化。教育质量的评价需要内部评价与外部评价。无疑，MOOC 的教师和学生不仅是其教育质量评价的对象，也是教育评价的直接参与者，因此，应该注重师生在这一评价过程中的话语权。虽然学生的评教在事件中备受质疑，但学生评教的确能够反映出从在读学生的角度观测到的教育质量，而它的可靠性和有效性也得到了相关实证数据的支持。② 除需要授课教师和学生的参与外，还需要社会的参与，社会的参与将保证 MOOC 评估标准的公正性和客观性，而 MOOC 平台可以通过社会的评价调整课程设置方式、

---

① ［美］马丁·特罗：《从精英教育向大众高等教育转变中的问题》，王香美译，《外国高等教育资料》1999 年第 1 期。

② Mash, H. W., "Students' Evaluations of University Teaching: Research Findings, Methodological Issues, and Directions for Future Research" ［J］. *International Journal of Educational Research*, 1987 (11): 253 – 388.

内容和教授模式。最后是评估手段的多样性，通过多样的评估手段，全方位对学生进行评价。

2. 评价方式多元化

现在，MOOC 已经建立起在形成性评价和终结性评价基础上的质量评价机制。MOOC 注重形成性评价且评价形式多样，以每周提交作业的形式促进和监督学生学习。对学生的评价，综合了学生的日常作业、实验、期中考试和期末考试等表现。其中，期中考试和期末考试占有较大的比重，学生可以多次提交答案，一般按最优的成绩记录。对于选择题和判断题等客观题，MOOC 一般可以通过机器来进行评价。MOOC 评价反馈的特色之一，是在学生人数众多且背景不一的情况下引入了同伴互评机制来评价主观类题目，不仅激发了学生学习的热情，还能减轻教师的评价负担。

四　MOOC 质量保障

"'质量保障'是强调建立一个持续的、可信赖的不断满足目标并能够进行周期性审查的体系和程序。质量保障强调目标的持续性和可信赖的达成。"[1] MOOC 同样需要质量保障，其根本目的是提高 MOOC 的教学质量，促进学生自由和全面发展。在高等教育大众化阶段，MOOC 的教育质量保障需要从学生参与、教学团体、审批环节、讨论平台建设和合理引入市场机制五个方面入手。

（一）学生参与

学生参与 MOOC 质量保障，体现了高等教育大众化阶段质量保障的新要求。重视学生需求并满足其需要，越来越成为高等教育发展的重要目标，学生的参与也自然成为高等教育质量保障系统的参考因素。如何发挥学生在 MOOC 质量保障中的地位和作用呢？这就需要一方面激发学生参与评价的热情，使学生意识到评价是与切身利益紧密结合的，可以通过评价检验教育的质量，并通过评价发现教育质量存在的问题和自身

---

[1] 史秋衡、吴雪、王爱萍：《高等教育大众化阶段质量保障与评价体系研究》，广东高等教育出版社 2012 年版。

的不足，进而为改进教育质量和完善自身提供信息及途径。另一方面引导并指导学生参与评价，给予学生参与评价的渠道，这是尊重学生合理诉求的主要体现。

建立在学生测评和学生反馈基础上的基层质量评价，实时跟踪学生在 MOOC 课程中的活动。通过测评，学生和教师能同时获得有关其学习及教学的情况，从而有助于改进学生的学和教师的教，进而促进 MOOC 整体质量的提高。通过以问卷为主要形式的学生反馈，可以获得学生对课程设置、内容、组织以及课程教授等方面的评价，以不断完善课程模块。

（二）教学团体

MOOC 的开展需要主讲教师和其他教学支持团队协作完成。在多种教育模式并存的大众化阶段，高质量的师资是使 MOOC 进一步发展的主要因素，也是吸引世界范围内的学生走进 MOOC 的关键。MOOC 教育质量保障需要不断投入大量的人力、物力、财力，选拔合格和高质量的教师，制作优质课件，对授课教师进行 MOOC 课程教学的方法建议，同时还要坚持对教师的授课课程进行综合评价。遵从优胜劣汰的自然规律，及时淘汰不合格的课程和教师。虽然主讲教师在课程教授方面发挥着不可或缺的作用，但是，其他教学支持团队在课程活动的组织、管理和监督等方面同样发挥着重要作用。MOOC 由于学习者众多，其学习背景、能力等方面又不同，课程活动开展及进度掌控性较低，仅靠主讲教师很难进行管理，因此，需要其他人员协助开展课程教学。国外 MOOC 开展均需要一个教学团队共同支持，爱丁堡大学各门课程均由不同数量的专业人员负责。因此，MOOC 开展之前应成立该门课程的专业小组，由专人负责课程材料的准备、课程活动的组织以及课程的监督和评估等。

（三）审批环节

MOOC 课程审批要针对其特殊的教育实践情境，权衡各方面要素，挑选优质课程。首先，要以社会和个体为导向。MOOC 课程审批要考虑该课程的社会需求，了解学生的需要，重视课程的目标、内容、结构、教学方法安排以及测评方法的合适性，保证课程的质量与价值。其次，了解教师的能力、背景以判断教师是否具有实施该课程的资格。最后，实现课程审批的程序化、综合化和多元化，实现课程审批的科学化和规范化，保证部分课程的时效性。

（四）讨论平台建设

edX 调研发现，获得证书的学生比其他学生使用论坛的比例更高，52%的证书获得者在论坛中非常活跃。杜克大学对证书获取者和未获取者所参与的课程活动进行了对比，结果显示，证书获得者参与课程活动的比例较高。由此可以发现，MOOC 课程中积极参与在线学习活动的学习者更有希望获得课程证书，积极参与活动和获得证书呈正相关。所以，拥有高质量的人际互动讨论平台是保障 MOOC 教育质量的重要因素。

（五）合理引入市场机制

高等教育大众化阶段的社会发展特征体现着高等教育的市场化。MOOC 满足社会需要的程度，在很大程度上取决于它满足市场需要的程度，从某种程度上说，MOOC 是在"多大程度上满足市场需要"的维度上与其他模式的教育进行比较和竞争取得自己的合法地位。与此同时，强调市场机制，也是学习者面临生存和发展危机时进行 MOOC 学习的动机之一。但是，MOOC 发展也要看到市场机制对教育质量所带来的消极影响，避免因市场机制所引起的教育上的短视、盲目与不平等。

参考文献

1. 邬大光：《高等教育大众化理论的内涵与价值——与马丁·特罗教授的对话》，《教育研究》2003 年第 6 期。

2. 潘懋元：《中国高等教育大众化的结构与体系》，广东高等教育出版社 2009 年版。

3. 史秋衡、吴雪、王爱萍：《高等教育大众化阶段质量保障与评价体系研究》，广东高等教育出版社 2012 年版。

4. ［美］马丁·特罗：《从精英教育向大众高等教育转变中的问题》，王香美译，《外国高等教育资料》1999 年第 1 期。

5. Mash, H. W., "Students' Evaluations of University Teaching：Research Findings, Methodological Issues, and Directions for Future Research"［J］, *International Journal of Educational Research*, 1987（11）：253 – 388.

（原载《民族高等教育研究》2015 年第 4 期）

（作者：杨敦雄　长江大学教育学院）

基于建构主义学习理论的精品课程建设体系探讨

一 引言

2003 年，教育部启动了"高等学校教学质量与教学改革工程精品课程建设工作"，明确要求高等学校切实推进教育创新，深化教学改革，促进现代信息技术在教学中的应用，利用现代化教育技术手段将优质教学资源上网并实现共享，使全国其他高校在实施同类课程教学的过程中能够借鉴、使用这些优质教学资源，在更大范围内提高高等学校的教学和人才培养质量。[①] 各省（市）、高等学校随后纷纷响应，通过六年多的探索和建设，到 2008 年，教育部已批准国家精品课程 2467 门，其中，普通本科课程 1675 门、高职高专课程 614 门、网络课程 99 门、军队（含武装警察）课程 79 门。与此同时，各省（市）教育主管部门和高等学校还建设了省（市）级精品课程数万门，校级精品课程数十万门，全国范围内立项的各级课程几乎涵盖所有学科门类。这一举措不仅为提高高等学校教学质量和人才培养质量做出了重要贡献，而且当越来越多的课程被放到互联网上，与全国甚至全世界的人一起分享时，我国的现代化教育体系也逐渐走向成熟。

但是，当各地、各校建起"各级""各样"精品课程的时候，也普遍存在课程低水平重复建设的现象。根据相关资料统计，到 2008 年年底，入选国家精品课程门数已经超过 4 门（含 4 门）的同种课程达 63 门，其中最多的《理论力学》，入选课程达 12 门，其次《大学物理实验》和

---

② 宋烈侠、杨承运:《精品课程建设与评估漫谈》,《黑龙江教育》(高教研究与评估版) 2005 年第 2 期。

《高等数学》各10门。① 同样的情况也发生在省级精品课程评选建设过程
中，以湖北省为例，到2008年年底，入选省级精品课程门数已经超过4
门（含4门）的同种课程达23门，其中最多的依次为《高等数学》10
门（无国家精品课程）、《大学物理》10门（无国家精品课程）、《有机化
学》7门（含1门国家精品课程）。如果统计全国范围内省（市）、校级
精品课程的重复率肯定还会更高。尽管在一定程度上说精品课程的重复
是必需的，因为不同学校即使同一门课程都具有其各自侧重与特色，但
本应作为具有辐射示范作用的精品课程出现大规模的重复建设，不仅是
资源的浪费，更由于各级课程数目的冗余而带来后期管理上的困难、检
查的缺位，以及给真正优质资源共享形成壁垒。造成这一现象的原因有
很多。笔者认为，其根源在于省、校两级精品课程缺乏自身建设应有的
内涵、范围，而一味地追求与国家精品课程保持一致。

以2009年北京市精品课程申报为例，明确要求"申报本科精品课程
原则上要求是基础课、专业基础课或量大面广的专业课，并在高等学校
连续开设三年以上，课程负责人为本校专职教师，具有教授职称……课
程内容应充分体现'国家精品课程评审指标（本科，2009）'的要求"。②
不难看出，北京市精品课程评选时从负责人的要求、课程范围到评审标
准都和国家精品课程完全相同［其他省（市）的情况也基本相同］。建设
范围相同、要求相同、标准相同必然导致各校在进行精品课程建设时不
考虑结合学校及学生的特点，只是技术化地解读教育部精品课程评审的
指标，在教学内容上，过分注重知识的量化和信息化；在方法和手段上，
片面地追求技术化和形式化，淡化了课程在教学中对学生能力和素养的
提升作用，走入了"知识型教育＋技术型教育"的误区，从而很难保证
课程建设在人才培养中应有的作用。③ 可见，要解决上述问题，必须从重
新探讨各级精品课程的建设内涵和范围开始，而教育学中的建构主义学
习理论正好为我们提供了一个新的视角。

---

① 教育部高等教育司：《2009年国家精品课程申报指南》，2009年6月。

② 《北京市教育委员会关于做好2009年度北京市级精品课程申报工作的通知》（京教函
〔2009〕242号）。

③ 肖阳、冯玲：《高校本科专业精品课程建设与教学创新的思考》，《中山大学学报论丛》
2004年第2期。

二　建构主义学习理论

建构主义也译作结构主义，是认知心理学派中的一个分支。建构主义源自关于儿童认知发展的理论，由于个体的认知发展与学习过程密切相关，因此，利用建构主义可以较好地说明人类学习过程的认知规律，即能较好地说明学习如何发生、意义如何建构、概念如何形成，以及理想的学习环境应包含哪些主要因素，等等。

建构主义的学习理论内容很丰富，但其核心基本可以概括为：以学生为中心，强调学生对知识的主动探索、主动发现和对所学知识意义的主动建构。建构主义教学理论中常见的教学方法有随机进入教学、支架式教学、抛锚式教学和问题式学习。这些教学方法虽然各有特点，但在思想和具体实施上却有着很多共同之处。其主要操作为：

首先，对于一种学习情境的创设。这种学习情境并非是指课堂环境，而是一种和现实情况基本一致或相类似的情境。它使学生的学习能更加贴近真实环境。

其次，对问题的选择。学生可以在学习情境中选择与当前学习主题密切相关的真实性事件或问题作为学习的中心内容。

再次，对所选问题的独立探索或协作学习。

最后，使学生对学习所得到的知识完成意义建构，并对学生的学习进行评价与总结。

三　从建构主义学习理论出发构建三级精品课程建设体系

建构主义学习理论是针对人类学习过程的认知规律构建的学习理论，强调学生对知识的主动探索、主动发现和对所学知识意义的主动建构。这要求我们在确定精品课程的建设目标时，必须着眼于不同学生对于精品课程中所学知识的意义构建。

（一）校级精品课程建设内涵

建构主义学习理论指出，教学首先要给学生提供一个学习"情境"，这不仅要求学习资源提供的丰富性，更应该注重其针对性和有效性。我们知道，高校中把主要精力投入于建设省级和校级精品课程的学校大部分是原来的省属或部属的地方高等院校，其优势的教学资源往往具有明显的行业和地方特色，同时学校学生的来源以及未来就业方向也同样如此。所以，校级精品课程建设要注重学生学习"情境"的创设，就必须增强课程与所处的优势学科和特色专业结合。只有这样，才能为学生学习的意义建构创造更加便利的条件，才能彰显精品课程自身的特点，避免重复建设和资源浪费。同时这也决定了基于建构主义学习理论的精品课程的建设目标首先应从校级精品课程开始制定，同时为校级精品课程建设提出目标，即校级精品课程必须依托学校的优势学科和地域特点进行建设，不仅包括量大面广的公共基础课和学科基础课，而且还应反映了学校特色的专业核心课甚至专业选修课。只有这样，才能充分发挥课程和学科、行业相结合的优势，为学生提供良好的有针对性的学习"情境"。

（二）省级精品课程建设内涵

精品课程建设是精品学科、精品专业建设的基础和切入点，也是精品学科、专业的具体体现。精品课程的含义并不仅仅是上好一门课，更重要的是其中蕴含着师资队伍、教学内容、教学方法和手段、教材、教学管理、实践教学的体系和仪器设备及实训基地等建设的一项系统工程。因此，一方面，精品课程的实现必须有精品学科、专业做保障；另一方面，只有有了适合本专业人才培养规格和方案的课程体系，以及一系列精品课程，才能产生精品的专业和特色学科。因为无论是专业建设还是学科建设都必须落实到课程建设上来。所以，当一个学校依托优势学科建设校级精品课程时，往往不仅能建成一两门精品课程，而是可以建成一个系统的精品课程"群"。只有当这样一个精品课程"群"产生以后，才能说真正完成了对学生学习情境的"创设"。

因此，笔者认为，省级精品课程应着眼于精品课程"群"的构建。只有当校级精品课程"群"的体系构建完成以后，才能在其中遴选出一两门条件、水平最高的课程，使其成为省级精品课程；并让它成为校内外学生进入该专业学习的一个入口，也为校级精品课程的建设提供引导和建设方向。总之，省级精品课程应该是各高校校级精品课程群和品牌、特色专业建设情况的一个体现和反映。

（三）国家精品课程建设内涵

国家精品课程是指具有特色和一流教学水平的优秀课程，具有最广泛的受益范围。由于其受众的水平及知识背景参差不齐，要做到既保障最广泛受众的可接受性，又具有特色和针对性，就显得殊为不易。因此，当校级和省级精品课程主要强调特色之后，有着最广泛受众的国家级精品课程就应该着重强调其辐射作用和示范价值（这也是国家精品课程价值的核心），而它的主要建设对象应该是那些量大面广的基础类课程，同时其建设也不应仅仅强调"先进性"，而更应使其成为全国同类课程的模板和标准，对全国同类课程的教学起到示范作用。这样，才能最大限度地体现国家级精品课程的价值所在。

以上构建的三级精品课程建设内涵和范围，层次分明，各有侧重：校级精品课程主要侧重于深浅灵活的专业课，省级精品课程侧重于特色鲜明的专业基础课，而国家精品课程侧重于受益广泛的公共基础课。这样，就形成了一个全方位、多向度的课程建设体系，从而丰富和完善了现有的课程体系。

四　问题与展望

从建构主义视角出发，将各级精品课程建设的内涵和范围进行重新构建，能极大地缓解现有精品课程重复建设的问题。但是，由于这一体系中校级和省级精品课程不再是单纯的国家精品课程的基础，所以，可能存在校级精品课程的质量比省级甚至国家精品课程还要高，只是由于其受众较少，而不属于省级或国家精品课程范畴，这样一来，便产生了新的问题即如何保证校级和省级精品课程建设的积极性。笔者认为，给予相关人员合理的利益可能是解决这一问题的出路之一；反之，将会导致大家对校级和省级精品课程的轻视，造成两级精品课程形同虚设。因此，进一步提升校级和省级精品课程的建设动力，准许其课程网站进入市场运作并收取一定的费用，也许是解决这一问题的出路。

参考文献

1. 宋烈侠、杨承运：《精品课程建设与评估漫谈》，《黑龙江教育》（高教研究与评估版）2005 年第 2 期。

2. 教育部高等教育司：《2009 年国家精品课程申报指南》，2009 年第 6 期。

3. 《北京市教育委员会关于做好 2009 年度北京市级精品课程申报工作的通知》（京教函〔2009〕242 号）。

4. 肖阳、冯玲：《高校本科专业精品课程建设与教学创新的思考》，《中山大学学报论丛》2004 年第 2 期。

5. 何克抗：《关于建构主义的教育思想与哲学基础——对建构主义的再认识》，《现代远程教育研究》2004 年第 3 期。

［原载《当代教育论坛》（综合研究）2010 年第 4 期］

（作者：苏晓云　长江大学教务处）

精品课程建设的内涵与问题思考

国家精品课程建设是教育部实施"高等学校本科教学质量和教学改革工程"的重大举措，从 2003 年实施以来，已经形成国家、省级和校级三级精品课程建设体系，这些精品课程的建设与推出对整体提高高等学校教学质量、提高教师队伍水平起到了重要作用。1999 年，美国麻省理工学院提出了"开放式课程项目"（Open Course Ware，OCW）的概念，向全世界的学习者无偿提供世界级的优秀课程资源。此举在全世界各国引起了巨大的反响，日本、法国、英国等各国高校以及教育组织纷纷效仿，以各种形式在教育资源开放与共享方面展开实践探索。这对提高大学水平有重要作用。我国自 2003 年以来已建立 14446 门校级、省级和国家精品课程，已经有了丰富的网上教学资源。但是，精品课程建设也存在一些问题，如何建设好并提高精品课程推广及使用效果，对今后精品课程发展有重要启迪作用。

一　明确精品课程建设目的

精品课程是具有一流教师队伍、一流教学内容、一流教学方法、一流教材、一流教学管理等特点的示范性课程，应该集科学性、先进性、教育性、整体性、有效性和示范性于一身。但是，这都是对精品课程建设的要求，而精品课程建设的目标主要是针对学生，应该达到以下目的：

（一）提高学生培养质量，培养高素质人才

随着我国高等教育规模的扩大，对教师需求、教学条件需求没有相应地跟上，普遍认为，学生教育质量变差。因此，精品课程建设的首要目的应该是提高学生培养质量，利用全国优秀教育课程资源来满足不发达地区或投入少的高校提高教学质量的要求。即聚集优质的教育资源，

提高课程教学质量，使学生得到最好的教育，并可以在更大的范围内得到教学共享的一项教学创建活动。它的宗旨是满足培养国家和地方发展需要的高素质人才。这是建设精品课程的最终目的，也是主要目的。

（二）提高教师水平，建立一流教学团队

提高教学质量与教师水平密不可分。古人云，"名师出高徒"，这说明了教师在人才培养中的作用和地位。没有高素质和高水平的教师是很难培养出高水平的人才的，特别是在现代科技高速发展的时代。著名科学家、政治家、思想家等基本出自名校或师从名师，现在学生升学都愿意追随名校和名师，也说明了教师的作用，国内国外均是如此。只有一流的教师队伍，才能培养出一流的人才。目前我国许多知名高校具有一流的教师队伍，具有很强的科研水平，但大多数高校的教师的水平需要不断提高，即使目前科研水平很高的教师能否很好地胜任知识和素质的传导者？这也需要思考。通过精品课程建设，提高教师综合水平，包括教学水平，主要是传导知识的能力；对本学科知识系统的掌握能力；本学科的科研能力与创新能力；教师素质提高，主要体现为教书育人能力、团队合作能力等。通过提高教师队伍综合素质来建立一流教学团队，也就是建设一支高水平的、知识结构和年龄结构合理的教师梯队。精品课程建设是一项质量工程，建设的目的之一是提高教师队伍水平，建设一流的教学团队。

（三）建设高水平教学平台，达到开发共享

利用现代信息技术，发挥高校人才优势和知识文化传承创新作用，组织高校建设一批精品视频公开课程，广泛传播国内外文化、科技发展趋势和最新成果，展示我国高校教师先进的教学理念、独特的教学方法和丰硕的教学成果。这是精品课程建设的社会作用。通过精品课程建设，可以实现优质课程资源的共享，广大教师和学生都能成为最大的受益者。对学生来说，可以及时与名师进行交流和沟通，从中得到最好的指导，受到最好的教育；对教师来说，利用网上精品课程资源，可以互相学习、借鉴，取长补短，促进教学内容、方法、手段的改革和学术水平、教学质量的提高。教学资源共享对扭转我国目前教育发展不平衡的现状有极其重要的意义。

二　精品课程建设内容分析

精品课程建设内容，按照目前教育部的基本要求，应该主要包括课程所在学科的规划、师资队伍建设、教学内容及课程体系建设、教学方法与手段建设、教材建设、实践教学基地建设、机制建设等方面，主要实现方式和成果是网络教学平台建设与多媒体教学视频。具体来说，可以从六个方面进行探讨。

（一）课程规划与教学内容建设

高校课程建设是一项系统工程，涉及教师、学生、教材、教学技术手段、教育思想和教学管理制度。课程建设规划反映了各校提高教育教学质量的战略和学科、专业特点。在新形势下，在高校制定课程建设规划时，需要注意以下几个方面：一是建立合理的知识结构，着眼于课程的整体优化，反映本校本学科的教学特色。二是学校要在构建课程体系、组织教学内容、实施创新与实践教学、改革教学方法与手段等方面进行系统配套的改革。在给每门课程安排教学内容时，要将授课、讨论、作业、实验、实践、考核、教材等教学环节作为一个整体统筹考虑，与本课程学习要求达到的具体目的结合，同时协调与相关课程的关系，不能因为一门精品课程建设和申报的需要来增加与覆盖其他课程涉及的实验、实践等内容，每门课程的建设内容都应该放到本专业的课程体系中综合优化考虑。三是要有明确的教学目的、教学大纲、教学的重点难点等。

（二）教材建设

教材是直接呈现给学生的最重要的教学参考书，也是学生在课前、课堂和课后看得最多的书籍，所建精品课程的知识体系、分析和解决问题方法及手段等都通过教材反映给学生，常言道，"好的教材胜过好的老师"，这说明教材的重要性。由于每门课程的课堂教学时间有限，教材内容必须精心组织，合理安排。精品课程的教材必须由学校该学科方向的知名教授组织编写，参编人员最好是同类学科不同学校的人员，若有公认的很好的同类教材，可以直接引用。特别是对于专业课和专业基础课程，为了让学生能够深入理解，扩展视野，提高创新能力，还需要建设辅助教学教材，也就是通常所说的立体化教材，将基础课程教材、教学参考书、学习指导书、实验课教材、实践课教材、专业课程教材配套建设，加强计算机辅助教学软件、多媒体软件、电子教案、教学资源库的配套建设；对于专业课教材，应该定期进行修订，充分反映该学科的最新成果，或者以教学参考书、辅导教材等方式呈现给学生最新发展动态。学生学习完专业课后，应该能够掌握该学科方向的发展历史、主要内容和发展趋势等。

（三）教师队伍建设

教师队伍建设既是精品课程建设的目的之一，也是精品课程建设的主要内容，在前面作为目的已有论述，但作为建设内容应该做好。提高教学质量的对象是学生，但主体是教师，有教才有学，好的教必定带来好的学，即好的学生，注重教师队伍建设应该是精品课程建设中的重点之一。

教师队伍建设应该包括：（1）师德建设。首先是教师应具有良好的师德，做到教书育人，有良好的职业道德，用心教学，善于与学生交流，从全方位启发学生。（2）教学能力与科研水平建设。专业精品课程的负责人应该是所建精品课程学科的学术带头人，同时也应该是具有丰富教学经验的教授。主讲教师或辅助教学教师通过教师队伍建设，以尽快获得一定的教学经验和较强的科研能力。专业课程教师应该具有科研经历。（3）教学团队建设。一门专业课程应该根据所授学生人数来建立由教授、副教授、讲师、博士组成的教学团队。团队应有合作精神，积极开展教学研究，讨论教学中出现的问题，不断研究改进教学方法和手段。通过教师队伍建设，进一步优化教师队伍的年龄结构、学历结构和学缘结构，稳定骨干教师队伍，造就拔尖人才，培养若干名在国内外有影响的教育或科研人才。

（四）教学方法与手段建设

不同的课程具有不同的特点，需要不同的教学方法和手段，目前，我国高等学校工科课程设置基本上可以分为基础课、专业基础课、专业课、公共选修课、专业选修课和实践课等不同类型。当然，还有些特殊学科专业如体育、艺术等专业课程体系。目前普遍使用的教学方法是以课堂教学为主，课堂教学又以老师讲授为主。在现代科技条件下，已有多媒体辅助教学等新手段。

教学方法与手段建设应该主要包含以下三项内容：（1）教学理念建

设。目前，我国高等学校教学表现是重理论、轻实践，重知识的传授、轻能力培养和知识的应用，师资队伍建设和评价上偏重理论水平。学校应该根据不同人才培养类型来确定合理的教学方法和手段。学校要培养具有创新能力的人才，就必须坚持理论与实践教学结合，重视实践教学环节。只有书本理论，没有与实践相结合，很难有创新意识，因而应该促使理论教学和实践教学正确定位，有机结合，适应以能力培养为主的教育理念。（2）课堂教学方法与手段建设。主要是根据精品课程特色、教师水平和教学对象建立符合教学规律、能提高学生学习效率的方法，针对专业课讲授为主，辅以习题、小结报告、资料阅读体会等，同时加强实践作业，包括课堂中案例教学、实验室实验、现场实习等。（3）辅助教学手段建设。主要包括课堂内应用的多媒体、录像、演讲报告、声音放大器等，以及课后实验室建设、现场实习基地建设、教学网络平台建设、参考书建设、学习指导书建设等。

（五）网络教学平台建设

精品课程建设成果主要以网络教学平台、多媒体和课程视频展现给学习该课程的学生或不同学校相同课程教学的教师共享，其建设的好坏直接影响使用效率效果、课程示范作用和辐射作用，如果做得不好，在学生中会产生不良影响，甚至使学生产生反感。

网络教学平台建设应注重以下四个问题：（1）系统设计的先进性。让使用者能提高使用效率，不会出现层次多、打开速度慢等情况。（2）注重内容设计。平台建设的服务对象是学生，应该从学生的角度来丰富学生感兴趣的内容，特别是有助于提高学生学习质量的内容，而不能成为教学团队的成果展示平台。（3）多媒体应该信息丰富、内容严谨，同时整洁美观，具有很好的可视性和示范性。（4）课程视频和辅助教学视频应该图像清晰、画面美观、声音洪亮，适当的地方应有标注解释等。

（六）精品课程管理机制建设

精品课程建设作为质量工程的主要内容之一，应该有很好的管理机制，只有这样，才能使其建设长期化、作用极大化。

建设好管理机制应该主要考虑以下三个问题：（1）建设单位建立激励机制。对参加精品课程建设的教师在晋升职称、获得荣誉等方面给予加分，鼓励教师职称参与。（2）建设合理评价体系。按照国家或同行的要求，对建设的精品课程定时评估，优者奖，不符合者改。

（3）建立人员经费保障制度。确保精品课程建设团队人员优化组合，保证人员结构合理和稳定。建设过程和管理维护过程有经费保障，经费来源可以由国家和学校共同解决。

三 精品课程建设中存在的问题

2012年1月，据国家精品课程资源网统计，我国高校已经建成各类精品课程14446门，其中，国家精品课程2582门，省级精品课程5648门，校级精品课程6000多门。这些精品课程建设对提高国内高校教师的教学水平、提高教学质量起到了重要作用，同时通过不断建设，对今后或对同类院校都会继续起到很好的示范作用，为不断提高教学质量做贡献。但是，在建设过程中也存在一些问题，需要不断地改进和完善。

（一）重建设轻管理

在国家精品课程建设实施后，各省高校很快组织实施，建立了国家、省级和校级的三级精品课程建设体系，通过级别的提高来达到精品课程建设的目的。每年国家、各省和各高校都会评审出大批精品课程，这是好事。但是，很多课程在获得精品课程称号后，许多方面停止了建设或改进。主要表现为教材更新、教学手段和方法改进等方面，特别是教学平台建设管理没有跟上，许多网站建设更新缓慢或没有更新，涉及学生的答疑系统没有教师回答提问，涉及知识更新的没有及时更新等。

（二）建设投入大，应用效果不理想

各学校投入了大量的人力和物力开展精品课程建设，到2009年时，我国普通高等学校1079所，平均每所学校建设课程超过13门。每年学校都开展大批精品课程立项建设。笔者通过网络收集到关于精品课程问卷调查如表1所示。

从表1中可以看出，尽管我国高校都在开展精品课程建设，但大学生对精品课程的了解程度很低，不了解的高达69.5%，有66%的学生没有使用过精品课程网络，对精品课程使用满意度一般的占66.7%。这种状况表明精品课程的应用情况不容乐观。

表1 精品课程问卷调查

问题	回答	比例（%）
您知道麻省理工学院的免费上网课程吗？	不知道	84.5
您了解精品课程吗？	不了解	69.5
	了解	26.4
您使用过精品课程吗？	没有	66.0
使用精品课程所在的网站是？	使用学校精品课程网	61.0
	使用国家精品课程网	33.0
您对使用过的精品课程和精品课程网站的满意度是？	一般	66.7
	很满意	16.0
您现在知道精品课程是国家的一批名师上网的免费课件，您有兴趣吗？	一定去看看	31.4
	用得上再说	59.6
您觉得影响精品课程的使用的因素是什么？	宣传力度不够	81.6
	网络不畅，费时太多，操作太麻烦	75.8
	课程质量不高、实用性不强	35.0
	资源不够丰富，更新缓慢，不能满足学习需要	48.9
您觉得是否需要加大宣传力度？	加大宣传力度更多受众	83.3

资料来源：问卷星（www. sojump. com）。

（三）建设内容丰富，针对学生的信息不够

在精品课程建设过程中，其成果主要展示或学生应用的是网络教学平台和视频与多媒体，网络建设的内容按照要求看，总体建设得比较丰富，特别是国家精品课程，有的网络中有近20个栏目，但学生使用的主要是实验、复习思考、在线答疑等，其他栏目学生当然可以浏览，但收获不会很大，重点不突出，有的在线答疑管理不到位，不能及时解答。多媒体课件单独看是有差异的，因为多媒体中的文字、逻辑、解决问题的方式不可能精细，而创新思想往往要在提出问题、解决问题的过程中体现。所以，在网络平台设计时，应该从学生需求入手，做好调查分析，做详细设计。

（四）建设经费投入不够

在精品课程建设中，教师队伍建设、网络平台建设等诸多环节都需

要人力、物力投入，同时建设、维护和完善过程也是长期的，需要长期投入经费。目前，多数课程建设在建设初期有一定的经费支持，后期没有经费支持，有的初期投入也不够，这都影响精品课程建设的效率和效果，最终必然影响精品课程的推广应用。精品课程建设是国家质量工程的组成部分，建议国家投入专门的建设经费，同时要求学校配套，保证建设经费和人力投入。

四　如何提高精品课程的推广辐射效果

精品课程建设，是聚集优质的教育资源，提高课程教学质量，使学生得到最好的教育，并且可以在更大的范围内得到教学共享的一项教学创建活动，精品课程也是学校的品牌之一，又是一流大学的标志之一，应该成为提高整体课程教学水平的前哨与尖兵。所有精品课程建设的重要意义都在于建设课程的应用和推广，否则无法起到示范与引领作用。从调查表1中可以看出，目前存在的主要问题是推广和宣传不够，建议从以下四个方面改进推广效果。

（一）内容应公开共享

1999年，麻省理工学院开设公开课程后，受到许多国家响应，内容完全公开，但目前从国内外情况看，核心教学内容和经验共享程度不够，还需要深入。

（二）提高网络速度

加强网络建设，优化网络设计，提高使用效率。有的精品课程网络内容丰富，但打开速度慢，层次多，影响使用效率，时间长了，应用人员就没有兴趣了。

（三）加大宣传力度

加强对精品课程建设和应用的宣传力度，特别是对学生的宣传，有的精品课程建设后，许多学生还是按以前的学习思路进行学习，没有上网，没有利用网上资源，有的甚至不知道还有精品课程的网络教学平台。建设好合格的精品课程网站后，应该以网络平台为重要的教学手段，学生答疑、作业布置、信息发布等都以网络为基础，这样，才能引导学生使用，时间长了，学生就会养成应用习惯。

（四）增加学生感兴趣的内容

前面谈到网络教学平台建设中学生直接有用的内容不丰富，这是影响精品课程推广应用的问题之一。所以，在网络设计过程中，应该充分考虑学生的使用。如对于专业课，可以增加与课程相关的有声读物、发展趋势信息、学术讨论、不同学术观点等，增加可读性和趣味性。不同课程有不同特点，应根据课程特点，在对学生需求调查的基础上挖掘内容。

参考文献

1. 段善利、李萍、窦明武：《关于精品课程建设的几点思考》，《中国大学教育》2004 年第 4 期。
2. 黄宝玉、项国雄：《国家精品课程建设现状分析及思考》，《中国高教研究》2007 年第 9 期。
3. 田卫国：《高校精品课程建设存在的问题及对策》，《教育探索》2010 年第 2 期。
4. 陈彬：《高校精品课程建设思考》，《黑龙江高教研究》2004 年第 11 期。
5. 李秀云、张国忠：《对高校精品课程建设的几点思考》，《现代教育科学》2009 年第 6 期。
6. 叶四桥、陈洪凯、唐红：《从岩土类课程看精品课程建设存在的问题及对策》，《高教研究》2011 年第 1 期。
7. 黄新斌：《我国高校精品课程研究的进展》，《当代教育科学》2011 年第 17 期。

（原载《教育教学论坛》2013 年第 11 期）

（作者：刘德华、刘志森　长江大学石油工程学院）

地方综合性高校《大学物理》学习者对翻转课堂的接受度调查研究

　　《大学物理》作为高等学校理工科各专业学生的必修基础课程，可以锻炼学生的逻辑思维能力和实验探究能力，培养学生的探索精神。但是，随着传统的《大学物理》教学效率低下、学生越来越不喜欢上《大学物理》理论课等一系列现象的日益暴露，《大学物理》课程正陷入"教师难教、学生厌学"的尴尬境地。要解决《大学物理》教学的困境，唯有改变教学模式。

　　翻转课堂作为一种先学后教的教学模式，能够有效地弥补传统教学的不足。目前，很多高校在不同课程中进行了有效尝试，但发表的文献大多为"985"高校、"211"高校的研究，缺乏对地方综合性高校开展翻转课堂教学实践的相关研究。地方综合性高校办学经费主要由地方财政部门提供，是多学科有机融合的大学，与"985"高校、"211"高校相比，地方综合性高校的办学实力、学校声誉、就业形势等有一定差距，导致生源质量不太乐观[1]，优质教师和物理实验设备的储备也相对有限。为了了解地方综合性高校《大学物理》学习者对翻转课堂的接受度，本研究以湖北省地方综合性高校——长江大学为例，采用问卷调查和访谈的方式进行分析与讨论，以期为同类高校开展翻转课堂提出可参考建议。

一　研究设计

　　本研究样本来自长江大学15级土木工程专业79名学生，翻转课堂教

---

　　① 彭开智：《地方高校生源质量的影响因素分析——基于长江大学的调查研究》，《长江大学学报》（社会科学版）2012年第11期。

学实践为期 6 周，授课时数 24 节。为实现《大学物理》课程的翻转，教师课前通过《大学物理》资源共享课网站为学生推送教学视频，供学生自主学习；课中则根据课程的难易程度，开展不同程度的翻转活动。内容相对容易的课程进行完全翻转，即课前学生自主学习，课上完成作业，答疑修正；内容相对较难的课程进行部分翻转，课上安排一节课让学生进行自主学习，教师利用这个时间进行一对一指导，或一节课教师对重点和难点内容进行讲解，另一节课教师开展多样化的教学活动，例如，习题训练、演示实验、仿真动画、游戏环节等，帮助学生内化知识。

在教学实践后，为了解学习者对翻转课堂的接受度，借鉴教学设计模型，从学生基础、教学资源、教学方法和教学目标达成四个方面①②设计接受度调查量表，该量表由 30 道选择题、5 道排序题和 4 道简答题构成，并在选择题中设计了检验学生是否认真作答的题目。本问卷在实施翻转课程最后一节课上发放。选择题分析采用李克特五级记分制记分，答案"非常同意""同意""不确定""不同意"和"非常不同意"，从高到低分别赋 5 分、4 分、3 分、2 分和 1 分。排序题按照优先顺序进行分析，简答题采用定性分析方法进行分析。

二　结果与分析

（一）信度分析

为确保调查问卷的有效性，利用 SPSS19.0 软件进行信度分析，整体调查问卷的克隆巴赫系数为 0.952，表明本量表信度良好，具有较高的内部一致性。

（二）学生基础分析

翻转课堂需要学习者具备一定的自主学习能力，为了了解地方综合性高校学习者的知识基础和能力基础，以便于有针对性地设计教学，本研究从自控和约束能力、学习习惯和学习难度三方面进行调查，学习者

---

① 路兴、赵国栋、原帅、李志刚：《高校教师的"混合式学习"接受度及其影响因素研究——以北大教学网为例》，《远程教育杂志》2011 年第 2 期。
② 李晓文：《翻转课堂学生的满意度评价研究》，《高教发展与评估》2015 年第 3 期。

中仅14%的学习者觉得自己的自控和约束能力强，59%的学习者认为自己的自控和约束能力弱或很弱（见图1），表明地方综合性高校学习者的自主学习能力还有待提高。

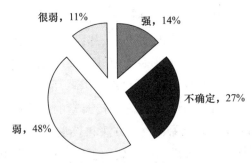

图1 学习者自控和约束能力强弱分布

学习习惯和学习难度的调查结果表明，38%的学习者认为翻转课堂不适合自己的学习习惯，仅42%的学习者认为适合自己的学习习惯。54%的学习者认为翻转课堂对自身的学习难度不大，46%的学习者认为翻转课堂对自己的学习难度大或者不确定，表明一部分学习者不能很好地适应新的教学模式。《大学物理》课程内容的难度和学习方式的转变，让学习者感到一定的学习困难，24%的学习者认为《大学物理》课程不适合采用翻转课堂（见图2）。

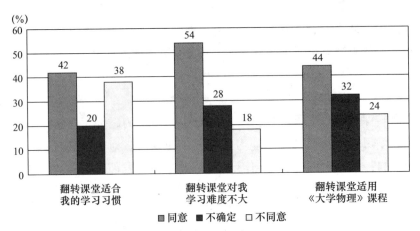

图2 学习者学习习惯、学习难度和课程适用性调查

（三）教学资源分析

随着网络技术和信息技术的发展，大量丰富的网络教学资源建设，为学习者开展课前有效的学习提供了便利。为了了解学习者在翻转课堂中对教学资源的接受和使用情况，本研究从教学资源对教学的影响和教学视频的利用率两个方面进行调查。学习者普遍认为，利用视频开展翻转课堂的确具有传统教学无法达到的优点，教学视频易于观看，可以使学习变得更容易、教学活动变得更加灵活（见图3）。

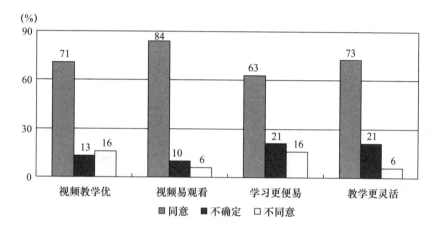

图3　学习者对利用视频资源开展教学的评价

在调查学习者观看视频情况时发现，本课程已发布并要求观看的视频中仅27%的学习者看了九成左右，22%的学习者看的视频量小于一半；仅10%的学习者会经常重复看视频，60%的学习者偶尔会重复看视频，表明学习者对视频的利用率不高。为了进一步了解学习者重复观看视频少的原因，对部分学习者访谈发现：视频缺乏互动性，学校的网络条件有限，下载观看视频需花费较长时间，课后看视频学习缺乏监管等原因都影响了学习者对视频的使用；有一部分学习者希望能够利用教学课件、习题讲解视频等资源开展课前预习。

（四）教学方法分析

1. 教学方式选择

调查显示，66%的学习者接受或非常接受翻转课堂，仅18%的学习者不接受。针对地方综合性高校理工科学习者的特点，本研究罗列了5

种学习者亲身体验过的教学方式供学习者按接受程度排序，以便在翻转课堂中选择最适合学习者的教学方式。其中，"课上一节课看视频，一节课做题讨论"接受程度最高，"传统教学（课上讲，课下做题）"排在最后，学习者对"课下看视频，课上做题目讨论"存在分歧，这与学习者重复观看视频少的原因相一致。部分学习者还反映，理工科理论课程和实验课程较多，课下任务繁重，没有充足的时间观看视频。另外，还有部分学习者比较喜欢"课下自己看书预习，课上做题讨论"，他们认为，看视频比较花时间，而看书预习效率更高。

2. 教学活动组织

课内教学活动的组织是翻转课堂有别于传统课堂的关键，学习者对《大学物理》翻转课堂中体验过的各课内教学活动的接受度平均值居于3.29—3.81（见表1），学习者最喜欢"仿真、实验、游戏等体验学习"，例如，在讲解电场中电场线与点电荷的运动轨迹关系时，利用"电子曲棍球"的仿真游戏帮助学习者进行理解。其次是"课内以小组形式完成作业"和"基于任务和思考题学习"。通过分析简答题发现，学习者还希望开展"用板书回顾和重点讲解视频内容"和"讲解课后作业中的集中问题"，表明地方综合性高校学习者在一定程度上还离不开教师对知识的讲授。

表1　　　　　　　《大学物理》翻转课堂教学活动的接受度

教学活动	课内以小组形式完成作业	基于任务和思考题学习	利用视频进行学习	小组讨论师生交流	仿真、实验、游戏等体验学习	课后平台交流
平均值	3.62	3.61	3.29	3.57	3.81	3.36

（五）教学目标达成分析

为了了解《大学物理》翻转课堂的实践效果，从翻转课堂的有用性和教学目标达成角度展开调查。从《大学物理》翻转课堂整体的开展情况看，71%的学习者认为翻转课堂是一种有用的教学模式，20%的学习者表示不确定。为进一步了解《大学物理》翻转课堂教学目标的落实情况，分别从"激发学习兴趣（情感）""促进概念理解（知识）"和"培养学生能力（能力）"三个方面进行分析。通过计算各个方面的接受度平均值发现，学习者对"促进概念理解（知识）"方面的认可度最高（见表2）。这与课内利用认知冲突策略和小组讨论方式设计了大量转变学习者前概念的教学活动有关。

表2 　　　　　　　　《大学物理》翻转课堂"教学目标达成"调查

类型	激发学习兴趣（情感）	促进概念理解（知识）	培养学生能力（能力）
平均值	3.37	3.60	3.49

三　结论与建议

翻转课堂在地方综合性高校《大学物理》课程中的应用，给学习者带来了一种全新的学习体验，通过对学习者的接受度调查分析发现。一方面，学习者喜欢课上看视频学习和做题讨论相结合的教学方式。在课内任务中，学习者喜欢开展仿真、实验、游戏等体验式学习以及基于任务和思考题开展学习等交互性教学活动，促进知识内化。学习者普遍认为，利用视频开展翻转课堂具有传统课堂无法达到的优点，教学视频可以使教和学变得更加灵活。学习者认为，翻转课堂激发了他们的学习兴趣，有助于概念理解，并培养他们的自主学习能力、沟通表达能力和探究问题的能力，这与于淑云等在山东大学物理学院的调查结果相似，70%以上的学习者认为，这种学习方式能够提高学习效率和提升学习兴趣。① 但是，由于理工科学习者课程任务繁重，没有足够的时间进行预习；观看视频耗时且不易下载；课前预习遇到问题无法及时解决且缺乏监管；地方综合性高校学习者自主学习能力有待提高，通常比较习惯于教师的讲授，再加之学校硬件条件和教师教学理念局限，以及《大学物理》课程自身难度等问题，使学习者需要较长一段时间适应翻转课堂。徐小凤等在同济大学物理课程的研究中就指出，学生的自主学习进度与期末总评成绩呈现很好的一致性，表明学生的自主学习能力和习惯对翻

---

① 于淑云、刘建强：《基于SPOC的翻转课堂教学模式在大学物理教学中的应用》，《物理与工程》2016年第Z1期。

转课堂的教学效果起到了十分重要的作用。[①]

任何一种教学模式都存在适用性和局限性，为了在地方综合性高校更好地应用翻转课堂，提出以下几点建议：

（一）针对不同特点的学习者开展设计

地方综合性高校专业门类多，《大学物理》课程覆盖面广，学习者基础相对薄弱且存在较大差异。在开展翻转课堂之前，教师需要充分做好学情分析，对学习者的学习能力、专业基础、课程安排等因素做好分析。[②] 教师可将教学内容预先进行划分，相对简单的课程内容可以开展课前预习、课上讨论的翻转课堂；难度较大的课程内容则可以安排一节课让学习者基于思考题看视频自学，对有疑问的学习者及时开展一对一答疑，另一节课教师则可组织交互性活动，通过板书讲解课程的重点、难点知识，实现传统课堂与翻转课堂相结合的"部分翻转"。

（二）软硬件条件需匹配翻转课堂要求

翻转课堂教学改革不可能一蹴而就，需要教师和学习者长期的努力，才能逐步适应翻转课堂。为了开展好翻转课堂，教师需要丰富教学技能，提高教学能力，转变自身的教学理念，学习者需要转变学习态度，学会自主学习；教学视频的录制需提高品质，内容需精简新颖，增加互动性；需开发电子教材（或纸质教材）、PPT 教学课件、习题讲解视频、Flash 动画等多样化学习资源和学习材料，让学习者根据自己的学习习惯来选择不同的预习素材，而不仅仅局限于视频这一种资源形式；[③] 高校则需要完备网络条件，校园内全面覆盖高速网络，以满足翻转课堂对网络条件支持的需要。

（三）实现课内活动的多样化，评价方式的多元化

在翻转课堂中，教师不能单纯以观看教学视频来代替课堂中的讲授，在学习者自学之后，教师应充分利用课堂上节省的时间，根据学习者自学过程中的反馈，采用实验、游戏、仿真等体验性活动和基于问题开展

---

① 徐小凤、王祖源、张睿：《基于 SPOC 的大学物理课程实践效果研究》，《现代教育技术》2016 年第 3 期。

② 邢磊、董占海：《大学物理翻转课堂教学效果的准实验研究》，《复旦教育论坛》2015 年第 1 期。

③ 张萍、Ding Lin、张文硕：《翻转课堂的理念、演变与有效性研究》，《教育学报》2017 年第 1 期。

思考和讨论的活动，帮助学习者完成知识内化，从而达到教学目标。在教学过程中，教师应做到评价先行，注重形成性评价为主的评价模式，对学习者的学习成果进行评价。①

参考文献

1. 彭开智：《地方高校生源质量的影响因素分析——基于长江大学的调查研究》，《长江大学学报》（社会科学版）2012 年第 11 期。

2. 路兴、赵国栋、原帅、李志刚：《高校教师的"混合式学习"接受度及其影响因素研究——以北大教学网为例》，《远程教育杂志》2011 年第 2 期。

3. 李晓文：《翻转课堂学生的满意度评价研究》，《高教发展与评估》2015 年第 3 期。

4. 于淑云、刘建强：《基于 SPOC 的翻转课堂教学模式在大学物理教学中的应用》，《物理与工程》2016 年第 Z1 期。

5. 徐小凤、王祖源、张睿：《基于 SPOC 的大学物理课程实践效果研究》，《现代教育技术》2016 年第 3 期。

6. 邢磊、董占海：《大学物理翻转课堂教学效果的准实验研究》，《复旦教育论坛》2015 年第 1 期。

7. 张萍、Ding Lin、张文硕：《翻转课堂的理念、演变与有效性研究》，《教育学报》2017 年第 1 期。

（作者：汤　伟、张　静　长江大学物理与光电工程学院；Ding Lin 俄亥俄州立大学教育学院）

---

① 张萍、Ding Lin、张文硕：《翻转课堂的理念、演变与有效性研究》，《教育学报》2017 年第 1 期。

哪些因素影响慕课满意度?

——基于659名同学的调查

一 引言

2013年10月,清华大学正式推出我国首个中文慕课平台——"学堂在线",随后,上海交通大学自主研发了"好大学在线"、网易与高等教育出版社"爱课程网"合作推出了"中国大学MOOC"学习平台,深圳大学创建了全国地方高校"UOOC联盟"("优课联盟")。截至2017年4月17日,这四大慕课平台开设的课程涵盖除"军事学"之外的11大学科门类,共计3039门。

作为一场"挑战高等教育未来"的风暴,慕课一问世就受到了从国家到学校、个人多方面的关注:高校纷纷与这四大学习平台签订合作协议,引进优质的教育资源;学生纷纷根据个人兴趣和需求选修慕课,享受教育公平和教育民主权利;教育部于2015年出台了《关于加强高等学校在线开放课程建设应用与管理的意见》,以期推动慕课积极、健康地发展。时至今日,高校开设慕课已经四年有余,作为一种有别于传统课堂的新型教学方式,学生的满意度如何,尤其是哪些因素影响他们的学习满意度,这些问题的明晰不仅可以为高校开设慕课提供有针对性的帮助,为慕课平台建设提供具体的指导和建议,还可以为国家制定与慕课相关的政策提供依据。

二 慕课满意度影响因素测量问卷的编制

课程满意度是指学生将实际体验到的课程与其预期相比较而产生的一种主观情绪反应，对与其相关的研究需要借助一定的测量量表。但是，慕课开设的时间较短，其教学效果刚刚呈现，加之问卷的编制需要时间，因此，目前还没有现成的慕课满意度影响因素测量量表，本研究的首要任务是自行编制量表。

（一）量表的初步编制

基于对国内外已有课程满意度影响因素文献的梳理和归纳①②③④，借鉴"输入—过程—产出"教学质量评价分析框架⑤，本研究从选课动机、环境支持、教学资源、线上学习和生师互动五个维度构建了包含 40 道题项的《慕课满意度影响因素测量量表》初稿。

作为一名开设慕课线下翻转课堂的老师，研究者直接利用课间或课后的时间，先后请 173 位同学在阅读《慕课满意度影响因素测量量表》初稿后回答如下几个问题：第一，题项的意思是否清晰明了、没有歧义；第二，题项是否有交叉、重复；第三，题项是否易于回答；第四，题项的选项是否全面、合理。根据学生的反映对初稿进行修改，题项从 40 道缩减至 30 道。为进一步提高问卷的有效性和科学性，研究者组织开设慕课翻转课的老师、教务处负责慕课建设的人员召开讨论会，请他们对量表的完整性和全面性、题项的准确性和正确性提出修改意见，形成《慕课满意度影响因素测量量表》终稿。该量表一共有 26 道题项，分为两个部分：第一部分是个人信息，包括性别、就读的大学、年级、专业、生

---

① Yoram Neumann, Lily Neumann, "Determinants of Strdents' Satisfaction with Course Work: An International Comparison between Two Universities" [J]. *Research in Higher Education*, 2003, 14 (4).

② 周海银：《普通高校课程建设的向度——基于山东省普通高校毕业生课程满意度的调查》，《教育研究》2015 年第 10 期。

③ Debra Parkinson, William Greene, Younghee Kim, Joan Marioni, "Emerging Themes of Student Satisfaction in a Traditional Course and a Blended Distance Course" [J]. *Tech Trends*, July 2003 (47): 26.

④ 于亚娟：《高校课程满意度调查研究》，《教育观察》2014 年第 13 期。

⑤ 于海琴：《学习环境对大学生学习方式、学业成就的影响——基于本科拔尖创新人才培养的实证研究》，《高等教育研究》2013 年第 8 期。

源地；第二部分是主问卷，每个题项在符合程度上分为强烈不同意、不同意、比较同意和强烈同意，分别赋值为1、2、3 和4。

（二）研究对象

借助问卷星平台采用网上填写的方式，按照方便取样原则，面向开设慕课学校的学生发放问卷。共回收问卷659 份，如果问卷遗漏了题目没有填写，则无法提交，因此，所有问卷无一缺失值，全部有效。具体的样本信息如表1 所示。

表1　　　　　　　　　　研究对象的样本构成

统计内容	分类	样本数（份）	百分比（%）	统计内容	分类	样本数（份）	百分比（%）
院校类型	"211"	35		专业	文科	175	
	其他	624			理科	245	
性别	男	348			工科	239	
	女	311		年级	一年级	97	
生源地	城市	150			二年级	453	
	农村	509			三年级	105	
					四年级	4	

将样本随机分成两个部分——样本1 和样本2，其中，样本1（N = 330）用于探索性因子分析，样本2（N = 329）用于验证性因子分析。

（三）数据处理与分析

1. 探索性因子分析

探索性因子分析要求问卷题项与样本数量之比达到1∶5 以上，最少样本量为100。本研究设计的主问卷题项有26 项，样本1 的数量为330 份，满足进行探索性因子分析的样本数量要求。

使用SPSS19.0 软件包进行项目分析、相关分析和探索性因子分析。首先，运用临界比值法对所有项目进行分析，所有项目都达到了0.001 以上的显著性，表明各项目具有良好的区分度。然后采用KMO 和Bartlett 球形检验对采样充足度及进行因子分析的适宜性进行检验，KMO 检验值为0.867，Henry Kaiser 认为，KMO 值大于0.7 即适合做因子分析。[①] Bartlett

---

① Henry Kaiser, "An Index of Factorial Simplicity" [J]. *Psychometrika*, 1974 (39): 56.

球形检验值为 2440.861，P = 0.000（< 0.001），说明数据非常适合进行探索性因子分析。

在统计学上，确定因子数目的标准为：①因子特征值大于 1；②每一因子至少包含 3 个及以上项目；③符合碎石检验。删除项目的标准为：①负荷在 0.5 以下；②多重负荷；③无法对项目与因子的关系做出合理解释。本研究运用极大方差法进行正交旋转分析，求得旋转因子负荷矩阵，项目的选取标准为因子负荷大于 0.5，特征根值大于 1。经过反复正交旋转，结果显示，7 个题项应该被删除。删除这 7 个题项后，量表的 KMO = 0.848（P < 0.01），说明问卷的共同因素有所下降但仍然适合进行因子分析。通过探索性因子分析提取到 5 个主成分因子，累计解释变异量为 57.39%（见表 2），方差解释率较好。

表 2   **总方差解释变异量**

因子	初始特征值	提取后方差贡献率（%）	提取后累计方差贡献率（%）
1	5.72	26.00	26.00
2	2.47	11.22	37.22
3	2.03	9.22	46.44
4	1.36	6.19	52.63
5	1.05	4.76	57.39

因子 1 反映的是慕课视频材料制作的效果，命名为"教学资源"；因子 2 反映的是学生和教师在翻转课堂内外讨论学习和其他问题的情况，命名为"生师互动"；因子 3 反映的是是否为学生学习慕课提供了较好的环境支持，命名为"环境支持"；因子 4 反映的是学生为什么选择慕课，命名为"选课动机"；因子 5 反映的是线上学习的信息量、时间、作业量及作业难易情况，命名为"线上学习负担"。

2. 问卷的信度检验

信度是指问卷的可信程度，主要衡量、检验结果的一贯性、一致性、再现性和稳定性。问卷的信度分析包括内在信度分析和外在信度分析，内在信度重在考察一组评价项目是否测量同一个概念，项目之间是否具有较高的内在一致性；外在信度是指在不同时间对同批被调查者实施重复调查时，评价结果是否具有一致性。本研究采用目前常用的克隆巴赫 α

系数法检验问卷的内在一致性，即分别计算 5 个因子和整体的 α 系数（见表3）。从表3中可以看出：问卷总体基于标准化项的 α 系数为 0.83，其中，"教学资源"的 α 系数为 0.82，"生师互动"的 α 系数为 0.81，"环境支持"的 α 系数为 0.70，"选课动机"的 α 系数为 0.68，"线上学习负担"的 α 系数为 0.63。克莱因（Kline）指出：信度系数在 0.90 以上是最佳的；0.80 附近是非常好的（very good）；0.70 附近则是适中的；0.50 以上是最小可以接受的范围。[①] 根据这个标准，本问卷具有较好的内部一致性，作为慕课满意度的测量工具具有较高的可信度。

表3   内部一致性检验

因子	教学资源	生师互动	环境支持	选课动机	线上学习负担	总体
题项数	4	5	4	3	3	19
克隆巴赫 α	0.81	0.81	0.69	0.68	0.62	0.83
基于标准化项的克隆巴赫 α	0.82	0.81	0.70	0.68	0.63	0.83

3. 问卷的效度检验

效度是衡量测量正确性的指标，即一个测量或测验在多大程度上测量出所要测量的特质，分为内容效度、结构效度和校标效度。本研究只采用验证性因子分析方法（CFA）检验问卷的结构效度，使用的分析工具是 AMOS20.0 软件，对样本 2 进行一阶验证性斜交因子分析。在衡量模型的指标中，GFI、IFI、CFI、NFI 的变化区间在 0—1，越接近 1，拟合性越好。RMSEA 的变化区间也在 0—1，但越接近 0 越好，临界标准为 0.08 以下。另外，χ^2/df 的值小于 5 时表示可以接受，小于 3 时表示拟合较好。验证性因子分析的结果为：$\chi^2/df = 2.93$（$\chi^2/df < 3$），表示拟合较好；RMSEA = 0.08，接近于临界值，表明可以接受；GFI = 0.88（> 0.8），IFI = 0.89（> 0.8），CFI = 0.89（> 0.8），NFI = 0.84（> 0.8）；这些指标综合反映提取的 5 个因子具有较高的结构效度，是用来测量慕课满意度较好的工具。

---

① 吴明隆：《结构方程模型——AMOS 的操作与应用》，重庆大学出版社 2011 年版，第 55 页。

表4 结构效度检验

	χ^2/df	GFI	IFI	CFI	NFI	RMSEA
拟合指数	2.93	0.88	0.89	0.69	0.89	0.08

三 调查结果

（一）模型选择

本研究中，"课程满意度"被分为强烈不同意、不同意、比较同意和强烈同意四个类别，是一个典型的离散型序列变量，因此，采用多元选择模型中的排序因变量模型进行回归分析。在排序因变量模型中，作为因变量的观察值 x 表示排序结果或者分类结果，其取值为整数，如1，2，3，…自变量 x_i 是可能影响被自变量排序的各种因素，可以是多个自变量的集合，即向量。由此构成影响慕课满意度的回归模型：

$$y_i^* = \beta_i x_i + \varepsilon \quad (i = 1, 2, 3) \tag{1}$$

式中，y_i^* 表示与 x 有关的指标变量，为潜在变量，是不可观测的；x_i 表示自变量集合；β_i 表示相应自变量的回归系数；ε 是随机干扰项。

（二）调查结果

659 位同学对"课程满意度"回答"是"，48 人选择"强烈不同意"，占 7.28%；148 人选择"不同意"，占 21.70%；436 人选择"比较同意"，占 66.16%；32 人选择"强烈同意"，占 4.86%（见表5）。71.02% 的同学认为慕课学习达到了最初选课的预期目标，说明学生对慕课的满意度较高。

表5 "课程达到预期目标"情况

	强烈不同意	不同意	比较同意	强烈同意
人数	48	148	436	32
所占比例（%）	7.28	21.70	66.16	4.86

将 5 个因子（选课动机、环境支持、教学资源、生师互动、线上学

习负担）作为自变量，"课程满意度"作为因变量，代入模型（1），得到如表6所示的结果。

表6 "课程达到目标"排序因变量模型估计结果

变量	系数	标准误差	Z统计	P >	z	
选课动机	0.44	0.07	6.72	0.000
环境支持	0.51	0.06	8.27	0.000
教学资源	0.24	0.06	4.07	0.000
线上学习负担	−0.16	0.05	−2.79	0.005
生师互动	0.61	0.06	10.22	0.000

从表6中可以看出，选课动机、环境支持、教学资源和生师互动的显著性概率都为0.000，线上学习负担的显著性概率为0.005，对"课程满意度"的解释效果非常显著。模型（1）可以写为：

$$y = 0.44x_1 + 0.51x_2 + 0.24x_3 - 0.16x_4 + 0.61x_5 \qquad (2)$$

式中，x_1 表示选课动机；x_2 表示环境支持；x_3 表示教学资源；x_4 表示线上学习负担；x_5 表示生师互动。

（三）结果分析

从模型（2）可以看出，对"课程满意度"起到显著性影响的五个因素，按照其影响程度从大到小依次为生师互动、环境支持、选课动机、教学资源和线上学习负担。具体分析如下：

1. 生师互动对课程目标实现具有显著正向影响

慕课由学生自行学习网上视频和线下课堂上生师交流两部分组成，本研究设计生师互动题项时，借鉴了清华大学教育研究院"大学生学习性投入调查"课题组设计的"中国大学生学习性投入调查"（NSSE—China）问卷，涉及学生在线下课堂上积极思考教师提出的问题、主动提出自己的问题，在课外与老师讨论学习和学习以外的问题，老师对学生的问题及时反馈五个方面。[①] 在线上视频学习阶段，学生不能与授课教师直接面对面的交流，只能通过论坛形式向教师提出学习中碰到的问题，学

---

① 清华大学教育研究院"大学生学习性投入调查"课题组：《NSSE—China 问卷使用手册》，2009 年 5 月。

生的问和教师的答会因为两者不是同时在线而出现不同步，学生坦言：提问的时候，有一种特别希望马上得到解答的欲望，等那个关键时刻一过，也许就对这个问题不太感兴趣了，当看到教师答案时会一扫而过甚至直接忽视。根据线下课堂设计的初衷，即为生师互动提供一个平台和机会，是线上课程的一种补充。但是，无奈上课人数太多，教师很难真正与学生实现深入的交流和沟通，更遑论讨论学习之外的问题。这与已有的研究相一致：与传统的课堂教学模式相比，慕课缺少那种教师对学生的口传心授，师生之间的情感传递，人与人面对面的交流[①]，正因如此，这次调查中，学生更渴望与教师讨论各种问题，希望得到教师更多的指导，他们认为，如果教师能与之多些沟通和交流，则他们实现课程目标的可能性更大，两者的相关系数为 0.61，P = 0.000（< 0.001），即生师互动对课程目标的实现具有非常显著的影响。

2. 环境支持对课程目标实现具有显著正向影响

已有的研究将"环境支持"主要界定为"为学生的学业成功提供支持和帮助、为学生的就业发展提供指导和帮助、组织各类集体活动，使学生更好地融入大学生活，帮助学生应对经济问题"。慕课与传统课堂的主要区别在于线上视频学习，能否快速而便捷地打开学习视频、方便而舒适地完成视频学习直接影响着学生学习慕课的积极性。有鉴于此，本研究将"环境支持"设计成如下题项：手机 APP 学习与电脑一样方便、校园上网很方便、网络流速很快、课件观看很方便、论坛发帖很容易、客户服务很及时。被调查的 659 位学生认为，学校提供的网络环境越好，学习过程越方便、快捷，他们越能实现其课程目标，两者的相关系数为 0.51，P = 0.000（< 0.001），说明环境支持对课程目标实现具有非常显著的影响。

3. 选课动机对课程目标实现具有显著正向影响

选课动机是将学习需要与学习目标连接起来的关键环节，选课动机是在学习需要的基础上产生的，它推动、调节和控制学习者的感知、记忆和问题解决过程。[②] Suchunk 的研究显示，学生选课动机越强，学习效

---

① 刘济良、王洪席：《慕课之于大学教学改革：价值与限度》，《教育研究》2015 年第 8 期。

② 葛岩、杨雪、谢建、刘鹏：《MOOCs 学习动机保持质量评价研究》，《远程教育杂志》2015 年第 6 期。

率越高，成绩就越好，两者相关系数达到 0.40。① 本研究问卷数据显示，动机与课程目标实现之间的相关系数为 0.44，显著性水平为 P = 0.000（＜0.001）。访谈的结果也佐证了这个结论：很好奇慕课是什么样的，到底怎么上，所以，就选择了一门慕课；课程内容很有意思，我们学校没有老师开设这样的课程；上课时间自由，想什么时候听课就什么时候听。

4. 教学资源对课程目标实现具有显著正向影响

传统课程的教学资源主要是指教材、老师的课件，慕课的教学资源则主要是指名师制作的授课视频，这些视频录制、剪辑的效果直接影响学生观看的积极性和兴趣。本研究调查了"教学视频画面清晰、声音清楚、字幕准确、剪辑得当"，结论是教学资源对课程目标实现具有正相关影响，相关系数为 0.24，显著性水平 P = 0.000（＜0.001），说明教学视频制作越精良，学生越容易被吸引，达到课程目标的可能性就越大。

5. 线上学习负担对课程目标实现具有显著反向影响

与以上 4 个因子对课程目标实现具有正向相关关系相反，线上学习负担对课程目标的实现具有反向影响，呈负相关，系数为 0.16，P = 0.005（＜0.01），虽不及以上 4 个因子的显著性水平高，但依然说明线上学习负担是影响课程目标的一个重要因素。本研究中，线上学习负担测量的是：线上视频的信息量、线上学习的时间、线上作业量。从线上学习负担与课程目标实现呈负相关可以看出，线上视频的信息量过多、线上学习的时间过长、线上作业量过多，都会降低慕课目标实现的程度，让学生产生不满意的感觉。

四 结论与建议

本研究以课程目标实现作为衡量满意度的主要指标，利用问卷调查获得的数据，运用排序因变量模型进行 Logistic 回归分析，研究了慕课满意度的主要影响因素。研究结果表明，目前学生对慕课的满意度较高，71.02% 的同学认为课程实现了他们的心理预期，满足了他们对知识的渴

---

① Suchunk, D. H., "Introduction to section and efficacy" [J]. *Journal of Education Psychology*, 1990 (1): 3 – 6.

求，因此，国家应在制度层面大力推广这种课程建设形式，高校应积极支持教师制作、开设慕课。同时，生师互动、环境支持、选课动机、教学资源和线上学习负担对满意度具有显著性影响，但这 5 个因素呈现两种影响态势：前面 4 个因素对学习满意度具有正向、积极的影响，而最后的"线上学习负担"却对满意度具有反向、消极的影响。据此，提出以下几点建议：

（一）增加生师互动，激发学习动机

作为社会学研究的三大核心理论，社会互动理论深刻地解释了人际互动的本质、情感培养与维持、认知过程与效率以及人际关系性质变化等问题。1987 年，奇克林（Chickering）和盖门森（Gamson）提出了提高本科教学质量的七条建议，即美国高等教育领域非常经典的"本科教育良好实践七原则"，这些原则中，"鼓励学生和教师交往"被置于首位。他们认为，课堂内外频繁的师生交往是激发学习动机最重要的因素。[①]"真正影响教育品质的事发生在大学课堂，在师生互动的教学情境中。"[②]有效的生师互动可以帮助学生及时发现学习和发展中的问题，解决学习和生活中的迷茫，明确学习的目的和人生的意义，激发学生的学习兴趣和热情，提高自主学习和自我发展的能力。[③] 与传统课堂教学模式相比，慕课更加缺少那种教师与学生之间的相互沟通和交流，本研究的问卷调查和访谈都显示，学生期待与教师更多地互动。师生互动作用于课程目标实现的路径有两种：一是直接影响，即在线下课程上，教师直接解答学生在线上学习中遇到的问题，引导学生将线上学习的理论用于解决实际生活中的具体问题，这种授业和解惑可以帮助学生实现其预期的学习目标；二是通过"选课动机"中介变量的间接影响，即在线下与教师的非线上学习内容的交流中，激发学生学习慕课的热情和积极性，使学生产生强烈的学习动机，这种动机转化成一种主动学习行为，主动学习将带来预期目标的实现、满意感和成就感，这些感受又会促使学生继续选择慕课，如此循环构成一个良性的学习圈。

---

① Chickering, A. W., Gamson, Z. F., "Seven Principles for Good Practices in Undergraduate Education" [J]. *Aahe Bulletin*, 1987, 39 (7): 3-7.

② Derek Bok, *Our Underachieving Colleges* [M]. Princeton University Press, 2006: 34.

③ 蒋华林、张玮玮：《生师互动：提高本科教育质量的有效途径》，《清华大学教育研究》2012 年第 10 期。

（二）提供环境支持，强化学习动机

自我调节学习理论指出：自我调节学习活动是个体与情境、成绩与表现的调节者，也就是说，不只是个体的知识、种族、个性特征会直接影响到学习成绩，教室环境等情境性因素也对学生的成绩有影响。[①] 个体的行为和环境相互作用，一方面行为改变环境以适应人的需要，另一方面环境状况作为行为的对象或现实条件决定着行为的方向和强度。访谈中，学生直言：宿舍没有覆盖无线网络，不能用手机上线学习，很不方便；宿舍网速太慢，视频播放不流畅，十分影响情绪；向客服提问不能得到及时回复甚至根本得不到回复。正如师生互动对课程目标实现有两种作用途径，环境支持对课程目标实现也有两种影响方式：一是直接影响，诸如无线网络等物质资源的支持，直接决定学生是否能够学习慕课；二是通过"选课动机"中介变量的间接影响，平特里奇（Pintrich）认为，学习的环境变量影响到学生的学习动机，学习动机与认知要素交互作用影响到学生对学习活动的卷入，进而影响到学业成绩。[②] 相比传统课堂，慕课更依赖于学习环境尤其是网络环境的支持，硬件环境的改善不仅会带来慕课学习的便利和快捷，更易激发学生学习的积极性。

（三）改进线上课程设计，减轻学习压力

线上学习负担与课程目标实现呈负相关，说明过重的线上学习负担影响了学习的实际效果。分析已经开设的慕课发现，现有课程一般包含6—8个大单元，每个单元分为6个小单元，其学习时间大约25分钟，即视频总时长在15—20小时。我国高校的选修课一般为32学时，共计22.5小时，仅从绝对时间数而言，慕课时长略少于传统课堂，但是，在25分钟的慕课视频中，教师的语言非常精练，很少出现传统课堂上的冗余信息，即全都是"干货"，学生必须全神贯注地盯着视频，认真聆听名师的每一句话，否则就会遗漏重要的信息。"这种没有冗余信息、包含较多信息量的视频让我觉到很累，到后面无法集中注意力。"另外，线上作业一般是在学习完6个小单元后布置，"由于视频信息量过多，看到作业

---

① Pintrich, P. R., "A Conceptual Framework for Assessing Motivation and Self-regulated Learning in College Students"［J］. *Educational Psychology Review*, Vol. 16, No. 4, December 2004, 16 (4): 67.

② Pintrich, P. R., "An Achievement Goal Perspective on Issues in Motivation Terminology, Theory and Research"［J］. *Contemporary Educational Psychology*, 2000 (25): 47.

时，较难判断作业的答案具体是在哪段视频里。有时为了做一道题目，只好把全部视频又看一遍，即使这样，也不能保证找到答案"。有鉴于此，减少线上课程的时间、在每个小单元之后布置作业有助于减小学生学习的难度，提高实现课程目标的可能性。

本研究的不足之处表现为：样本的选取有待平衡。由于借助网络平台发放问卷，因而样本的选取不太均衡，如"211"高校学生太少，某些学科学生太少。另外，本研究运用排序因变量模型进行 Logistic 回归分析只得出如下结论：师生互动、环境支持、选课动机和教学资源对慕课满意度有正向积极影响，线上学习负担对慕课满意度有反向消极影响，但它们是直接影响还是通过中介变量影响满意度，模型中没有涉及。后续的探讨将对本研究加以完善，以期更加全面而深入地揭示影响慕课满意度的内在机理。

参考文献

1. Yoram Neumann, Lily Neumann, "Determinants of Students' Satisfaction With Course Work: An International Comparison Between Two Universities" [J]. *Research in Higher Education*, 14 (4).

2. 周海银：《普通高校课程建设的向度——基于山东省普通高校毕业生课程满意度的调查》，《教育研究》2015 年第 10 期。

3. Debra Parkinson, William Greene, Younghee Kim, Joan Marioni, "Emerging Themes of Student Satisfaction in a Traditional Course and a Blended Distance Course" [J]. *Tech Trends*, 2003, 47: 26.

4. 于亚娟：《高校课程满意度调查研究》，《教育观察》2014 年第 13 期。

5. 于海琴：《学习环境对大学生学习方式、学业成就的影响——基于本科拔尖创新人才培养的实证研究》，《高等教育研究》2013 年第 8 期。

6. Henry Kaiser, "An Index of Factorial Simplicity" [J]. *Psychometrika*, 1974 (39): 56.

7. 吴明隆：《结构方程模型——AMOS 的操作与应用》，重庆大学出版社 2011 年版。

8. 清华大学教育研究院"大学生学习性投入调查"课题组：《NSSE—China 问卷使用手册》，2009 年 5 月。

9. 刘济良、王洪席：《慕课之于大学教学改革：价值与限度》，《教育研究》2015 年第 8 期。

10. 葛岩、杨雪、谢建、刘鹏：《MOOCs 学习动机保持质量评价研究》，《远程教育杂志》2015 年第 6 期。

11. Suchunk，D. H.，"Introduction to Section and Efficacy"［J］. *Journal of Education Psychology*，1990（1）：3 - 6.

12. Chickering，A. W.，Gamson Z. F.，"Seven Principles for Good Practices in Undergraduate Education"［J］. *Aahe Bulletin*，1987，39（7）：3 - 7.

13. Derek Bok，*Our Underachieving Colleges*［M］. Princeton University Press，2006：34.

14. 蒋华林、张玮玮：《生师互动：提高本科教育质量的有效途径》，《清华大学教育研究》2012 年第 10 期。

15. Pintrich，P. R.，"A Conceptual Framework for Assessing Motivation and Self - regulated Learning in College Students"［J］. *Educational Psychology Review*，Vol. 16，No. 4，December 2004，16（4）：67.

16. Pintrich，P. R.，"An Achievement Goal Perspective on Issues in Motivation Terminology，Theory and Research"［J］. *Contemporary Educational Psychology*，2000（25）：47.

（作者：赵映川　长江大学管理学院）

大学生慕课感知质量对学习满意度的影响

——学习动机的中介作用

慕课是"大规模网络开放课程"的简称。前几年，慕课凭借其大规模、开放性和网络性的特点，迅速在高等教育界掀起了一股新浪潮，被越来越多的人所熟知，一时间形成了"慕课热"的形势。但是，对慕课现状的研究结果表明，不管是国内还是国外，慕课都有由"热"变"冷"的趋势，其呈现出的高淘汰率、低完成率的特点让人不得不对慕课的前景担忧。[①] 如何降低慕课淘汰率、提高完成率，最终提高其学习满意度，就成了当前慕课建设的重要课题。

一 文献综述与研究假设

（一）学习动机与学习满意度的关系研究

学习动机是激发个体进行学习活动、维持已引起的学习活动，并使其行为朝向一定的学习目标发展的一种内在过程或内部心理状态，是学习行为发生的直接推动力。[②] 关于学习满意度，不同的学者从不同的角度对其含义加以界定：学习满意度是一种心理感受[③]；是需求或愿望得到满足的程度；是一种心理状态，源于期望、过程和收获之间的相对关系，是一种价值判断。[④] 本文所说的学习满意度是指学生在参与学习活动时，

---

① 吴万伟：《"慕课热"的冷思考》，《复旦教育论坛》2014 年第 1 期。

② 李伯黎、燕国材：《教育心理学》，华东师范大学出版社 2001 年版，第 214—235 页。

③ 国秀玮：《成人学习动机和满意度的研究——基于安庆电大开放教育成人学生的个案调查》，博士学位论文，华东师范大学，2007 年。

④ 文静、史秋衡：《大学生学习满意度的要素与结构探析》，《宏观质量研究》2013 年第 1期。

个体的需求或愿望是否实现的一种心理感受。如果需求或愿望得到满足，学习感到愉快，则学习满意度高；反之，则学习满意度较低。

有关学习动机和学习满意度的关系的研究较多，研究对象包括高职院校学生①、在职研究生②、医学成人教育类学员③；研究的课程类型有现代远程开放课程④、大学生体育休闲课程⑤；研究的结果基本一致：就传统课程而言，学习动机和学习满意度呈显著正相关，即学生的学习动机越强，其学习满意度就越高。⑥ 虽然关于大学生慕课学习动机和学习满意度的关系的研究暂时还没有，但是，无论是传统课程还是慕课这类网络课程的学习，都离不开学习动机的推动作用。而且，较之传统课程，网络环境下的学习更加强调学生的自制力，较强的自制力有利于学习目标的达成，最终利于学习满意度的提升。⑦ 基于此，提出如下研究假设：

H1：慕课学习动机和学习满意度之间呈显著正相关。

（二）感知质量和学习满意度的关系研究

感知质量多指顾客服务感知质量，其实质就是"顾客对服务的期望与实际的服务绩效之间的比较"。如果实际的感受与期望相匹配，那么，顾客对产品或服务的感知质量就较高；反之，感知质量就较低。⑧ 本文所说的慕课感知质量是指大学生在经过一段时间的慕课学习之后，将实际感知到的慕课质量和之前的期望进行对比后做出的主观评价。

在以往的研究中，不同学者对不同领域的感知质量与满意度的关系

---

① 张翔、陈素霞、赵必华：《高职院校学生学习动机与学习满意度的关系研究》，《江苏广播电视大学学报》2011 年第 5 期。

② 翟军亚：《河南省护理学在职研究生学习动机和学习障碍与学习满意度相关性研究》，博士学位论文，郑州大学，2012 年。

③ 徐娜：《医学成人教育类学生学习动机与学习满意度的研究》，《校园心理》2014 年第 5 期。

④ 张剑苗：《现代远程开放教育学习动机与学生满意度之研究》，《内蒙古大学学刊》2011 年第 6 期。

⑤ 刘清亮、张超慧：《基于 SEM 分析大学生体育休闲满意度与动机的关系》，《体育科学》2009 年第 4 期。

⑥ 国秀玮：《成人学习动机和满意度的研究——基于安庆电大开放教育成人学生的个案调查》，博士学位论文，华东师范大学，2007 年。

⑦ Dabbagh, N., Kitsantas, A., "Supporting Self – Regulation in StudentCentered Web – Based Learning Environments" [J]. *International Journal on E – Learning*, 2004, 3 (1): 40 – 47.

⑧ 毕雪梅：《顾客感知质量研究》，《华中农业大学学报》2004 年第 3 期。

做了相关研究。比如，餐饮业①、交通运输业②、电信行业③的顾客感知服务质量与顾客满意度之间均存在显著的正相关关系；还有研究发现，在高等教育领域，高等教育的服务质量越高，学生的满意度也越高。④ 然而，专门探讨感知质量对学习满意度的影响的文献很少，直接以学习慕课的大学生作为研究对象进行调查的文献更是屈指可数：戴心来等研究了 MOOC 学习者满意度的影响因素，结果发现，学习者满意度受到感知质量的影响最大，感知质量对 MOOC 学习满意度具有决定性影响。⑤ 感知质量是预期质量与实际质量的对比，大学生在进行慕课学习之前，已经对慕课有了自己的心理预期，当他们真正开始体验慕课时，会不自觉地将这种实际感受与心理预期做对比，如果慕课平台设计符合或者优于其心理预期，那么，他们会对其质量产生较高的感知，慕课学习也达到了预期的目的，因而会产生较高的满意度；如果实际感受不及期望质量，则会产生较低的感知，满意度也会随之降低。基于此，提出如下研究假设：

H2：感知质量和学习满意度呈显著正相关。

（三）感知质量和学习动机的关系研究

慕课是一种网络在线课程，网络环境下的学习更加强调学习者的自主性，而良好的学习动机对学习有推动作用，可以提高受教育者的学习自觉性。⑥ 对远程学习者的调查发现：远程学习者的学习动机和网络学习条件呈正相关⑦；学习者的学习坚持性、学习兴趣、网络课程质量、学习

---

① 李虎：《餐饮行业顾客感知服务质量和顾客满意度、顾客忠诚度关系实证研究》，《普洱学院学报》2017 年第 1 期。

② 李珊珊、陈光：《感知服务质量对公共交通乘客满意度影响的实证研究》，《铁道运输与经济》2016 年第 2 期。

③ 汤利颖：《电信企业客户服务质量感知与客户满意度研究》，《统计观察》2010 年第 8 期。

④ 金晟烨、朱惠泳：《大学教育服务质量对感知服务价值、顾客满意度以及大学形象所产生的影响》，《经济师》2009 年第 5 期。

⑤ 戴心来、郭卡、刘蕾：《MOOC 学习者满意度影响因素实证研究——基于"中国大学MOOC"学习者调查问卷的结构方程分析》，《现代远距离教育》2017 年第 2 期。

⑥ 徐娜：《医学成人教育类学生学习动机与学习满意度的研究》，《校园心理》2014 年第 5 期。

⑦ 朱燕菲：《远程学习者学习动机及其影响因素研究》，《江苏开放大学学报》2015 年第 6 期。

支持服务等因素是影响远程学习者学习动机的主要因素。① 关于慕课感知质量对学习动机影响的研究显示，感知有用性和感知易用性对 MOOC 使用意愿有显著影响②；MOOC 学习内容有趣和易懂是学习者深度参与的主要原因③；还有学者提出，可以从慕课的课程知识体系、运行环境、学习路径导航和结业管理四个方面促进慕课学习者学习动机的保持。④

综上所述，网络平台建设、环境支持等因素都会对学习者的学习动机产生影响。如果慕课平台所提供的各种教学资源能够引起学习者的兴趣，刺激学习者的需要，那么在很大程度上就会激发他们的学习动机。而且学习者在进行慕课学习时感受到的这些教学资源的质量越高，学习兴趣就越高，学习动机就会越强。基于此，提出如下研究假设：

H3：感知质量和学习动机呈显著正相关。

（四）学习动机在感知质量和学习满意度之间的作用研究

一般情况下，一个变量对另一个变量的影响往往不是直接的，在作用过程中可能还会受到其他因素的影响，即自变量会通过中介变量间接地对因变量产生影响。查阅现有文献发现，把学习动机当作中介变量进行研究的文献很少：孙红梅、杨琳通过调查发现，高中生的情绪智力通过学习动机间接影响学习投入。如果学生有较高的情绪智力，可能就会有更明确的学习动机，并能够在学习行为中控制自己的情绪，从而增强自身的学习投入⑤；龚闻莉研究了学习动机在英语课堂环境和学业成绩之间的中介作用，英语的课堂教学要激发学生的学习动机，并利用课堂环境提高学习效果⑥；罗云等论证了基本心理需要和自主动机在学生感知的教师自主支持对学业倦怠的影响中起中介作用。教师为学生提供自主支持的环境，可以使学生感受到强烈的自主性。而且，学生基本心理需要

---

① 宋兵：《影响远程学习者学习动机的因素分析》，《中国远程教育》2013 年第 11 期。

② Xu，F.，*Research of the MOOC Study Behavior Influencing Factors*［C］. Proceedings of International Conference on Advanced Information and Communication Technology for Education，Amsterdam，Netherlands：Atlantis Press，2015：18 – 22.

③ 何春、王志军、吕啸：《我国大学生 MOOCs 学习体验调查研究》，《中国远程教育》2014 年第 11 期。

④ 葛岩、杨雪、谢建、刘鹏：《MOOCs 学习动机保持质量评价研究》，《远程教育杂志》2015 年第 6 期。

⑤ 孙红梅、杨琳：《高中生学习投入与情绪智力的关系：学习动机的中介作用》，《天津市教科院学报》2012 年第 3 期。

⑥ 龚闻莉：《学习动机的中介效应初探》，《科技视界》2012 年第 3 期。

的满足也会让学生感受到其学习行为是由自我决定的，从而增强学习的自主动机，进而减少学习倦怠。[①]

就慕课而言，如果慕课平台所提供的教学资源和环境支持可以较好地满足学生的学习需求，那么，学生的学习兴趣就会被激发，学习动机就会较高。在高学习动机的刺激下，他们会以更加积极的心态投入到慕课的学习中去，也就更容易达到良好的学习效果，获得较高的学习满意度。基于此，提出如下研究假设：

H4：学习动机在感知质量对学习满意度的影响过程中起到了中介作用。

基于此，本研究提出理论模型如图1所示。

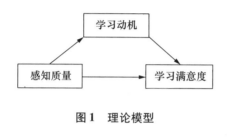

图1 理论模型

二 研究设计

（一）量表编制

本研究采用的是自制的问卷，问卷编制以访谈为基础，通过对学生访谈结果的整理分析，形成初始问卷。然后，对初始问卷进行严谨的删除、合并，最终形成了本研究问卷。问卷分为两大部分：第一部分是个人信息，包括性别、院校类别、年级、专业、生源地；第二部分是主问卷，包括三部分内容：一是慕课感知质量变量包含8个题项（T1—T8），通过探索性因子分析后，提取出两个公因子：环境支持和教学资源；二是慕课学习动机变量包含3个题项（D1—D3）；三是慕课学习满意度变量包含2个题项（M1和M2）。每个题项在符合程度上分为强烈不同意、不同意、比较同意和强烈同意，分别赋值为1、2、3和4。

[①] 罗云、赵鸣、王振宏：《初中生感知教师自主支持对学业倦怠的影响：基本心理需要、自主动机的中介作用》，《心理发展与教育》2014年第3期。

（二）研究对象

问卷的发放主要借助于问卷星平台，以开设慕课高校的大学生作为调查对象进行数据的收集。共发放问卷 659 份，回收 659 份，回收率为 100%。整体来看，调查中，男生占 52.8%，女生占 47.2%；大一学生占 14.7%，大二学生人数最多，占 68.7%，大三占 15.9%，大四学生人数最少，占 0.7%；工学的人数最多，占 36%；农村学生占 77.2%，城市学生占 22.8%；来自"211"高校的占 4.2%，"985"高校的占 1.1%，其他高校的比例最高，占 94.7%。

（三）分析工具

本研究共提出四个研究假设，借助 SPSS23.0 和 AMOS20.0 统计软件进行假设检验。首先，用 SPSS23.0 做相关性分析，初步检验变量之间的相关性；其次，借助 AMOS20.0 对本研究所构建的模型进行测量，进一步检验潜变量之间的关系；最后，运用偏差校正的非参数百分位 Bootstrap 法进行中介效应检验。

三 数据分析与模型评价

（一）信度检验

问卷形成以后，首先检验问卷的信度。信度是反映问卷可靠性的指标，常用的检验问卷信度的方法是克隆巴赫 α 系数。一般认为，α＞0.90 为最佳，0.80 左右为非常好，0.70 为适中，0.50 是最小可以接受的范围。[①] 检验结果如表 1 所示。

表 1 信度检验

变量	感知质量	学习动机	学习满意度
α 系数	0.843	0.721	0.762

本研究的感知质量的 α 系数为 0.843；学习动机的 α 系数为 0.721；学习满意度的 α 系数为 0.762，三个变量的信度系数均大于 0.7，表明问

---

① 吴明隆：《结构方程模型——AMOS 的操作与应用》，重庆大学出版社 2011 年版，第 55 页。

卷的内部一致性较高，有较大的可信度。

（二）效度检验

效度是检验问卷有效性和正确性的指标，即测量工具可以准确地测出想要测量的事物的程度。效度分为内容效度、结构效度和校标效度，本研究借助 AMOS20.0，采用验证性因子分析（CFA）法来检验量表的结构效度。GFI、NFI、IFI、CFI 都是拟合指数，变化范围在 0—1 之间，越接近 1 说明拟合度越好。RMSEA 是近似误差均方根，通常认为，RMSEA 值小于 0.08 即可，越接近于 0 越好。χ^2/df 是卡方与自由度的比值，小于 5 都可以接受。表 2 中的数据显示，χ^2/df 值为 4.691（<5），可以接受；GFI 值为 0.973，NFI 值为 0.968，IFI 值为 0.975，CFI 值为 0.974，数值都在 0.9 以上；RMSEA 值为 0.075（<0.08）。各项指标均达到了标准。[①]因此，问卷具有较高的结构效度。

表 2　　　　　　　　　　结构方程模型的整体拟合度

指标	χ^2/df	GFI	NFI	IFI	CFI	RMSEA
指标值	4.691	0.973	0.968	0.975	0.974	0.075

（三）假设检验

1. 相关性分析

如表 3 所示，变量间的相关分析结果表明，慕课感知质量的两个因子——环境支持和教学资源之间呈显著正相关，相关系数为 0.609（P<0.01）；环境支持与学习动机和学习满意度之间有显著正相关，相关系数分别为 0.738 和 0.561（P<0.01）；教学资源对学习动机和学习满意度有显著正向影响，相关系数分别为 0.752 和 0.446（P<0.01）；学习动机和学习满意度呈显著正相关，相关系数为 0.585（P<0.01）。为了深刻剖析慕课感知质量、学习动机和学习满意度之间的关系，需要在相关分析的基础上借助结构方程模型对这三个变量做进一步分析。

---

① 温忠麟、侯杰泰、马什赫伯特：《结构方程模型检验：拟合指数与卡方准则》，《心理学报》2004 年第 2 期。

表3 变量的相关性分析

	环境支持	教学资源	学习动机	学习满意度
环境支持	1			
教学资源	0.609 **	1		
学习动机	0.738 **	0.752 **	1	
学习满意度	0.561 **	0.446 **	0.585 **	1

注：** 表示在 0.01 水平（双侧）上显著相关。

2. 结构方程模型检验

结构方程模型是一种常用的数据处理软件，既可以做路径分析又可以做模型测量，而且能够很好地检验潜变量之间的关系。[①] 考虑到本研究所研究的三个变量均为潜变量，因此可以借助 AMOS20.0 构建并检验模型。本研究中自变量是慕课感知质量，因变量是慕课学习满意度，中介变量是慕课学习动机。经过多次修正，最终得到如图1所示的模型，其中的 D1－D3 代表学习动机的三个题项，M1 和 M2 代表学习满意度的两个题项。

模型构建之后，对其整体拟合度进行检验。由表2的数据可知，本研究构建的模型的各项指标 GFI、NFI、IFI、CFI 和 RMSEA 均符合标准。因此该模型可以被接受。

由图2和表3可知，慕课感知质量和学习满意度之间呈显著正相关（$\beta = 0.38$，$P < 0.01$），假设 H1 得到验证，即慕课感知质量越高，学习满意度就越高；感知质量和学习动机之间有显著正相关（$\beta = 0.81$，$P < 0.01$），假设 H2 得到验证，即大学生在慕课学习的过程中对慕课平台的质量感知越高，学习动机就会越高；学习动机和学习满意度之间有显著正相关（$\beta = 0.44$，$P < 0.01$），假设 H3 得到验证，即慕课学习动机越高，其学习满意度就越高。

3. 中介效应检验

本研究根据温忠麟等提出的 Bootstrap 法中介效应检验程序，采用偏差校正的非参数百分位法进行中介效应检验。通过重复随机抽样在原始

---

① 吴明隆：《结构方程模型——AMOS 的操作与应用》，重庆大学出版社 2011 年版，第 55 页。

数据中抽取 5000 个 Bootstrap 样本，置信区间的置信度设置为 95%。若置信区间不包括 0，则中介效应显著。①

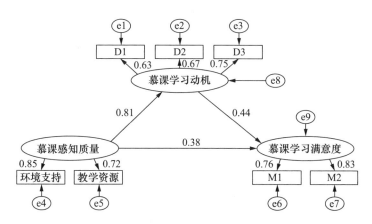

图 2 结构方程模型

经过 Bootstrap 法进行中介效应检验之后，表 4 的数据显示，两条路径系数的 95% 的置信区间都不包括 0，表明感知质量对学习满意度的直接效应显著，且学习动机在感知质量和学习满意度之间的中介效应显著。其直接效应值为 0.385；间接效应值为 0.355；总效应值为 0.740；间接效应占总效应的 48%，表明本研究的模型是部分中介效应模型，即学习动机在慕课感知质量对学习满意度的影响中起到部分中介作用。

表 4　　　　　　　　　　　　　　　中介效应检验

路径	95% 的置信区间		P	效应值	占总效应比重（%）
	下限	上限			
学习满意度←感知质量（直接效应）	0.333	0.436	***	0.385	52
学习满意度←学习动机←感知质量（间接效应）	0.306	0.405	***	0.355	48
总效应	0.660	0.813	***	0.740	100

注：** 表示在 1% 的水平上显著。

———————————

① 温忠麟、叶宝娟：《中介效应分析：方法和模型发展》，《心理科学进展》2014 年第 5 期。

四　结论与建议

本研究以慕课学习动机作为中介变量，研究慕课感知质量对学习满意度的影响。研究结果如下：

第一，慕课学习动机和学习满意度之间呈显著正相关，路径系数为0.44，P < 0.01，表明学生的学习动机越高，其学习满意度就越高。学习动机是推动学习者从事学习活动的一种内部驱动力。[①] 良好的学习动机可以激发学生的学习兴趣，调动学生的学习积极性，进而达到较为理想的学习效果。而学习满意度是评价学习成效的指标[②]，学生的学习效果越好，其学习满意度也会较高。因此，学习动机对学习满意度有正向影响。在调查学生的选课动机时，有64%的学生觉得慕课"比传统课程吸引人，有意思"；71%的学生表示"对课程内容很感兴趣，能激发我的学习热情"。在这种动机的驱使下，学生会以更加积极的状态投入到学习中去，从而获得较高的学习满意度。

第二，慕课感知质量与学习满意度之间呈显著正相关，路径系数为0.38，P < 0.01，表明慕课感知质量对学习满意度的直接正向影响为0.38。学习者在慕课学习的过程中感受到的质量越高，其学习满意度就越高。本研究的慕课感知质量主要包含教学资源和环境支持两个维度。教学资源主要涉及慕课课程制作的质量，环境支持主要涉及慕课平台的易用性。人的行为是由一定的需要所驱使的，慕课平台的易用性、视频播放的流畅度、课程质量的高低等因素都会对学生的学习满意度产生影响。如果慕课平台运行较为稳定、操作简便易懂、视频播放流畅且课程质量较高，那么学生的学习需要就会得到较大程度的满足，"课程学习达到了选课时的预期目的"的感受就越强，其学习满意度自然就越高。因此，较高的慕课感知质量会使学生有较高的学习满意度。

第三，慕课感知质量和其学习动机之间呈显著正相关，路径系数为

---

① 张剑苗：《现代远程开放教育学习动机与学生满意度之研究》，《内蒙古大学学刊》2011年第6期。

② 谢秀满：《成人教育方案发展策略》，博士学位论文，中正大学成人及继续教育研究所，2002年。

0.81，P<0.01，两者高度相关。表明大学生慕课感知质量对学习动机的影响较大，感知质量越高，学生的学习动机就越高。学生在进行慕课学习时会将实际感知到的慕课课程质量、平台操作、教学资源等与之前的心理预期对比，如果实际感知到的质量与心理预期相符或者优于心理预期，则感知质量较高。这些高质量的外部刺激，可以激发学生的学习需要，一旦学习需要得到满足，就会产生较高的学习动机。这一结论与冯德韦尔（Vonderwell）得出的结论一致。冯德韦尔在研究中发现，网络学习平台和学习支持是影响学习动机的重要因素。平台的易用性、是否经常出现技术故障，以及教师能否及时反馈学生的学习问题都会对学习者学习积极性产生影响。[①] 因此，慕课感知质量越高，学生的学习动机就越高。

第四，慕课感知质量除直接对学习满意度产生影响外，还通过学习动机间接影响学习满意度，其间接效果为0.355。学习动机是学习需要和学习目标之间的关键环节，在学习需要的基础上产生，推动着学习目标的达成。[②] 慕课平台所提供的高质量的教学资源和环境支持会促进学生学习需要的满足，而学习需要的满足又会激发学生的学习动机，良好的学习动机调动学生的学习积极性，促进目标的达成，最终利于提高学生的学习满意度，学习动机在这一过程中起到连接作用。因此，要想使学生有较高的学习满意度，必须重视慕课感知质量的提升以及良好学习动机的培养。

综上所述，慕课感知质量、学习动机和学习满意度三者中两两之间存在显著相关关系，感知质量的提高可以激发学生的学习动机，学习动机的强弱又会影响学生的学习满意度。鉴于三者之间的关联性，提出以下建议：

首先，加大环境支持。根据自我调节学习理论，情境因素会对学生的学习成绩产生影响。[③] 频催奇提出，学习的环境变量影响到学生的学习

---

① Vonderwell, S., "An Examination of Asynchronous Communication Experiences and Perspectives of Students in an Online Course: A Case Study" [J] . *The Internet and Higher Education*, 2003, 6 (1): 77 – 90.

② 葛岩、杨雪、谢建、刘鹏：《MOOCs学习动机保持质量评价研究》，《远程教育杂志》2015年第6期。

③ Pintrich, P. R., "A Conceptual Framework for Assessing Motivation and Self – regulated Learning in College Students" [J] . *Educational Psychology Review*, 2004, 16 (4): 67.

动机，学习动机与认知要素交互作用影响到学生对学习活动的卷入，进而影响到学业成绩。[①] 因此，就慕课而言，良好的网络环境十分必要。因为慕课视频的学习需要借助良好的网络环境，如果高校的 WIFI 没有实现全校园覆盖，就会给慕课学习带来不便。针对这一点，高校可以借助图书馆或者计算机房为学生提供慕课学习所需的专门的空间或者设备。比如，在图书馆预留出一个指定的慕课学习场所，内设专业移动设备，以便学生进行集体学习，在降低学生学习成本的同时，还可以营造学习氛围、提高学习效率并使学生有较高的满意度。此外，有必要扩大校园的网络覆盖面，为学生营造一个随时随地享受快速网络的环境。

其次，优化教学资源。慕课感知质量的高低影响着学习者的学习满意度，而慕课的课件质量对感知质量有较大影响，可见，优质的课程资源仍是慕课建设的核心，是学习者选择慕课的原动力。从课程现状来看，慕课课程过于统一，缺乏个性化。慕课拥有一群来自不同专业背景、不同学历和不同年龄的学习者，如何根据不同学习者的特点来设计个性化的课程是慕课面临的一个重大难题。慕课个性化的课程制作可以充分利用大数据和云计算技术。通过深入挖掘学生的学习行为数据，全面跟踪和掌握学生的学习过程及特点，为相关人员提供分析报告，以便为不同的学习者提供个性化课程，最终达到个性化教学的目的。这样，那些对"课程内容感兴趣"的学生就会有较强的内部学习动机，学习动机又推动学习目标的达成，最终使学生获得较高的学习满意度。

最后，激发学习动机。学习需要是学习动机的基础[②]，有吸引力的课程内容、轻松的学习氛围、有趣的教学方式都会激发学习者的学习需要，引起他们的学习兴趣，最终提高他们的学习动机。因此，慕课课程内容要丰富且与时俱进，能够引起学生兴趣。那么，如何使慕课课程有更大的吸引力呢？寓游戏于课程。目前，国内慕课平台中很少有游戏类的课程，慕课平台的设计者如果能使慕课课程游戏化，设计一些与专业知识相关的游戏类课程，那么，慕课不仅能吸引学生的兴趣，使学生在游戏的过程中增长知识，而且有利于学生学习动机的维持。

---

① Pintrich, P. R., "An Achievement Goal Perspective on Issues in Motivation Terminology, Theory and Research" [J]. *Contemporary Educational Psychology*, 2000 (25): 47.

② 葛岩、杨雪、谢建、刘鹏：《MOOCs 学习动机保持质量评价研究》，《远程教育杂志》2015 年第 6 期。

参考文献

1. 吴万伟：《"慕课热"的冷思考》，《复旦教育论坛》2014 年第 1 期。

2. 李伯黎、燕国材：《教育心理学》，博士学位论文，华东师范大学出版社 2001 年版。

3. 国秀玮：《成人学习动机和满意度的研究——基于安庆电大开放教育成人学生的个案调查》，博士学位论文，华东师范大学，2007 年。

4. 文静、史秋衡：《大学生学习满意度的要素与结构探析》，《宏观质量研究》2013 年第 1 期。

5. 张翔、陈素霞、赵必华：《高职院校学生学习动机与学习满意度的关系研究》，《江苏广播电视大学学报》2011 年第 5 期。

6. 翟军亚：《河南省护理学在职研究生学习动机和学习障碍与学习满意度相关性研究》，博士学位论文，郑州大学，2012 年。

7. 徐娜：《医学成人教育类学生学习动机与学习满意度的研究》，《校园心理》2014 年第 5 期。

8. 张剑苗：《现代远程开放教育学习动机与学生满意度之研究》，《内蒙古大学学刊》2011 年第 6 期。

9. 刘清亮、张超慧：《基于 SEM 分析大学生体育休闲满意度与动机的关系》，《体育科学》2009 年第 4 期。

10. Dabbagh，N.，Kitsantas，A.，"Supporting Self – Regulation in Student-Centered Web – Based Learning Environments" ［J］. *International Journal on E – Learning*，2004，3（1）：40 – 47.

11. 毕雪梅：《顾客感知质量研究》，《华中农业大学学报》2004 年第 3 期。

12. 李虎：《餐饮行业顾客感知服务质量与顾客满意度、顾客忠诚度关系实证研究》，《普洱学院学报》2017 年第 1 期。

13. 李珊珊、陈光：《感知服务质量对公共交通乘客满意度影响的实证研究》，《铁道运输与经济》2016 年第 2 期。

14. 汤利颖：《电信企业客户服务质量感知与客户满意度研究》，《统计观察》2010 年第 8 期。

15. 金晟烨、朱惠泳：《大学教育服务质量对感知服务价值、顾客满意度以及大学形象所产生的影响》，《经济师》2009 年第 5 期。

16. 戴心来、郭卡、刘蕾：《MOOC 学习者满意度影响因素实证研究——基于"中国大学 MOOC"学习者调查问卷的结构方程分析》，《现代远距离教育》2017 年第 2 期。

17. 刘荣光、蒋亚星、徐晶晶：《Moodle 环境下影响学生学习动机的外部因素探析——以上海师范大学东行记网络课程为例》，《江苏广播电视大学学报》2008 年第 3 期。

18. 邹晓华、华伟：《网络环境下学生学习动机影响因素研究——基于江苏省高校的实证分析》，《黑龙江教育》（高教研究与评估版）2011 年第 11 期。

19. 朱燕菲：《远程学习者学习动机及其影响因素研究》，《江苏开放大学学报》2015 年第 6 期。

20. 宋兵：《影响远程学习者学习动机的因素分析》，《中国远程教育》2013 年第 11 期。

21. Xu, F., "Research of the MOOC Study Behavior Influencing Factors" [C]. Proceedings of International Conference on Advanced Information and Communication Technology for Education, Netherlands: Atlantis Press, 2015: 18－22.

22. 何春、王志军、吕啸：《我国大学生 MOOCs 学习体验调查研究》，《中国远程教育》2014 年第 11 期。

23. 葛岩、杨雪、谢建、刘鹏：《MOOCs 学习动机保持质量评价研究》，《远程教育杂志》2015 年第 6 期。

24. 孙红梅、杨琳：《高中生学习投入与情绪智力的关系：学习动机的中介作用》，《天津市教科院学报》2012 年第 3 期。

25. 龚闻莉：《学习动机的中介效应初探》，《科技视界》2012 年第 3 期。

26. 罗云、赵鸣、王振宏：《初中生感知教师自主支持对学业倦怠的影响：基本心理需要、自主动机的中介作用》，《心理发展与教育》2014 年第 3 期。

27. 吴明隆：《结构方程模型——AMOS 的操作与应用》，重庆大学出版社 2011 年版。

28. 温忠麟、侯杰泰、马什赫伯特：《结构方程模型检验：拟合指数与卡方准则》，《心理学报》2004 年第 2 期。

29. 温忠麟、叶宝娟：《中介效应分析：方法和模型发展》，《心理科学进展》2014 年第 5 期。

30. 谢秀满：《成人教育方案发展策略》，中正大学成人及继续教育研究所，2002 年。

31. Vonderwell, S., "An Examination of Asynchronous Communication Experiences and Perspectives of Students in an Online Course: A Case Study" [J]. *The Internet and Higher Education*, 2003, 6 (1): 77 – 90.

32. Pintrich, P. R., "A Conceptual Framework for Assessing Motivation and Self – regulated Learning in College Students" [J]. *Educational Psychology Review*, Vol. 16, No. 4, December 2004, 16 (4): 67.

33. Pintrich, P. R., "An Achievement Goal Perspective on Issues in Motivation Terminology, Theory and Research" [J]. *Contemporary Educational Psychology*, 2000 (25): 47.

（作者：于娜丽　长江大学教育学院）

长江大学慕课课程教学效果研究

——基于"好大学在线"课程《生命科学发展史》

在知识全球化时代，随着中国互联网科技的不断发展，获取知识的途径不再单单是传统的学校上课、相关书籍阅读等。很多网上授课平台已经出现并飞速发展，使教学过程可以课上课下、线上线下同时进行。慕课平台就是其中之一。慕课是信息技术与高等教育深度融合的产物，为高等教育带来了深刻的"教"与"学"的双重革命。它秉承"将世界上最优质的教育资源，送达地球最偏远的地方"的信念，在创新教育理念、先进网络技术和社会现实需求的共同推动下，以"海啸"之势风靡全球。面对慕课来袭，学生利用网络在任何时间、任何地点都能方便快捷地进行学习。然而，慕课教学仍然存在一些问题，有待进一步研究，从而使慕课教学达到预期效果。

本项目结合长江大学慕课课程教学的实际情况，以《生命科学发展史》慕课课程为研究案例，通过问卷调查、翻转课堂讨论等方法，调查研究了慕课课程的教学效果。通过分析在慕课平台下生命科学类通识课程的发展现状和存在的问题，并结合实际情况，对相关问题提出相应的解决方案，促进慕课平台上生命科学类通识课程的教学改革，为改革方向、方式打下理论基础。

一 慕课平台教学特点及相关要求

慕课平台是人与人、人与机器交互学习的良好平台。慕课平台将教学资源、学习资料、各种各样的相关人才通过社交性平台，利用互联网联系在一起，各种各样的知识相互碰撞融合，不同的思维方式、不同的观点的人群在一起进行知识交流。慕课平台克服了地域的局限性，实现了世界知识碰撞融合。这样的学习模式向中国的高校教育发出了挑战的信号，中国各高校必须具有危机感，紧跟时代的步伐。

慕课平台的不断发展，越来越多的人已经熟悉并应用该平台。说慕课也许你不是特别清楚，但是，简单地说，网络课程，你已经非常明白，慕课平台在教学过程中的应用与网络课程有些类似。学生可以通过网络链接到相应的慕课平台进行学习，在慕课平台上可以与老师进行交流，与同学或者根本不认识的但对相关知识同样感兴趣的其他慕课成员交流心得体会，促进知识学习。

一般来说，慕课教学平台有以下几个特点，根据相应的特点，也对使用者提出了不同的要求，要想在慕课平台上做好课程改革，作为教师，首先应该了解慕课平台的特点以及相关要求。只有这样，才能更好地做好课程改革。

（一）开放性强

慕课平台基于互联网手机终端，受众比较广，且用户进入慕课平台只需要注册相关账号就可以开始学习了，除了证书等方面需要收费，基本上是免费的。学习门槛比较低，只要有兴趣，就可以进行学习，基本不用考虑费用、区域的问题。

换句话说，慕课平台是开放的、免费的，基本上是没有门槛的。只要你来，就可以获得你想要的资源，和志同道合的人一起分享获取知识的快乐，那么，此时最重要的就是学习兴趣了。所以，作为老师，在教学过程中要更加重视对学生学习兴趣的培养。

（二）透明性

慕课线上学习，学生可以根据自己的喜好和时间安排来选择相应的课程，在规定的时间内，可以登陆网站进行学习，提交作业，获得作业审批结果，与相关人员进行知识讨论等。学生在保质保量地完成学习任务的同时，还有可能获得相应的专业证书等。在整个学习过程中，学生的学习方式、考核方式、评估方式都是公开透明的，避免了各个环节的徇私舞弊现象。慕课平台学习的这个特点要求学生有公平竞争意识。

（三）容易获得优质的教学资源

在慕课平台上，每个学生都可以获得世界最著名高校的相关课程，并进行学习，实现了普通人与重点著名高校的零距离接触，促进了知识的相互交流。慕课平台的这个特点要求学生具有良好的学习积极性，能够根据自己的需求,进行相关学习资源的查找并学习。

二 《生命科学发展史》教学效果调研

长江大学与上海交通大学"好大学在线"于2014年签订合作协议,并开始从该平台引入优质在线开放课程,《生命科学发展史》是其中之一。该课程的主讲教师为上海交通大学孟和教授,该课程在"好大学在线"上线之前就已是知名课程,在上海各高校中颇具影响力。

该课程内容丰富新颖,共包括十个单元,从近三年《科学》十大进展着手导入课程,让学生首先领会生命科学的重要意义。从宇宙的形成、生命的出现、人类的产生和发展,讲述人类起源与发展的重要观点。从古代哲学关于宇宙和生命的哲学思考,跨越到近代科学如西方医学与生物学体系、欧洲文艺复兴与生命科学。通过阐述生物分类思想与方法、达尔文及其以后的进化思想,讨论生物分类与演化。带领同学们走近微生物世界,从细胞学说谈到胚胎发育,深入浅出,讲述生命科学发展史中的重要理论及相关技术——经典遗传学、分子生物学、人类基因组计划、基因组测序等。这是一门非常有深度的课程,特别适合长江大学对生命科学感兴趣但又非生命科学专业的学生。这类学生生命科学方面的基础相对薄弱,学习起来存在一定的难度。"好大学在线"的这门课程刚好可以解决这些问题。通过"好大学在线",对于学生不懂的知识点可以在网络上通过发帖、参与讨论等方法进行学习,也可以通过翻转课堂与辅导老师联系,学习方式灵活,有条件开展非常有深度的讨论,便于学生学习。

(一) 课程辅导与选修情况

长江大学自2015年春季学期开始开设《生命科学发展史》慕课课程,经教务处批准,由贺美、马兆武两名教师负责线下教学任务。针对长江大学的实际情况,该课程分三个校区进行教学,其中,东校区和西校区由马兆武老师负责,武汉校区由贺美老师负责。两位老师均是学生物出身,生命科学基础扎实,也非常热爱慕课这种教学方式,希望通过《生命科学发展史》课程从事教学改革研究。经过三年的线下课程辅导工作,更加深刻地了解了慕课的内容,在学生中取得了不错的反响。

据统计，从 2015 年春季学期开始，到 2017 年秋季学期，《生命科学发展史》共在本校开设 6 个学期。选课人数为 2277 人，选课人数从 2015 年春季学期的 170 人持续增长，近两年每学期选课人数一直维持在 350 人左右。其中，武汉校区选课人数 452 人。总之，《生命科学发展史》课程的选修人数处于比较稳定的状态。可见，学生对慕课的教学模式越来越认可。

（二）课程问卷调查

为了深入地了解长江大学慕课课程的教学效果，本文以《生命科学发展史》慕课课程为研究案例，以武汉校区 2017 年秋季选修该门课程的学生为研究对象，通过问卷调查、学生教师座谈等方式调研了长江大学学生对慕课的理念、教学体系、学习流程及教学模式的了解程度，以期通过对学生的积极引导，使学生真正了解慕课的真谛所在，促进慕课教学工作，提高慕课教学效果与教学质量。

本次调查中，有效调查问卷共 66 份。调查数据表明，22.7% 的学生选修这门课程纯粹为了修学分，16.7% 的学生选修这门课程纯粹为了兴趣爱好，而 59.1% 的学生选修这门课程一方面是为了修学分，另一方面也是因为对生命科学相关知识有浓厚的兴趣。据统计，有 62.1% 的学生已经选修过其他的慕课课程。其中，57.6% 的学生认为，传统教学模式让人学习感觉被动，所有学生都感觉慕课教学模式比传统教学模式好，如果可以选择的话，他们更倾向于选择慕课这种学习模式。随着对慕课学习模式的熟悉，以及翻转课堂与线上学习的紧密结合，学生的自主学习意识明显增强。数据表明，81.8% 的学生认为，慕课学习有助于增强他们的自主学习意识。从学习效果来看，47.0% 的学生反映非常好，51.5% 的学生反映良好，仅有 1.5% 的同学反映学习效果不好。总而言之，经过三年慕课教学改革，《生命科学发展史》慕课课程的教学效果较前几学期相比有相当大的改善与提高。但仍然存在以下几方面的问题：

（1）学生仍未真正了解慕课的理念与教学模式。数据表明，一方面，59.1% 的学生尚不是很清楚慕课的学习流程，可见，对慕课的教学模式并未真正理解。另一方面，对于慕课理念仍然非常模糊，并不清楚慕课教学对于学生学习的真正意图何在。因此，在今后的慕课教学改革中，除实际的慕课教学外，慕课理念还有待做更深层次的宣传，让学生真正体会到慕课教学与学习的真谛。慕课理念的宣传是决定慕课教学改革是否成功的关键。

（2）慕课翻转课堂与线下辅导课程安排与设置有待进一步合理化。为了慕课的教学效果迅速达到预期目标，翻转课堂与线下辅导课程的时间、开课次数与频率还有待进一步考究。调研数据表明，13.6%的学生认为，翻转课堂与线下辅导应该在线上课程开课前开始；27.3%的学生认为，应该在线上课程开始一半时开设翻转课堂与线下辅导；而19.7%的学生认为，应该在线上课程开始第一周时开设翻转课堂与线下辅导；39.4%的学生认为，翻转课堂与线下辅导开课时间不限。从翻转课堂与线下辅导的开课次数与开课频率来看，绝大部分学生认为1—2次或3—4次，每周一次或是两周一次即可。而翻转课堂与线下辅导的开课方式，48.5%的学生倾向于通过网络进行辅导，31.8%的学生倾向于面对面开课并辅导。总之，具体如何合理设置翻转课堂与线下辅导课程，还有待进一步调研，并结合学生的学习成绩等，通过分析得出最合适的方案。

三 慕课平台下生命科学类通识课程
教学存在的问题及解决方法

（一）慕课平台上相关课程建设与运行水平有待提高

生命科学类通识课程具有复杂的知识体系，但是，目前中国的慕课平台仍然处于起步阶段，课程数量较少，由于相关技术问题，慕课平台的承载能力薄弱，造成众多的学习者在平台上找不到感兴趣的学习课程或资料，降低了使用者的使用兴趣，从而造成用户流失，而平台缺乏资金进行维护，进而造成恶性循环。更重要的是，生命科学类通识课程在国内高校有完善的教学体系，这些教学体系的相关课程不能在慕课平台上充分展示，即使在慕课平台上展示的课程，质量也是参差不齐。有的课程质量比较高，教学效果好，有的却粗制滥造。有的课程内容相对陈旧，不适合当代学生学习，且不能及时更新；有的课程缺乏吸引力，降低学生的学习兴趣，学生通过慕课平台学习，大多数是由兴趣驱动的，没有监督力，在这样的情况下，如果课程缺乏吸引力，那就会造成学生很容易放弃学习，浪费慕课平台资源和学生的时间。

生命科学通识类课程包含的问题比较多，知识点比较复杂，单个知识点可能会有很多相关背景，需要丰富的资源才能将该课程的知识点连成线，最后连成面。面对慕课平台建设与运营欠缺问题，国家和高校应该同时重视慕课平台建设。

另外，由于慕课平台课程质量参差不齐，而且生命科学类通识课程知识点多，学生学习压力大，对于对相关知识还在学习阶段的学生来说，在慕课平台上找到优质的教学资源并认真学习是相当困难的。面对这样的情况，教师应该在力所能及的情况下，根据自己多年的教学经验以及扎实的专业知识功底，帮助学生在慕课平台上对相关课程进行筛选，将学生的寻找范围缩小，减轻学生的学习压力。

（二）接收开放式教学模式的学校仍较少

相关调查报告显示，我国接收开放式教学的高校相对较少，造成慕课平台共享资源短缺。生命科学类通识类课程在国内近几年发展起来的，几乎每位高校教师都有自己独到的见解，是老师们多年工作经验与辛勤汗水的结晶，他们大多数都不想将自己多年的心血无偿地公之于众。对于学生来说，他们的学习压力比较大，长期面临应试教育的压力，已经完全习惯了"家长安排，老师安排，学校安排"的学习模式，基本上不具备自主学习、研究性学习的能力，所以，学生基本上没有在慕课平台上创建优秀课程的能力。生命科学类通识课程知识点比较多，而且比较散乱，学生要想充分掌握这门课程，必须将知识点串成线，再将线连成面，才能做到心中有数。这就要求学生具备更强的自主学习能力和创新能力。

上述分析，要想解决上述问题，应该从以下两个方面入手：

第一，建立高校教师资源分享奖励制度。高校教师拥有优质的课程资源，但是，不想在无偿的条件下公之于众。国家应通过出台相应的政策，将教师的评级评优工作与教师的慕课平台共享课程数量、质量（点击量）挂钩，这样，可以有效地促进教师对高质量资源的分享。

第二，加快教学改革。针对学生的自学能力和学习压力的问题，学校应该加快高校教育改革，减轻学生的应试压力。高校组织教师重新编纂生命科学类通识课程相关教材，使教学内容涉及慕课平台相关课程，现场教学与慕课平台教学相辅相成，提高学生在慕课平台上学习的积极性，方便学生随时巩固自己的知识点，不断取得新的进步。

（三）慕课平台与生命科学类通识课程教学模式存在矛盾

生命科学类通识课程慕课教学在我国处于起步阶段，各种新技术、新思想也都在研究阶段，学生学习主要处于知识点的积累和对前辈研究成果的继承与发扬的过程中。主要教学模式还是课堂式的，偶尔会有相关的实验课程。生命科学类通识课程在慕课平台的教育模式对传统教育模式发起了极大的冲击，从而给现在的教育模式领导者带来了利益威胁，也正是这个原因，导致慕课教学推广受到了很大的阻力。面对这样的情况，学校应该认清社会发展形势，慕课平台教学已经成为社会发展的需要，高校作为国家科研水平、改革的领军者，应该紧跟时代步伐，勇于创新，才能保持自己的领导地位。

四　结语

生命科学类通识课程在慕课平台的改革中存在很多问题，我们应该分析这些问题与社会环境之间的关系，采取更加妥当的改革措施，尽最大努力降低改革阻力。本文通过分析慕课平台教学的特点以及存在的问题，结合问卷调查、座谈等实际调研方式，以《生命科学发展史》慕课课程为研究案例，对长江大学的慕课教学效果进行调研与分析，并结合实际社会环境，给出相应的改革意见，可以为以后生命科学类通识课程及其他课程在慕课平台的改革奠定一定的理论基础。

参考文献

1. 宋烈侠、杨承运：《精品课程建设与评估漫谈》，《黑龙江教育》（高教研究与评估版）2005 年第 2 期。
2. 教育部高等教育司：《2009 年国家精品课程申报指南》，2009 年 6 月。
3. 《北京市教育委员会关于做好 2009 年度北京市级精品课程申报工作的通知》（京教函〔2009〕242 号）。
4. 肖阳、冯玲：《高校本科专业精品课程建设与教学创新的思考》，《中山大学学报论丛》2004 年第 2 期。
5. 何克抗：《关于建构主义的教育思想与哲学基础——对建构主义的再认识》，《现代远程教育研究》2004 年第 3 期。

（作者：贺　美　长江大学资源与环境学院）

在线课程对教师发展促进的研究

一　研究背景

（一）大学教师发展内涵

随着高等教育的深化发展和"双一流"建设的全面推进，特色发展、内涵发展、需求发展、创新发展已经成为我国高等教育未来发展的重要着力点，提升人才培养质量和可持续发展是高校面临的新挑战。建设一流师资队伍、培育学术高地，高校对新时代大学教师提出了新的要求，赋予了新的内涵。

教师发展以促进教师个人提升、学生成长及学校组织改善为目的，以教师为发展主体，具体包括作为教师的教学发展、作为学术成员的专业发展、作为独立个体的个人发展和作为高校成员的组织发展四个方面。①

潘懋元教授认为，大学教师发展内涵包含三个组成部分：学科专业水平（基本理论、专业知识、实践能力）、教师职业知识与技能（教育理论、教学能力）和师德（一般学者的人文素质、教师的职业道德）。②

即使是任职多年、经验丰富、学术造诣深的老教师，随着科学理论、信息技术的发展，高等教育理论和大学教师角色、地位、功能的变化，也需要不断地跟踪科学前沿，更新教育理念，与时俱进，加强自我修养，逐步发展自我教学教研水平，不断提升专业水平、职业技能和职业道德。

---

① 全继刚：《美国高校教师发展的特色研究》，《现代教育科学》2016 年第 10 期。
② 潘懋元：《大学教师发展论纲》，《高等教育研究》2017 年第 1 期。

（二）在线教育为教师发展提供了新的契机

伴随网络公开课、精品视频公开课的推广，特别是慕课的兴起和有效传播，开放的理念、丰富的资源，在线教育对教学思想、教学内容、教学方法等方面已经带来了深刻影响，引起了各界学者、教师和管理工作者对在线教育教学方式变革的广泛思考。

一些教师面对新的教育信息化浪潮进入了"高原反应期"，在教学和专业发展方面明显感到困惑和不适应。特别是对很多高校而言，由于受学校地理位置、教育经费及教师业余时间等因素的限制，教师发展受到不少的制约。要实现教育现代化，面向信息化的教师专业化发展是一个关键因素。学校是教师发展和成长的主阵地，现代教育的发展越来越强调自主学习和讨论互动式学习，在线课程也给了我们这样一个人人都可以实现的机会。在线教育不仅对教师的自身发展提出了严峻的挑战，而且也为教师发展提供了难得的机遇，在线教育是促进教师发展的一条有效途径，在线教育应当成为大学教师的一种生活方式。

二 在线课程对教师发展的促进作用

（一）抽样调查与统计分析

结合长江大学的实际情况，我们设计了《在线课程对促进教师发展的调查》问卷，在调查的基础上，对收到的有效问卷进行了初步统计分析。本次调查共收到有效问卷76份。

1. 问卷调查的主要内容

问卷共设计了23个问题。抽样检查问卷的设计主要是从年龄结构、性别特征、对在线课程的了解、学习平台、关注或学习课程、学习终端与呈现的方式、学习目标、学习行为与学习过程、在线作业、测试与学习效果、在线学习优势与弊端、学分与课程证书、线上课程对专业成长的作用、线上课程对教师教学技能和方法的影响与启示等方面进行了调查，并对抽样调查结果给出分析和评估。

2. 问卷相关问题分析

从年龄结构来看，30岁以下和30—40岁的教师是在线学习的主要群体，占80.3%。从性别特征来看，女性占比明显高于男性。大多数教师

（64.5%）对在线课程都有所了解和接触，主要是通过别人的介绍获取相关的资源和课程。在课程的选择方面，大多数教师倾向于选择国内课程平台及相关课程，主要是母语学习更容易接受（63.2%）。教师主要根据本专业的内容（28.9%）和自己感兴趣的内容（36.8%）来选择在线课程。教师认为，在线学习的最大优势是"可以充分利用现代技术提高学习效率（答题看视频、网上实验室等），有利于重点、难点知识的掌握和复习（视频可重复观看）"；教师认为，在线学习的最大弊端是"网络诱惑巨大，在线模式不能营造良好学习氛围，缺乏有效的监管机制，不利于坚持学习"等。

3. 在线学习的几个趋势

（1）在线学习的人群扩大化趋势。目前，纸质媒介（书本）阅读的主要对象是40后等年龄较大的群体，随着智能手机的普及和电子阅读工具的推广，通过网络在线阅读的人群还在扩大，在线学习不仅成为一种可能，而且必将成为一种趋势。

（2）网络课程越来越丰富，学习越来越方便，为在线学习提供了更多更好的可能性，无论是充电式学习、系统性学习，还是查找资料式学习，在线课程将更加流行。

（3）在线课程证书受到更多机构的认证和认可，在线学习将受到更多欢迎。

（4）在线学习对高校教师促进发展的影响。

①教师认为，在线教育对激发教师内在动力有明显的促进作用；

②教师认为，在线教育对认识教育教学的思想、观念有较好的引领作用；

③教师认为，在线教育对专业发展有巩固和更新的积极作用；

④教师（尤其是青年教师）认为，在线教育对教学方法的感悟和应用有很大的启发和帮助。

（二）在线课程提升教师的专业知识和能力

1. 在线课程提供了一个优秀教师所具有的专业素养的平台

一个受学生欢迎的教师，首先要认真钻研专业知识，加强专业知识学习，不仅要有扎实的专业基础知识，而且能在某种程度上处于专业领域的前沿，对本专业的历史和发展有比较清晰的认知，对专业发展的方向和趋势有自己独立的判断，对新形势下的研究课题有所触及，能够直接参与到重大课题研讨之中去。因此，只有具备足够系统的专业知识和科学合理的知识结构，才能在课程教学实践中做出不凡的成绩。

在线课程资源丰富，包括世界上许多著名高校核心课程，提供了教师专业研修的丰富而有益的资源。从这个角度来看，在线课程提供了一位优秀教师所具有的专业素养的高端平台，对于教师专业知识的提升和能力的培养有极大的促进作用。

2. 在线课程有助于开阔教师专业视野

在线学术资源十分丰富，无论是基础性的学科知识，还是最前沿的学术研究，都能找到有益的素材。在线课程更加便于知识的传播，更加有助于开阔教师的专业视野。

结合数学学院的教学实践，以在线课程《线性代数》为例，可以从侧面了解在线课程的大致面貌。《线性代数》是 19 世纪后期发展起来的一个数学分支，《线性代数》是综合性大学和理工科类大学的基础必修课，也是高等院校理工科专业教学计划中的一门基础理论课。该课程以线性方程组和矩阵为核心内容。通过该课程的学习，学生对线性方程组的高斯（Gauss）消去法、行列式、矩阵代数、n 维向量空间、向量的线性相关和线性无关性、相似矩阵和实对称矩阵的对角化、二次型的标准形、正定二次型等有较深入的认识和理解，掌握《线性代数》的基本知识、基本理论和基本技能，具有较强的运算能力、逻辑推理能力、抽象思维能力、综合运用所学的数学原理和技能分析问题、解决问题的能力。

有关《线性代数》的在线课程就有很多，课程的体系和风格互不相同，各具风采，各有千秋。比较有代表性的有麻省理工学院的公开课《线性代数》；可汗学院的公开课《线性代数》；山东大学、同济大学、西安电子科技大学、中国石油大学的公开课《线性代数》等。

清华大学的《线性代数》（选修课）（2015 秋）的课程描述：电影 Matrix（黑客帝国）的原意是"矩阵"，那矩阵到底有何奥妙之处呢？本课程面向大学生，以矩阵为核心内容，介绍大学课程《线性代数》的基本知识。

一位年轻教师在线学习麻省理工学院《线性代数》课程后说："我对知识结构有了更加深入的了解，对教材的内容安排有了新的领悟，了解到了世界名牌大学的教学风貌，很受启发，对自己今后的教学教研很有帮助"。

3. 在线课程有助于提升增长专业知识

专业知识包含专业基础知识、专业能力等。如果说教育教学理念是教师从事教育教学工作的理论源泉，那么专业基础知识、专业能力则是教学工作的无限动力。随着国家"双一流"高校建设的全面实施，对教师的专业水平提出了更高的要求，不但要求教师具备丰富的专业知识，还要求教师具备很高的专业能力，要求教师从传统的教书匠、经验型教师逐步向学者型、科研型教师转变，最终成为学生学习的促进者，教育教学的研究者。[①]

在线课程能够全方位、多角度提升教师的专业知识和专业能力，在线课程具有多层复合的结构特征，能够帮助教师适时整合相关课程的结构和内容，形成我们需要的课程体系，从而提高在线学习的针对性和有效性，做到和教学研究有机结合。

（三）在线教育对促进教师职业知识与技能的成长

良好的教师职业理想的形成需要一个较长的过程。在这个过程中，对教育事业的热爱起着关键性作用。经过一段时间教学实践的磨炼，职业认知得到了深化，从事教育工作的理想逐渐确定、稳固。但是，还有些青年教师处于摇摆不定的状态，需要经历反复的思想斗争和教育实践锻炼，在工作几年后才能确立教师的职业理想。教师职业理想的形成正是教师不断成长的过程。[②]

1. 在线教育能更快激发教师发展的内驱力

教师发展主要来自内在的驱动力。内驱力可以说是一种信仰，是一种对教育事业的理解和追求，是一种对学生的尊重和热爱，是一种由内喷发的动力和激情。教师发展的渴望必须发自内心，才能有源源不断的动力。当然，也有外部的作用和影响，如外部的某些压力、外部的激励机制，也会起到促进和激发作用。内因起主导、核心作用，外因起影响、诱导作用，外因的作用从根本上讲还是通过内在因素发挥作用的。在线教育能够帮助教师开阔眼界，更加广泛地接触、了解外面的世界，突破某些局限，站得更高，看得更远，更好地激发内在的动力。

---

① 钱玲、张小叶：《美国高校在线教育面临的机遇与挑战——来自斯隆联盟的系列调查评估报告》，《比较教育研究》2011年第2期。

② 潘大勇、成庭荣、何先平：《当代师范生的综合职业素养》，《科教文汇》2015年第7期。

2. 在线教育能激发教师提高自身素质的需求

由于地域、时间、经费等因素的限制，教师的纵向、横向交流不够通畅，那种"走出去，请进来"的面对面的交流研讨方式已经不能满足广大教师对课程实施及发展的需要。教学、科研对教师素质要求越来越高，促使教师对提高自身教研能力的需求也越来越高，在线课程的学习一定程度上有助于教师提升人文素质和科学素养。

3. 在线教育能满足教师教学理论引领的需要

很多教师在教学中积累了大量的实践素材，但难以上升到理论高度，大家在实践过程中摸索到很多切实可行的教育教学方法，也写了不少总结，但难以形成、提升到理论性的认识，缺乏专家的指导，很难再上一个新的台阶。时间长了，大家的研究热情逐渐降低，加之教师教学科研的时间比较紧，想在短时间内解决教研的深层次问题也很难。

在线课程和教育，凭借丰富的资源、完善的机制、方便有效的交流途径，能够满足教师希望有切实可行的教学理念引领的需要。

4. 在线教育能够帮助教师更好地自我规划

新时代的教师应该是一个学习型教师，必须将学习进行到底，要不断地学习新知识，改进自己的知识结构，拓宽视野，适应高素质发展的现代社会。只有不断学习，才能担负起培育人才的重任。

教师发展有很多路可走，教师如何发展、发展成什么样，都应当有一个规划，一个科学的、清晰的规划。首先要找准自己的优势，确立发展方向。如果一个教师擅长教学，那就侧重教学，切实提高自身的教学能力；如果擅长科研，那就侧重科研。结合自身的能力，规划自身发展的路径。在线教育能够帮助教师根据自身的特点和优势，找准自身发展的方向，规划发展进步的目标，构建教师自我成长的阶梯。

网络在线的很多访谈、人物介绍、专业发展评估和一些相关的视频、节目和课程，很多触及个人成长和发展的话题，有专业的深度分析，很多内容可以作为人生规划的借鉴。比如，教育部在线教育课程《教师职业生涯规划与发展》《高校新入职教师的教学适应性培训》等，就很受刚入职的年轻教师的欢迎，在线人数超过 12503 人。再比如，超星慕课课程《大学生职业生涯规划》，教师也可以从中吸取很多有益的启示。教师发展，尤其是青年教师的成长关键在于自身，要有自我成长的需要和动力，科学规划，不断努力，朝着自身擅长的方向不断前进。同时，学校也应为青年教师提供成长的机会和平台，鼓励和引领青年教师不断进取，两者共同努力。

5. 在线课程有助于提升教师的教研能力

教师是人类精神文明的继承者、传播者和开拓者，是科学技术和社会科学知识继往开来的人。不断更新观念，开拓进取，提高对教材的驾驭能力，这是科技现代化和新时代对教师的要求。在线课程和在线教育能让我们很好地、多层面地了解许多优秀教师的教学，不仅是真切感受所传授的知识和方法，也可以领略优秀教师的教学风格，更是对教育教学理念的感悟、学习，从中受到启发，在自己的教学工作中，能够借鉴一些成功的方法，有针对性地钻研教材，大胆改革教学方法。

6. 在线课程促进教师转变教学思想和观念

虽然"转变师生的课堂角色，以学生为中心，教师发挥主导作用、学生发挥主体作用"的教学思想提倡多年，但是，很多教师（特别是青年教师）还是不能完全将这一理念贯彻到教学活动中。而在线课程这种以学生的主动学习为主的新型课程教学模式，必将引起教师对促进学生探究性学习和自主学习这种教学思想的重视，从而树立以学生为中心的教学理念，更加有效地开展教学教研，不断地更新理念、创新教学方法，提高教学质量。

7. 在线课程还有助于提升教师其他方面的技能

由于在线课程的主要载体是微课，课程内容丰富，这就要求教师要对学习的内容具有很强的认知能力，对课程教学的具体操作有很强的感知能力，对课程内容的学习与借鉴有很强的调控能力。

在线课程中的教师不同于传统课堂教学中的教师，不只是教书匠，而是要求教师具有教书匠以外的其他多重角色。在线课程主要是对微型视频的在线讲解，因此，对于它的制作与应用就自然少不了视频的录制、裁剪，以及计算机网络等相关技术的运用。这就要求教师在提升自身专业技能的基础上，还要掌握与在线课程的制作及应用相关的其他方面的技能。

教师如果抓住了在线课程的这些特点，对今后自己的教学实践必然会产生积极的影响，从而有助于提升老师制作课件、制作微课（或微视频）的能力。

通过微课的应用研究分析发现，微课更符合学习者认知和学习规律，在信息化环境下，这种教学方式无疑是顺应客观发展规律的，也是促进教学实现革新与发展、促进教师发展的有效途径之一。

(1) 通过教学中引入微课，课堂教学效率明显提升，时间更为紧凑，教学内容更加精炼。

(2) 教师拥有了更多的时间进行教学研究，实现了教学设计和教学内容的进一步优化。

(3) 学习者的学习热情被唤醒，学习兴趣提升非常明显，课前预习与课后复习效果均有所提升。

教育教学改革应顺应时代的发展。改革是契机，也是挑战，微课以信息技术作为外在条件，更重要的是它能展示学科知识的魅力，使学习变得不再枯燥、无味，突破了时间与空间的限制，这是传统教学方式所不能及的。这也是在线学习有益的启示，也是今后教学可以借鉴的重要方法。

在线课程对教师专业成长具有促进作用，在我们的问卷中也得到了绝大多数教师的肯定，见表1。

表1　　　　　　　　　　线上课程对专业成长的作用?

评价	作用很大	有作用	说不清楚	没有作用
人数	47	23	6	0

(四) 在线课程促进教师自我反思

1. 在线课程是教师进行教学反思的重要平台

教师可以利用在线课程课后讨论的功能，如写录、分类、更新、互动等，记录生活感悟、听课笔记，优化教学设计，这样的教学反思、教学随笔，可以为教学研究提供素材，为工作总结准备材料，为管理工作积累经验。在进行知识梳理和积累的同时，参与到其他在线教师、学生的讨论，实现相互交流、智慧共享，进而以一种审视的目光去看待自己的学习和教学，去思考其中的问题与困惑。同时，在充分展示自我、参与交流过程中，促进教师学习反思能力的提高和良好习惯的形成，提高教师职业素养。

2. 结合在线课程的教学对照自己的课堂进行反思

每一位教师成长的过程都是一个不断弥补不足和逐步完善的过程，

青年教师的成长也是在不断地总结错误的过程中成长的。因此，在平时的教学工作中，要及时总结经验与不足，反思教学过程的方方面面。[①]

"宝剑锋从磨砺出，梅花香自苦寒来。"青年教师要勇于实践，把在线课程中学习到的教学思想和方法用于自己的教学活动中，在实践中学习，在实践中提高，在实践中总结。课后要及时地反思自己的课堂教学，只有学会反思，才能提升自己的课堂教学效果。除了对自己课堂教学进行评价反思，还应当通过优秀在线课程的教学来对照自己课堂进行反思，即在比较中寻求发展。教学是反思的基础，反思是教学的升华。只有不断地实践、反思、再实践，自己的课堂教学才能得到提升。教学能力的提高关键就在于工作实践中是否善于观察反思，是否善于动脑质疑，就在于是否能发现问题、研究问题、解决问题。只有勤于学习，不断反思，乐于钻研，善于总结，才能一步一个脚印地走近成功。在努力掌握教育理论的同时，结合自己的教学教研进行深入反思，从而提升自己的教学教研能力。

3. 教师通过在线研讨实现同伴互助和共同提高

在线研讨是教师成长的摇篮，是一个贴近课堂、贴近教师、贴近学生的交流平台。在研讨中，教师可以通过阅读版主、网友的帖子或文章，汲取他人的思想精髓；可以提出问题，寻求帮助，实现同伴互助；还可以就一些模糊的问题获取专家的指导。在线研讨所拥有得天独厚的交流平台，为在线教师创造了一种积极和谐的学习环境，成为越来越多在线教师精神的家园、成长的乐园。

（五）在线课程和教师发展的反思与建议

在近代教育史上，杜威率先强调了教学要有反思或反思性。没有反思，便没有感悟；没有感悟，便不能提升能力。反思是一个提升的过程。

在线课程有很多实实在在的优越性，给教学教研带来了许多新的思想、新的方法、新的成果。但是，这一新的教学模式也有很多值得探讨的地方。

1. 在线课程存在的不足

除在线课程技术层面存在的缺陷外（如在线直播平台存在不够稳定，

[①] 赵国庆：《"互联网＋教育"：机遇挑战与应对》，《光明日报》2015 年 6 月 9 日第 014 版。

出现卡顿现象），还有一些其他方面的问题，如在线课程虽然很多，但教师教学质量参差不齐，选到十分合适的课程不易，很多时候会半途而废，浪费了大量时间；缺少监管和评价，学习成效难以形成公正的考核；线上线下还没有有机统筹，学习机制还未有效建立；等等。

2. 学校对教师发展的管理制度

学校要制定和完善高校教师发展的相关政策，明确各主体责任，从管理政策的层面保证教师发展的体系建立；要贯彻落实国家的相关政策，充分关注教师需求，建立完善的教师管理制度。[①]

3. 营造促进教师发展的和谐工作环境与氛围

高校教师作为一个社会化的群体，其发展与所处的工作环境和氛围息息相关。良好的工作环境是教师专注于教育和科研工作的保证。应倡导自由民主的学术环境，平衡教学与科研的重要性，激发教师的潜能，促进其个性及创新发展。营造和谐的工作环境和氛围，满足教师发展的外在需要，以激发他们的内在创新力。

4. 建立完善的高校教师评价和激励机制

在高校教师评价体系的建立方面，应充分考虑不同教师群体的不同特征，突出评价过程的民主性和评价结果的客观性。在激励机制方面，应建立优劳优酬的竞争激励机制以及合理的经费保障机制，保证公平公正性。此外，还应注重在学术环境和学习机会方面的内在激励，提供更多的学术交流机会与学术研讨环境，满足教师的学术热情。[②]

5. 构建多元化的高校教师发展模式

教师应建立自我导向发展模式，借助外界有利的资源进行自主学习以满足内在发展需求，提高自身专业素养与能力；教师还可以建立学习共同体，通过教师之间的资源、经验、技术的互动交流和分享，促进思维的碰撞，以促进教师团队间的交流合作；坚持教师"走出去"即国际交流的发展战略，充分学习与利用国外的优秀资源，拓宽教师发展的空间。

---

① 陈丽、林世员、郑勤华：《"互联网+"时代中国远程教育的机遇和挑战》，《现代远程教育》2016 年第 1 期。

② 吴懿伦、刘华坤：《我国在线职业教育特点及趋势探析》，《北京印刷学院学报》2016 年第 10 期。

三　结语

总之，在线课程具有独特的作用，它能实现教师跨区域、跨时间、大范围、多层面的学习与交流，对于促成教师专业成长有着传统教研所不能替代的作用。随着高校"双一流"高校建设的不断深化，在线课程已为越来越多的教师认同并运用，它必将成为现代教师进行教学研究的一种重要方式，与传统教研互补结合，共同促进教师发展和专业成长。

（作者：潘大勇、吕一兵、胡中波、周　全　长江大学信息与数学学院）

第二篇
实践篇

在"引、改、建、管、推"五位一体理论的指引下，长江大学围绕在线开放课程，不断地进行探索与研究，力争在在线开放课程领域取得突破，探索出一条适应地方综合性高校特点的"在线开放课程"应用与建设道路。

从"十一五"期间的精品课程到"十二五"期间的精品资源共享课程和精品视频共享课程，再到如今大力推行的以慕课为代表的在线开放课程，十余年间，长江大学稳步推进，建设各类开放课程200多门，取得了丰硕的成果，在在线开放课程的制作、管理、运行、实施、教学评价等方面获得了丰富的经验。本篇收集的14篇文章，以应用为核心，以效果为目标，从实践角度探讨了长江大学在线开放课程应用过程中的经验与问题，总结了长江大学在线开放课程建设过程中的宝贵经验。

"五位一体"在线开放课程模式研究与改革实践

进入 21 世纪以来,随着信息技术的迅猛发展与广泛普及,"互联网＋教育"正打破教育垄断造成的各种沟壑,从根本上影响和改变着人类的教育方式及学习形式,使教育公平在最大限度、最大范围内成为可能。自 2013 年以来,以慕课为代表的在线开放课程在国内形成热潮,对高校的教育教学形成冲击,许多高校开始了以慕课为核心的教学改革。与此相适应,2015 年 4 月 28 日,教育部发布《关于加强高等学校在线开放课程建设应用与管理的意见》,要求高等学校利用在线开放课程,深化教育教学改革,提高人才培养质量。

在线开放课程的大规模使用不断地冲击着高等学校传统的教育观念、教学方式、教学内容和教学管理机制体制。作为省属地方综合性大学的长江大学在受到信息化时代教学改革大潮挑战的同时,还面临多校区办学、师资不足、优质课程资源匮乏、管理机制老化等多方面的问题。针对困境,学校通过积极开发和使用网络资源、引入优质课程、改造精品课程、建设特色课程、推进混合式教学等方式推动信息技术与教育教学的深度融合,加快教学信息化建设,探索出一条促进学校在线开放课程发展的"五位一体"在线开放课程模式,并收到了较好的效果。

一 构建"五位一体"在线开放课程模式

"十二五"以来,针对在校学生、学校教师、教育管理人员、公务员和企业员工五大课程使用主体,学校在"创新、协调、绿色、开放、共享"五大发展理念指导下,结合学校作为地方综合性大学的实际情况,在"教育事业发展规划"中明确提出课程信息化建设方针:"引""用"为主,重"改"慎"建",以"管"促"变","推"中协"同"。"引、改、建、管、推"五种方式的结合,促进学校在线开放课程的"一体化"发展的"五位一体"在线开放课程建设模式(见图1),在一定程度上探索出一条跨越"校内、校区、校际、校地、生生"五重"知识沟"的路径,部分地解决了学校在多校区办学、多学科办学、多层次办学、地方高校办学、不发达地区办学等方面形成的发展障碍,一定程度上摆脱了传统精品课程支撑理论下课程建设的发展惯性和路径依赖,形成了地方高校通过课程建设突破发展"瓶颈"的一种有效方式。

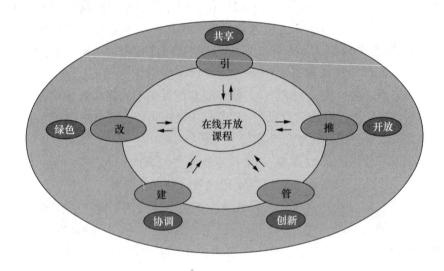

图1 "五位一体"在线开放课程建设模式

(一)先后引入在线开放课程,共享优质教学资源

学校与"好大学在线""优课联盟""超星尔雅通识教育"等课程平台签订协议,自"十二五"起,累计引入92门次课程,涵盖文、理、工、农、医、艺术等不同学科,使长江大学4万多名学生得以享受优质资源,并有效地解决了跨校区、跨学科通识教育课程不足的问题。学校同时引进百名在线开放课程名师,引领学校在线开放课程建设。在"引"课程的同时,创新各种"用"课程模式:学生形成"一主多辅"模式,即以"在线学习+翻转课堂"为主,混合式、辅助式、自助式等为辅的

多元学习模式（见图2）；教师形成"三明治"网络培训模式，即以各联盟师资平台为中心，百余名教师通过到联盟平台培训、挂职、交流，申报在线开放课程教学研究项目，在课程实践中应用教学研究成果并进行推广，从而完成"实践＋研究＋实践"的过程。

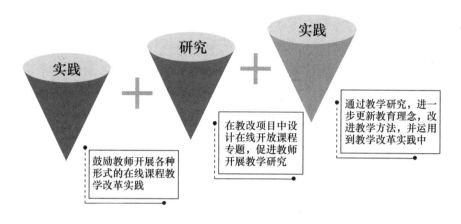

图 2 "三明治"网络培训模式

（二）改造闲置精品课程，形成绿色长效机制

学校将200多门精品课程（包括38门国家、省级精品课程）重新评估，一方面，充分利用原有精品课程在教学大纲、教案、习题、实验指导、参考文献目录、网络课件、授课录像等方面丰富的教学资源；另一方面，以学生为中心重新设计，重新讲授，重新拍摄。将原有国家精品开放课程等优质课程资源进行慕课化改造；传统的精品课程静态网站被改造成动态网站；学生参与教学活动，利用网站开展教学互动的意识得到提高；闲置的优质资源重新得到有效利用，国家、省级和校级三级在线开放课程体系得以重新激活，形成了一条在线开放课程可持续健康发展的长效机制。

（三）建设分层校本课程，协调不同主体需求

考虑到不同的利益主体对在线开放课程的诉求不同，学校建设分层校本课程（见图3）：第一，学校审慎建设"高大上"课程，两个五年计划中，集中资源，重点立项27门校本特色课程，力图让学校"石油地质、湿地农业、荆楚文化和区域经济"四张牌，能有力地向外辐射，为行业企业、地方政府等提供详尽的智力支持。第二，积极利用SPOC平台，倾力建设长江大学慕课学院，整合本校特色课程与外校优质资源，为部分特殊群体建设50门小型在线开放课程。第三，学校通过各种教师教学论坛、青年教师微课竞赛等方式支持建设低门槛简易在线开放课程，鼓励教师在课堂上采用混合式教学，制作出大批小型微课等简易在线开放课程和网络教辅平台。

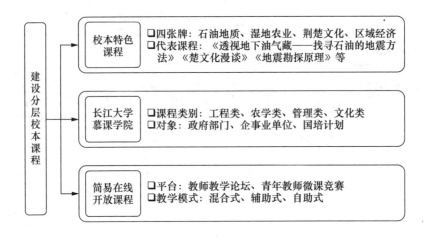

图3 建设分层校本课程模式

（四）创新课程管理机制，构建"互联网＋"模式

学校以《长江大学在线开放课程建设应用与管理办法》为纲领，建立了一整套"互联网＋"课堂教学管理体系（见图4）。重点探索建立跨校区在线开放课程管理模式和校外短学期（虚拟第三学期）管理制度。前者针对学校荆州、武汉两地办学的现状，在上海交通大学慕课推进办公室的支持下，利用"好大学在线""优课联盟""超星尔雅通识教育"等网络平台处理学生选课、课程安排；教室安排、在线考试；网上登分、学生评价；教师评学等教学管理工作，解决了跨校区管理不便、沟通不畅等问题。后者即虚拟学期管理制度，一方面节约学校教师、教室等资源，另一方面缓解学生在校学习压力，提高学生参加课外活动的参与度。此外，学生慕课社团、慕课助教团队等群体的加入，使学校自主学习管理制度完备高效。

学校先后有3名在线开放课程主讲教师荣获"省级教学名师"称号，

47 项与之相关的省级及以上本科工程项目得以实施，15 项在线开放课程类项目获批省级教学研究项目，8 项在线开放课程建设项目获省级教学成果奖，发表相关教研论文 66 篇。

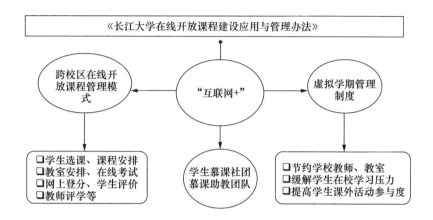

图4 "互联网＋"课堂教学管理体系

（五）推广应用在线课程，搭建开放协作平台

学校以在线开放课程资源为载体，开放性地加强长江大学、他校与在线开放平台"三方联动"（见图5）。"十二五"以来，学校向在线开放课程平台输出本校特色课程达 49 门次，使近 5 万名外校师生了解了荆州区域文化、特定企业行业的特色课程，慕课社团和慕课教师团队与其他高校的交流也日益频繁。与此同时，学校还以在线开放课程资源为载体发挥"服务社会"职能，形成地方大学与地方经济的"校地共生"：国土资源部、江汉油田、国家地震局、农业部门等单位员工通过在线开放课程学习农业、石油类等课程；荆州市纪委监察、荆州市博物馆等单位5000 多人学习长江大学荆楚文化、反腐倡廉等课程；江汉平原 1000 余名中小学教师在"国培计划"中学习长江大学精品课程改造后的《教育学》《心理学》等课程。长江大学教育学院在预备役军官"三战"培训中也充分利用学校在线开放课程资源开展教学活动。开放的课程体系使在校学生、学校教师、教育管理人员、公务员和企业员工五大利益主体互相交流融通，克服了主体间互动协作的障碍，跨越"校内、校区、校际、校地、生生"五重"知识沟"。

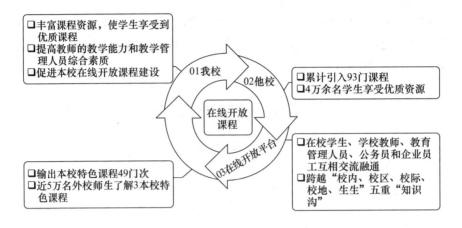

图5 "三方联动"模式

二 确定在线开放课程效果测定依据

传播学者蒂奇纳（P. J. Tichenor）认为，大众传播的信息传达活动会带来知识量的增加，但在传媒信息日益泛滥的情况下，位高者和位低者之间的"知识鸿沟"有扩大趋势。因此，在通过在线开放课程高效获取优质教学资源的共性追求外，地方高校更应注重寻觅平等教育的机会。实践中，学校探索出一条跨越"校内、校区、校际、校地、生生"五重"知识沟"的路径，不仅创新性地推进不同校区、不同学科、不同层次、不同地区、不同人群的教育资源共享和教育公平，在一定程度上弥补了学校在多校区办学、多学科办学、多层次办学、地方高校办学、不发达地区办学等方面的不足，并确立了测定在线开放课程效果的依据。

（一）跨越多校区办学带来的"校区知识沟"

随着院校大合并、大调整的逐步完成，一校多区格局办学的高校已经不是少数，尽管其在开拓新的教育发展空间、增强高校的竞争优势等方面发挥了重要作用，但是，也在客观上带了一些不容忽视的问题。以长江大学为例，学校于2003年4月经国家教育部批准，由原江汉石油学院、湖北农学院、荆州师范学院和湖北省卫生职工医学院合并组建而成，是湖北省属高校中规模最大、学科门类较全的综合性大学。与大部分新合并的地方综合性大学相类似，学校存在多校区办学、多学科办学、多层次办学、不发达地区办学等诸多不利条件，并存在如下"知识沟"问题：学校校区较多，尤其是"一主两辅"办学，武汉蔡甸分校区距离校本部荆州近两百公里，课堂教学管理按照传统模式举步维艰。尤其是集中体现在石油类学科、大学英语、高等数学等公共基础课教学效果不佳，大学艺术、大学语文等人文类通识课程匮乏。而且，多校区之间教学管理人员、教师与学生的归属感不强。通过引入和开设艺术、人文类在线开放课程，同时教师利用在线开放课程平台实现在不同校区开课，极大地缓解了不同校区课程资源单一和短缺的问题，"校区知识沟"得以跨越。

（二）跨越多学科办学带来的"校内知识沟"

综合性大学一般具有学科多、专业多的特性。总体上看，学校合并前的4所高校在学科上较为独立，行业针对性较强，因此，合并后石油学科、农学学科、基础文理学科和医学学科交叉甚少，融合十分困难。虽然经过十几年的合并发展，各校区、各学院、各专业课程交流困难，校园文化也难以融通。在线开放课程的应用在很大程度上使不同学科的学生与学生、学生与教师、教师与教师间建立起联系的纽带，不同学科的师生可以在同一个平台上就共同感兴趣的话题进行交流和讨论，多学科办学带来的"校内知识沟"从而得以跨越。

（三）跨越多层次办学带来的"校际知识沟"

作为地方省属高校，学校办学与"985"高校、"211"高校有较大差距，集中体现在两个方面：一是优质的教师资源、课程资源以及其他资源都较为匮乏；二是与其他高校间的交流不畅，荆州仅有长江大学一所一本招生高校，蔡甸仅有长江大学一所高校，如此带来"迎进来"和"走出去"的困难。以在线开放课程为载体，学校不仅加入了上海交通大学牵头设立的"好大学在线"联盟，打开了与一流名校的沟通渠道，促进了教师间的交流与合作，更通过引入大量名校课程资源，丰富了学校的课程体系和教学资源，从而跨越了不同层次办学带来的"校级知识沟"。

（四）跨越在不发达地区办学带来的"校地知识沟"

学校所属荆州和蔡甸地区由于经济发展相对滞后，高层次企业和政府项目数量不多，学校发展面临三大问题：一是学生实践教学课程难以落实；二是学校教师的知识成果难以转化，校地合作与交流渠道狭窄等；

三是学校和地方在科学技术、文化精神上较难融通。通过打造在线开放课程平台，支撑学生自主学习，教师与企事业单位员工得以深度参与对方的活动，开放和共享的特质以及充分利用信息技术与信息手段的传播方式使高墙内的学校与校外企事业单位间的"知识沟"得以缩小和跨越。

（五）跨越传统的课堂教学带来"生生知识沟"

传统课堂教学是教师"满堂灌"，重知识传授而轻视能力培养，因此，普遍存在学生做"低头族"，不愿参与课堂，教师和学生间的交流不够，学生和学生间的互动不够，学生自主学习能力不强，学生学习过程监控不够等问题。信息技术的发展和在线开放课程的应用使教学方法的改变成为可能。教师充分利用现代信息技术，采用任务式、合作式、项目式、探究式等教学方法，实现了"教"与"学"的转变，形成了以教师引导和启发、学生积极主动参与为主要特征的教学常态，从而得以实现传统课堂教学带来"生生知识沟"的跨越。

具体而言，通过应用在线开放课程，积极探索跨越"校内、校区、校际、校地、生生"五重"知识沟"的方法，可以部分地解决：地方性高校优质课程资源缺乏、学生自主学习能力不足的问题；地方综合性大学教师理念落后、教学模式单一、教学效果不佳等问题；在线开放课程与原有管理模式相不兼容的问题，以及跨校区教学管理的问题；多校区综合性大学内部学科之间、校区之间，地方高校与高水平大学之间，高校与地方之间资源配置的不平衡问题；地方高校教学科研成果转化难、校地合作与交流渠道狭窄等问题；传统精品课程闲置、推广机制不完善、使用不方便、管理力度不大等问题。

三 在线开放课程建设取得显著成效

通过长期研究、改革与建设，学校在开放课程的制作、管理、运行、实施、教学评价等方面获得了丰富的经验，在应用在线开放课程构建"五位一体"教育生态方面取得了显著成效，改革的经验和做法在省内外发挥了积极的示范和辐射作用，得到了业界的充分肯定。

（一）校内应用广

学校以在线开放课程作为教学改革的重要抓手。教学改革四年以来，学校累计引入 92 门次各类课程，4 万多人次选修并获得学分，课程整体通过率在 85% 以上；100 多门次课程开展了翻转课堂或混合式教学改革，15 项与之相关的省级教学改革研究项目获批立项；"十一五"至"十二五"期间，9 门课程被评为国家精品课程和精品开放课程，47 门课程被列为省级精品课程和精品开放课程。

（二）校外辐射强

学校一大批课程被其他高校、科研院所和企事业单位运用学习，其中，国土资源部、中石油、中石化、中海油、国家地震局等多个单位 3000 多名科技人员和中国科技大学、中国石油大学等"985"高校、"211"高校 4000 多名学生学习了《透视地下油藏》，南通大学等地方高校将其列为通识教育课程；《楚文化漫谈》被荆州市纪委监察等单位指定为必修课程，2100 多名党政干部系统学习，由此衍生的视频节目《楚国廉政建设》在荆州电视台播出时，居同时段节目收视率第一位，受到湖北省纪委、监察厅发文嘉奖；《中外文化精神十讲》上线后即被山西传媒学院、南方医科大学等高校列为通识选修课，2500 多名学生选修。

（三）社会评价高

2016 年 11 月，教育部官网撰文《长江大学应用在线开放课程跨越"知识沟"》，把长江大学作为在线开放课程"在不同高校不同方式运用"中的"地方高校经验"加以推广。2016 年 12 月，《中国教育报》刊登本项目负责人谢红星校长的理论文章《让教育的阳光均匀地播洒到每个学生心上——长江大学运用在线开放课程跨越"知识沟"的思考与实践》，向业界推广长江大学在线开放课程经验，光明网、搜狐网等多家网站转载该文。2016 年 9 月，《中国远程教育·在线学习》杂志发文《长江大学：MOOC 成教改抓手　推广从新生抓起》，对长江大学在线开放课程进行全面报道。2015 年 1 月，《中国教育报》刊文《长江大学开设财经素养课　将校园贷"打回原形"》，报道长江大学开设财经素养类视频公开课的经验。2016 年 11 月，学校被评为全国地方高校优课联盟突出贡献单位。因为形成了改革创新经验，长江大学多次被教育部门邀请作典型发言。2014 年 2 月，在线开放课程主讲教师徐文武教授在央视纪录片《楚国八百年》中对楚国历史的相关问题进行讲解，广受好评。

（作者：谢红星　长江大学校长、教授）

品读唐诗宋词，享受翻转课堂

——"好大学在线"《唐诗宋词人文解读》应用模式的研究与实践

　　人类社会的发展迅猛向前，现代文化给我们带来了诸多生活的便利，当我们为了物质而积极奔走时，我们的心灵将安放在何处？诗词在这个时代显得不合时宜，变成了一种可有可无的奢侈品，但是，人存在于世间，不仅仅是为了生存，而且应该享受更好的生活，包括精神的安放。

　　在异彩纷呈的中国传统文化中，唐诗宋词一直是其中绚丽多姿的瑰宝，在诗词中，我们享受"独坐敬亭山"的孤独，也向往"驱车登古原"的自由，与友人分别，我们诚心祝愿"天下谁人不识君"，在忧愁的时候，我们也会安慰自己，"小舟从此逝，江海寄余生"。古典诗词，为现代生活增添了一抹亮色，温暖了彼此的心灵。

　　作为一所以学科门类齐全，且以理工科为优势的综合性大学，坐落在古城之畔、长江之滨的长江大学，致力于培养具有多方面能力的复合型人才，其中人文素养必不可少，这也是本校所有人文学科教师一直致力的事业。然而，由于师资力量、课程安排等各方面原因，本校的人文类公共选修课数量一直不足，数量庞大的理工科学生急需优质人文类课程熏陶心灵，提升品格，尤其是距离荆州本部两百多公里的武汉校区，与石油相关学科的5000多名学生对于人文类课程的需求更是极为迫切。如何突破这个困境，本校教务部门与人文学科的教师不约而同地将目光投向了新兴的在线开放课程。

一　人生到处知相似

——与《唐诗宋词人文解读》的结缘

恰逢 2014 年 11 月，长江大学与上海交通大学"好大学在线"签订合作协议，开始从该平台引入优质在线开放课程，《唐诗宋词人文解读》就是其中之一（见图1）。该门课程的主讲教师为上海交通大学李康化教授，该课程在"好大学在线"上线之前就已声誉卓著，在上海高校中颇有影响，每年都有数千学生修习该门课程。

图1　《唐诗宋词人文解读》课程页面

该课程形式新颖，共分为八讲，每一讲以一句古诗作为题目，每一讲分为 9—12 节，每一节 15—20 分钟，符合线上学习的规律。从内容来看，该门课内容丰富，故事性很强，讲述了唐诗宋词中比较经典的诗词，以及诗词背后的文化意义，深入浅出，以诗论人，以人论诗，由史言诗，借诗读史，把历史的情怀与个人的际遇融会在诗词之中，讲述特定历史情境下的诗人，阐释独特诗人怀抱中的历史，是一门比较优秀的课程，特别适合长江大学非中文专业学生修习，能够有效地提升长江大学学生的人文素养，增强学生对于古典诗词、古代文化的认知。同时，也能够缓解武汉校区人文类通识选修课缺乏的问题。

经教务处同意，文学院古代文学课程组从 2015 年春季学期开始承担《唐诗宋词人文解读》的课程教学任务，由李征宇、李根亮、刘砚群、杨名等教师负责线下教学。针对长江大学校区一主两副的情况，分为三个校区分别进行教学，其中，东校区由刘砚群老师负责，西校区由李征宇老师负责，武汉校区由李根亮老师负责，李征宇负责整个课程的组织和管理。三位老师对于唐诗宋词等古代文学作品均有比较深刻的理解，且从事古代文学教学多年，经验丰富，也热衷于教学改革。团队建立之后，成员经过反复沟通，形成了比较成熟的教学模式，在校内外均获得了较好的反响。

据统计，从 2015 年春季学期开始到 2017 年秋季学期，《唐诗宋词人文解读》在本校开设 6 个学期，选课人数为 1750 人，其中，完成线上学习的人数为 1543 人，完成率为 88.17%；完成线下考试的人数为 1348 人，完成率为 77.02%；成绩及格人数 1249 人，及格率为 71.37%；成绩达到 80 分以上的人数为 754 人，占全部及格率为 60.36%。在长江大学引入的所有在线开放课程中，本门课程的选课人数和完成率都处于比较稳定的状态，受到了学生的好评。

二 而今迈步从头越
——教与学的重构

自 2013 年以来，以慕课为代表的在线开放课程不断冲击我国原有的教育格局，教育理念、方法、手段等不断更新，高等教育领域更是首当其冲。对于在线开放课程，不同人秉持不同的观点，赞成者认为，它是教育改革的有效抓手，能够极大地改变甚至颠覆我国原有的教育模式；反对者则认为，这只是人类教育史上一次平常的波澜而已，经不起时间的检验，课堂终究还是要回归到传统的讲授状态。毋庸置疑，大浪淘沙，慕课等在线开放课程来袭，已经对我国的教育格局产生了深刻影响，特别是当下互联网的影响无处不在，搭载着互联网便车的在线开放课程势必将受到越来越多的重视。

　　《唐诗宋词人文解读》（见图 2）作为学校第一批引入的名校优质在线开放课程，承载着为长江大学应用在线开放课程试水的重任。为了更好地了解该课程的基本情况，在认真学习该门课程的基础上，本团队成员李征宇、杨名于 2014 年 11 月赴上海交通大学参加"好大学在线"召开的研讨会，了解慕课等在线开放课程制作、运行、授课的基本要求，聆听该门课程的主讲教师李康化教授所做的主题报告，深入了解该门课程背后的许多故事，并与李康化教授的许多理念产生了共鸣。2015 年春季学期，开始正式投入到该门课程的应用中，在这种新的课程形式面前，我们与学生都处于摸索的状态，教学永远是一门有遗憾的艺术，我们在遗憾中不断总结、不断前行，与学生一起完成了整个应用的试验。对于学生而言，是学习模式的重构；对于老师而言，则是教学模式的重构，最终取得了不错的效果。

图 2　李康化教授所作报告封面

（一）学习模式重构

　　在线课程的核心理念之一是自主学习，学生通过在网上观看视频、自主完成课程作业、参与课内讨论、参加线下考试等形式完成课程的学习，当在线课程的学习与获取学分联系起来后，诸多问题就开始浮现，如学习过程中产生问题、老师无法及时解答、若干技术问题急需解决，学生与学生之间缺乏沟通和协助、学生与老师之间缺乏沟通的渠道，最关键的问题在于学生的自主性缺乏检验和监督。

这是在线开放课程首先面临的问题，尤其是本校将《唐诗宋词人文解读》作为学分课程，必须保证学生的有效学习。学生在此过程中需要重新树立新的学习模式，在线上自主观看视频、完成作业、参与讨论等。就《唐诗宋词人文解读》而言，它作为长江大学一门通识选修课，占 1.5 学分，总共分为 8 讲，89 小节，其中线上学习的时间为 13 周，每周需要 4 个小时，课程内容是依次投放，每周均有作业，而且作业的提交有时间限制，过期无法提交，部分作业比如主观题，还需要进行互评，每位学生至少需要评点 3—6 位其他同学的作业，评点也有时间限制。同时，该课程还要求学生必须参加线上的讨论，以上的所有环节最终都会在成绩上体现出来。面对这种情况，学生必须扭转以往公选课中混时间、混学分的观念，全身心地投入到线上学习过程中。

首先，自主学习能力增强。为了完成该门课程的学习，学生必须随时关注网上的通知，并按时完成视频学习，完成线上作业，同时还要进行作业的互评和参与讨论，否则将直接影响最终成绩。通过一系列过程，无形中增强了学生的自主学习能力。

就《唐诗宋词人文解读》而言，由于该课程讲授的是有关诗词的内容，结合历代的时代背景、作家生平、文学发展情况等，要求学生必须对相关信息有一定程度的掌握，特别是某些线上作业，具有极强的延展性，比如第六周主观论述题"隐逸文化不仅成为中国文化中不可缺少的重要组成部分，同时还产生了无数的隐逸作品。隐逸文化涉及了有关隐逸题材的诗词、书画、戏曲、建筑，尽管形式不同，但从其中反映的作者隐逸思想却是殊途同归。请列举一位隐者的文学作品，并配上一幅图画，介绍一下你心目中这位隐者的生活状态应该是什么样的，并描述这位隐者的内心世界。"要求学生首先了解隐逸文化的基本内涵，其次能够查找相关的文艺作品，同时还要求学生能够配图，并想象隐逸者的生活状态，以及描述他的内心世界。如果学生不能非常深入地钻研相关领域，就无法做出有质量的答案。

其次，学习形式多样化。在线开放课程由于大部分学习均在网上完成，学生可以采用多样化的学习形式，学习的场所和时间由自己掌握，还可以根据自己的学习情况自主安排学习进度，对于某些小节可以进行反复学习，直到巩固为止。以《唐诗宋词人文解读》为例，总共 13 周，每周 4 小时的学习时间，学生如果对某些章节感兴趣，可以进行反复学习，并且可以通过论坛与助教甚至主讲教师本人取得联系，咨询相关问题。

（二）教学模式重构

由于《唐诗宋词人文解读》以线上学习为主，这就改变了以往传统课程以讲授为主的教学方式，主要的学习内容由线上课程提供，教师由以往的主讲者变成了学生学习过程中的参与者和讨论的组织者。教师不再是教学过程中唯一的主导者，而是与学生共同学习来完成整个教学过程。对于以往的教学模式而言，这是一次颠覆，但教师的作用并没有丧失，学生在学习过程中遇到的各种问题，仍需要教师进行解答，课堂的在场学习时间虽然减少，但仪式感并不能降低；相反，要求教师提升自己的知识素养，能够应对学生的各种问题，同时提升组织课堂的能力，将原本的一言堂改造成为翻转课堂。

首先，丰富课堂组织模式。为了既保证在线学习的特点，又保证学生的学习质量，《唐诗宋词人文解读》采取以学生在线自主学习为主的翻转课堂模式，线下翻转课学时占课程总学时的 30%。本门课程共有 30 学时，其中学生以在线自主学习为主，线上学习时间约占 20 个学时，线下翻转课程约占 10 个学时，共 5 次翻转。至于翻转的形式，每个校区的教师可以根据自己对于课程本身以及在线开放课程的理解，采用不同的形式，比如李征宇采用学生主题汇报的形式（见图 3），而刘砚群则采用学生情景剧的形式（见图 4），课堂的组织形式多元化，但核心是统一的，那就是最大限度地保证学生的参与度，将课堂交给学生。

图 3　学生主题汇报　　　　　　　　图 4　学生情景剧

其次，重视过程考核。在传统的公选课中，大部分课程采用上交课程作业的方式评判成绩，造成了学生忽视课程、出勤率不高、课程参与度偏低的现象，人文类课程由于偏于理论讲授，这种现象尤为严重。为了改变这种情况，针对《唐诗宋词人文解读》的情况，结合教务处对于在线开放课程学分认定与成绩评定方式的意见，在"532"模式的基础上［课程总成绩由"线上成绩（50%）、线下考试（30%）和线下汇报或翻转（20%）（包括考勤）"构成，其中线下辅导表现优异者可另增加最多10%］，加强线上汇报或翻转的参与度。每学期根据选课情况，将学生分为若干小组，每个小组领取不同的任务，或是进行主题汇报，或是情景剧演绎，但小组成员必须全部参与，而且要在成果中体现出小组成员的贡献（见图5）。

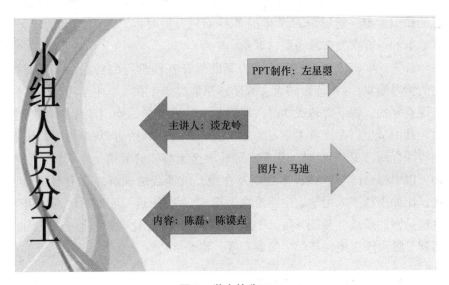

图5 学生的分工

（三）团队分组

一般以5—8名同学为一组，相互协作完成所规定的汇报和讨论内容，内容可以包括但并不限于以上内容。

每个小组要在项目报告中标明每个人在总体工作中的贡献。

研究内容的多少会影响到每个小组的最终成绩，鼓励学生自己选取感兴趣的课程内容进行创新设计和深入研究。

三 绝知此事要躬行

——翻转课堂的实践

《唐诗宋词人文解读》采取"翻转课堂"教学模式，即线上学习与线下辅导相结合，一方面是本着对学生负责、对教学负责的态度；另一方面也是希望教师通过这种形式，提升对于现代教学理念的认知，促进教学手段的更新。本课程的三位老师每学期都要对学生进行课堂翻转，严格履行课程导学、网上答疑、组织学生线下讨论、作业布置与批改、组织考试、考前辅导及成绩录入等具体职责。其中，线下辅导以线下答疑和翻转课程为主，频率约占整个在线课程课时量的30%，大体为每隔一周辅导教师即组织一次辅导。通过辅导，学生的学习过程得到监督，学习积极性得到保证。据统计，在每次线下辅导的前两天，线上学习的数量都有大幅度提升。同时，教师与学生之间的沟通得到了保障，学生关于课程内容的疑问得到了及时解答，整个教学过程比较完备。从2015—2017年，3名辅导教师共进行了90次线下辅导，总计180课时，所有选课学生都参与了翻转。

（一）以文学为本，精心设定翻转主题

《唐诗宋词人文解读》作为一门人文类的通识选修课，课程内容具有浓郁的文学性，在课程中，李康化教授带领学生穿越千年，在唐诗宋词所营造的美好世界中不停穿梭，讲述诗词背后的历史故事，体会诗词给当代人带来的精神洗礼，力争冲破现代生活浮躁的迷雾，为学生的心灵带来冲击。同时，修习本课程的学生或多或少都具有一定的文学素养，或者对于古典文学比较爱好。基于此，在设定主题时，我们以文学为本位，紧紧围绕人文素养展开，根据课程内容以及学生的需求，设定若干主题。比如"阅读、理解、分析某一首或几首唐诗宋词，陈述感受"，作为当代大学生，学生从小便开始学习唐诗宋词，每个人都有自己的一些看法。通过学习本课程，对唐诗宋词的人文性有了更加充分的认识，对于唐诗宋词背后的历史故事有了一定的了解，结合查阅资料，学生基本上均能够围绕该主题进行一定程度的发挥。既督促学生认真学习课程内容，也锻炼了学生深入思考的能力。

图 6　学生制作的 PPT 封面

（二）以互动为本，翻转形式多样

唐诗宋词虽然是我们耳熟能详的文学经典，但毕竟是距离现代社会将近千年的产物，如何让这些古典诗词真正走进学生心中，并与当代大学生产生共鸣，这确实是值得思考的问题。尤其是处于在线开放课程的背景之下，缺少传统课程的在场仪式感，学生无法充分通过教师的口授领悟文学之美、体会古典之思。针对这个问题，本团队成员在认真研究翻转课堂形式的基础上，创新性地采用情景剧演绎与主题汇报相结合的方式进行课程翻转。

第一类为情景剧演绎，主要是刘砚群老师辅导的东校区班级。刘老师将所有学生分为 20 个人左右的小组，每小组承担一个情景剧的创作和演绎，情景剧的主题围绕中国古典诗词展开，可以采用多种形式，只要是与古典诗词相关的故事都可以纳入进来。学生通过自己考察，选择合适的诗词故事，分工协作、撰写剧本、分配角色、背诵台词、制作背景等。通过这样的形式，全方位地促使学生深入理解并掌握古典诗词的发生的历史背景、古代的风俗习惯、古人的语言表达、心理活动，对于诗词的体认也更加深刻，能够产生强烈的共鸣。同时，学生也能够以此观照现实，加深对于现实生活的理解，提升了他们的人文素养和思想深度。

更重要的是，所有学生都能够参与到翻转中来，整个过程都处于互动状态，团队成员通过情景剧，不同学院、不同专业的学生加深了了解，增进了感情；演绎的学生与观看的学生之间也充分互动，既促进了所有人对于诗词的理解，同时也加强了学生之间的交流；学生与老师之间也得到了互动，教学相长，老师通过观看指导学生的情景剧，对于"95后"学生的心理有一定程度的体会，学生也通过聆听教师的指导，补足了缺陷，加深了对于诗词的认识。这样的方式得到了学生的普遍认可，学生纷纷表示，非常愿意参与这样的情景剧演绎，活跃度很高，收获颇丰。

图 7　学生表演情景剧

第二类为主题汇报，主要是李征宇老师、李根亮老师分别辅导的西校区和武汉校区。这两位老师也是将学生分为 20 个人左右的小组，以小组为单位，每个小组做一个案例，在课外查找、阅读和分析相关的知识内容，总结、整理并撰写报告，做成 PPT，小组代表在课堂上陈述，每组陈述的时间为 10 分钟。最后每个小组上交一份分析报告（Word 文档及

PPT，电子版）。这样的形式建立在学生对于古典诗词有一定理解的基础之上，学生必须通过学习课程内容，同时思考相关的问题，在课后进行文献查找，翻阅大量相关历史资料，在对某个主题具有一定程度的理解之后，才能开始制作 PPT，对内容进行梳理，同时还要求学生分工协作，分别承担不同的任务，最终合作完成汇报的整个过程。这样的形式促进了学生对于古典诗词某个方面的深入理解，同时提升了学生查找文献、搜索资料的能力，提升了他们的自学能力。比如围绕"唐诗宋词等古代文学作品在当下的意义"的主题，首先要求学生对于唐诗宋词的基本内容、主要风格、文学成就具有一定的认识，同时还要求学生对于当代社会人们的精神需求具有一定的了解，需要查询大量相关材料，然后结合自身的认识，才能围绕这个主题形成观点，提出感悟。

图 8　学生制作的 PPT 封面

图9　学生汇报

（三）以理解为本，重在领悟思考

线上学习具有自主性强、自由度高等特点，但学生的学习缺乏监督，学习效果无法得到切实的保障。为了解决这个问题，《唐诗宋词人文解读》这门课程一直坚持高标准、严要求的线下考试，并规定不参加线下考试的学生所有成绩均清零。同时，我们在线上考试的试题上也煞费苦心，在"好大学在线"提供的样卷上进行了大幅度的修改，结合本校学生学习的特点，以及线下翻转的成果，我们重新拟卷，穿插了许多新的内容，重在古典诗词内容的广泛延伸，尤其是论述题。

论述题既来自视频，同时又与古典诗词的其他方面密切相关，比如历史背景、文化形态、古人心理、现代生活等，需要学生既对古典诗词有一定的理解，同时还能够学以致用，直面现实生活，重在理解，深入思考古代文化与当代生活的各种关系。以2016年秋季学期B卷论述题为例，该题紧跟时事，与近两年网络盛行的思归风潮紧密相连，诸多漂泊在外的当代人纷纷抒发对于家乡的怀念与伤感，尤其是某些来自农村的人士，对于农村的凋敝更为感伤，对于沉浸于网络的"95后"而言，该现象势必引发了他们的注意。本题由此出发，要求学生结合对于古典诗词的理解，发表如何看待思归的现象。这样的题目既向学生展示了古典诗词的广阔空间，提醒他们在古典诗词中古人的思想内涵极为丰富，同时也要求他们古为今用，思考相关问题，并得出自己的结论。

四 此中有真意，欲辩已忘言

以慕课为代表的在线开放课程在我国的发展不过短短四五年时间，却已引发了广泛的讨论与争议，作为一种新生事物，我们不妨多一点包容与理解，给予它充分的生长空间。毋庸置疑，慕课、翻转课堂、SPOC等只不过是人类教育发展史上的一环而已，在漫长的历史长河中究竟能够激发多大的水花，尚不可知，但是，在目前我国高等教育改革的背景下，不妨多一点尝试，让在线开放课程这条鲶鱼充分搅动教改的池水，留给所有从教者更多思考的空间。

就《唐诗宋词人文解读》这门课程而言，经过 6 个学期的应用，本团队从对慕课一无所知，发展到对于慕课的各个环节都了如指掌，尤其是翻转课堂的掌控已经发展到比较成熟的状态，建立了完善的课程组织体系，制订了成熟的课程运行方案，为长江大学在线开放课程的发展积累了宝贵的经验。最重要的是，通过引入该门课程，有效地解决了长江大学人文类通识课程不足的问题，1000 多名学生通过修习这门课程，感受到了古典诗词之美，提升了自学能力，在互动与参与中，深入思考诗词给现代人带来的启迪。人文素养的培育非一朝一夕之功，一门课无法承载更多内容，但通过线上与线下的共同努力，我们为培养综合素质强、人文素养高的学生贡献了自己的力量。

（作者：李征宇　长江大学文学院）

"优课在线"《古典文学的城市书写》 课程总结与反思

　　在我们每个人生活的城市中，都有着太多的文学故事和文学经典在代代相传，比如杭州的西湖、南京的乌衣巷、南昌的滕王阁、武汉的黄鹤楼、成都的杜甫草堂、黄冈的赤壁，等等，都因为中国文学史上经典作家的精彩文学书写，为每一座城市留下了非常丰厚的文学遗产和历史记忆。正如工作、生活在苏州城市的杨旭辉老师所说："我非常喜欢徜徉漫步在苏州的大街小巷，并用文学的视野去审视、品味这座城市的历史。在这里，我沉醉于原汁原味的苏州民歌和风土人情，品赏苏州园林的典雅隽永和浓厚的文人意趣，每当我听到寒山寺钟声的时候，脑海中就会浮现出'月落乌啼'的江枫渔火……"

　　本课程通过古典文学的文本阅读、经典赏析，对中国主要历史文化名城的历史文化进行系统深入的讲解，进而深入剖析各城市的文化精神及其传承脉络。其中，既有古典文学对城市自然生态、景观风物、社会风貌、岁时风俗、风土人情的描写，有城市历史中重大事件在诗歌等传统文学样式中的表现以及情感层累积所形成的集体记忆，也有文学艺术活动所形成的城市人文景观与城市人文历史内涵之积淀，还有传统文学书写与城市文化精神的传承关系，是一门集学术性、知识性和趣味性于一炉的课程，也是一门拓展学生视野和人文素养的课程。因此，在现有师资力量、教师专业、课程安排等较为有限的条件下，为了向学生提供更多更优层次的人文素质培养课程，也为了跟进时代发展，引进新的教学理论、教学模式和教学方法，学校教务处和人文学科的教师积极加盟在线开放课程平台，通过"优课在线"引进了该门课程作为长江大学的一门通识教育选修课，供全校学生选择。

一 课程引进和开设基本状况

当今时代，信息技术的飞速发展对高等教育的教学质量提出了迫切要求，并日益成为推动大学教学改革的强大动力，以信息技术与大学教学深度融合为特征的高等教育信息化逐渐受到人们的关注。随着互联网的快速发展和全球开放教育资源运动的展开，"互联网＋教育"这种新兴的教育和学习模式正以一种全新的面目出现在大众面前。"大规模在线开放课程"或称慕课，正是在这种背景下产生的。这些在线课程的大规模出现引起了教学系统的新变化，对大学教学内容、教学方式、教学评估、教学能力带来了革命性的影响，也为转变传统课堂单一的课堂教学形式和单调的个体学习模式带来了机遇。

从 2014 年开始，在学校领导的高度重视下，长江大学教务处便积极着手慕课课程的引进和建设工作，先后与"好大学在线"和"优课联盟"（后更名为"优课在线"）签署加盟协议，再加上之前学校已引进的"超星尔雅通识课程"，先后在这三个中文慕课平台上遴选了 186 门课程作为通识选修课供在校学生选修。《古典文学的城市书写》就是其中之一。

《古典文学的城市书写》由苏州大学杨旭辉老师主讲，该课程在苏州大学教学平台、优课在线、学堂在线、中国大学 MOOC 四大平台上线后颇受欢迎，据统计，四大平台的选课学生人数已经超过 10 万人次。

该课程在学校教学中的定位是全日制高等学校本科学生的通识课程，因而在教学内容的组织和教学方法的运用中，更注重培养学生对古典诗词以及传统文化的兴趣和热爱，针对课程受众的专业背景、知识结构存在较大的差异，因而在教学过程中更加注重体现出"因材施教"的原则。如在教学内容的组织中，更多地体现出开放性和多元化的思维与生活化、立体化教学内容相结合的结构特色。在古典文学和地方文化之间的关联性问题上多做介绍和探讨，让修学本课程的同学觉得诗词、文化其实与自己的日常学习、生活近在咫尺。在网络讨论的平台上也通过发动学生把自己的旅游经验和感悟（包括照片和视频）上传到平台，和大家一起分享，在分享过程中，实现课程理论学习和现实实践、体验的结合等。教学形式新颖丰富，生动有趣，非常适合长江大学非中文专业学生学习。

《古典文学的城市书写》课程自 2015 年春季学期引进长江大学之后，至今已开设六个学期，通过磨合、改进，现在已经构建并形成了较为成熟、稳定的课程教学团队。该门课程由文学院古代文学课程组教师负责线下教学，根据长江大学多校区的特点，线下教学也分为三个校区进行，吴桂美老师负责东校区教学，章芳老师负责西校区教学，李根亮老师负责武汉校区教学，并由吴桂美老师负责课程的统筹协调。三位老师都是古典文学的专业教师，具有丰富的教学经验，也善于接受新的教学理论和教学改革，几个学期的教学均取得了良好效果。迄今为止，《古典文学的城市书写》选课人数已有 1000 多人。

二　教学模式的积极探索和尝试

引进慕课作为全校的通识选修课，无论对学生还是教师来说，都是一个全新的学习和教学体验。

（一）学生学习新模式的尝试

在线课程最大的特点就是开放性、自主性、灵活性、可重复性和个体性，这给了学生一个不同于传统课堂教学的全新的学习体验。经教务处和全校慕课教师的讨论，长江大学慕课课程最终成绩的评定由三部分构成：线上成绩占 50%，线下辅导占 20%，线下考试占 30%。在此比例中，线上学习所占比重是相当大的，这就要求学生在规定的时间内完成视频观看、网上作业、线上测试、课内讨论等环节的学习。这无疑提高了学生自主学习的习惯，如学习时间的安排、高质量作业的完成、讨论的有效参与，等等。

因选修课程学生的专业背景、知识结构存在着较大差异，《古典文学的城市书写》的网络视频以较为浅显的理论阐述和古典文学作品的文本阅读欣赏为基础，对古典文学作品中所蕴含的城市文化历史、城市文化景观、城市文化精神进行详细的讲解，课程选取的诗词、人物、城市都是大家较为熟悉的，因此课程内容接受起来基本没有任何障碍。这就提高了学生的学习兴趣，仿佛每一节课都是一座城市的一次精神之旅，实现了一次高质量的"卧游天下"。

本课程线上学习的作业设计也是非常有趣的，比如，以你家乡的城标谈谈它的来源、传说以及这座城市的历史文化。我们出生并生活在一座城市，但我们往往容易忽略身边的文化、家乡曾经的历史、景观背后的故事等。这个作业让学生以一种全新的视角和眼光，重新去审视自己既熟悉又陌生的城市。又如谈谈自己家乡的节日习俗，希望学生能关注身边的传统文化。这些作业都是将所学知识与现实生活结合起来，真正做到了学以致用，让学生受益颇多。

在线课程有诸多优点的同时，也有着它不可避免的弊端，如学习的碎片化、教学师生的隔离、学习中问题解决的滞后，尤其还有对学生学习自觉性和主动性监督的缺乏等。因此，为了更好地保证学生有效的线上学习，最大限度地消除在线课程的弊端，我们在每学期开课初都会分校区，由辅导教师建立相应的课程QQ学习群。QQ学习群，一方面用于发布学校、慕课平台关于教学的通知要求，另一方面可以及时回答和解决学生在学习过程中出现的技术或专业问题，并在相应的时间点提醒和督促学生完成线上学习。QQ学习群作为建立在师生之间、学生之间交流的一个很好的平台，在一定程度上弥补了在线课程教学中师生之间产生的疏离感。

为了更好地帮助学生适应这种新的学习模式，教务处成立了慕课社团，并从每学期完成在线课程学习的学生中选拔优秀、热心的同学作为课程助教，以他们的学习经验帮助课程新修同学及老师更好地完成教学。从实施效果来看，课程助教大多认真负责、热情活跃，很快就成长为在线课程学习和教学中的得力助手。这一方面保证了慕课教学及相关工作长期有效的进行，另一方面由于学校教务处会给这些助教同学提供相应的慕课知识培训，也为立志于慕课学习、慕课探索的同学提供了一个更广更宽的平台。

（二）教师教学新模式的探索

线上课程由主讲教师和慕课平台负责外，教学团队主要负责线下辅导和线下考试。由过去课堂的主导变成学生学习的助手，对于教师来说，新的教学模式要求教师必须主动学习和接受"互联网＋"背景下的现代教学理论，并逐渐适应角色的转变。

1. 积极参加培训，提高教师素养

为了更好地了解慕课教学模式、"优课在线"平台的建设理念，以及本课程基本情况，更好地促进今后教学，教学团队中的三位教师都非常注重课程相关知识的培训和学习，积极参加学校和校外的各种培训和研讨会，紧跟时代步伐，提高自身教学素养。

2015 年 5 月 23—24 日，吴桂美老师赴深圳大学参加了第四期"全国地方高校 UOOC（优课）联盟教师培训"。此次培训，不仅听取了"中国大学 MOOC 建设实践与思考""MOOC 教学流程与教学设计""教学视频制作流程和规范""课程平台使用和教学设计"的专题讲座，而且还参与了"MOOC 课程展示与点评"、MOOC 教学的经验分享与交流，以及演播室的试镜体验等。

2016 年 5 月，吴桂美老师参加了由湖北省教育厅主办、湖北大学承办的"'翻转课堂'与高等学校教学改革论坛"，收获颇多。

2017 年 9 月 22—23 日，章芳老师也和文学院其他慕课教师去深圳大学参加了一期"全国地方高校 UOOC（优课）联盟 MOOC 教师教学研讨会"。研讨会上，来自深圳大学、宁波大学的老师做了"UOOC 联盟建设与发展""UOOC 课程平台教师端操作及答疑""UOOC 联盟教务管理及答疑""做在线课程，品阳光慕课""WECO 课堂微信小程序在 MOOC 教学中的应用"等专题报告，章芳老师也参加了现场的讨论互动。

图 1　章芳老师在深圳大学参加慕课研讨会

此类培训和研讨会，不仅有助于团队教师紧跟时代需求，主动学习现代教学理论、新的教学方式，使课堂教学成为一个多元化的教学模式，而且让教师全面了解了在线课程的特点、功能、局限等特点，学会合理、正确地使用在线课程，丰富了教学方法和教学内容。另外，通过对线上课程的学习，让教师在传统课堂教学中，对在线课程和传统课堂的关系等问题进行积极思考，以此提高教学质量，让团队教师有了更多的信心去进行教学改革尝试。

2. 精心设计主题，丰富翻转课堂

线上课程教学由学生在网络上完成，这主要由平台负责提供课程及教学管理。长江大学教学团队的主要教学任务就是课程线下辅导，也就是大家常说的翻转课堂。翻转课堂最大的特点就是教师不再占用课堂时间来讲授或传递信息，而是将学习的决定权交给学生。学生在课前自主完成学习后，翻转课堂主要用于答疑、交流、讨论及巩固。为了让翻转课堂达到真正的目的，我们精心设计主题，采取多种形式进行课堂翻转教学。

首先，寻找翻转课堂最佳设定时间。开学初，线上课程开始，为了给学生一个缓冲、了解、适应的阶段，我们一般从第四周开始第一次翻转课堂。第一次翻转课堂主要承担课程导学的任务，包括给学生介绍慕课相关知识、《古典文学城市书写》课程概况、学习方法、线下辅导内容及要求、课程最终成绩评定等。我们也会邀请课程助教与新修学生交流学习经验。接下来，会给学生一个月的时间逐渐进入网上课堂学习，从第八周开始余下的几次翻转课堂。这样的时间安排，学生会更从容地了解所修课程，有了网上课程的知识，也保证了后面翻转课堂的良好效果。我们每学期每个校区都有五次翻转课堂，既保证了师生之间的良好沟通，又保证了专业知识的深入交流。

其次，精心设计翻转主题，让学生学以致用。《古典文学的城市书写》课程通俗易懂，学生在学习过程中不会产生太多的疑惑。那么，翻转课堂要以什么样的形式进行呢？在杨旭辉老师的带领下，我们对古典文学的城市书写有了整体的认识和把握，那么我们是否可以用所学的知识去感受其他的城市呢？因为每一座城市都有它特定的历史记忆和文化遗产，都可能有着许多的文学故事和文学经典在流传。因此，课程团队经过商量决定要以主题汇报的形式开展翻转课堂。汇报主题围绕家乡和荆州进行，学生可以根据自己的兴趣选择其一。

我们将选课学生分成4—5人为一组的若干小组，以小组为单位，每组围绕自行确定的主题，在课外查找、分析相关资料，经过总结整理，最后做成PPT，进行汇报展示。其中，要求小组成员团结一致，分工协作，共同完成这一任务。汇报后有同学互评、教师点评及问题交流。教师根据汇报、PPT、线下辅导出勤等综合评定出线下辅导成绩。

五、线下作业：

1. 以荆州为对象，谈谈古典文学对荆州这个城市的书写，以及书写背后的故事、影响等。（某个人，某个朝代，某部作品，某个景观，某个文化现象等）

2. 以自己的家乡为对象，谈谈古典文学对其的书写。

3. 要求：分组，作出PPT，并标出组员在作业中的分工情况。

图2　教师线下辅导 PPT 关于汇报主题的说明

这种形式的翻转课堂有着诸多好处，比如：能够让学生将线上学习的内容运用到一个城市的具体分析中，达到了学以致用的目的；主题的丰富性给了学生更多的自主选择；培养了学生查找资料、分析问题、团队合作、自觉学习等各方面的能力；也让学生更好地了解了自己的家乡和荆楚文化，拓宽了学生的视野。

从翻转课堂的实践整体来看，本课程的线下辅导取得了较好的效果，无论是教师还是学生都从中获益颇多。

3. 线下考试改革，重在感悟理解

相对于传统课堂的公选课来说，慕课的学习程序较多，考核也较难通过。它既有网上课程的视频观看、阶段作业、线上考试、讨论发帖要求，还有线下辅导和线下考试。前三个学期的线下考试试题不仅有文学常识选择题，还有诗词赏析、文学评论等论述题，虽然为开卷考试，但

图3 学生做主题汇报及学生制作的 PPT 封面

是题量偏大，难度较高。鉴于学习的最终目的不是考试，而是知识的获取和运用，因此，后来我们对线下考试的形式进行了调整。去掉已经在线上考试考核过的文学常识选择题，而保留开放性的论述题。要求学生根据所学知识，以及线下辅导的 PPT 作业，对与城市书写有关的古典文学作品进行赏析，或者结合现实、亲身经历，阐述理解某段城市书写的话语。这种考核题目和形式，不仅可以考查学生对所学知识的灵活运用，也可以让学生重在理解和感悟，达到学以致用的目的。

4. 游览人文景观，感悟城市文化

"真正了解一个城市不是看那些繁复的宣传，而是在文学历史上感受它的氛围，然后去城市的每个角落找寻这种氛围并体会历史的沉淀与变化"。书本上的知识毕竟是空中楼阁，要想真正了解一个城市的历史，还必须走进城市，慢慢地去亲历、去体会。因此，吴桂美老师在本学期翻转课堂结束后，为了让学生真正理解荆楚文化，便带领部分同学一起游览了张居正故居，以期真正走进这位荆州历史文化名人的世界。在导游的讲解下，大家对张居正的生平经历、为政主张、宦海沉浮、人生功过、荆楚影响等有了详细了解。尤其张居正故居里的 300 多帧书法名作碑刻，让学生更多地了解了历史文人对荆楚大地的吟咏。从线上的理论学习，到线下翻转课堂的知识运用，再到现实城市的亲身探寻，学生对"古典文学的城市书写"便有了直观的认识，这是一种非常有趣且有效的教学方式。

5. 设计调查问卷，注重课程反馈

《古典文学的城市书写》在长江大学已经开课六个学期，教学团队的三位老师经过慢慢摸索、不断尝试，逐渐形成了自己的教学风格和教学形式。为了今后更好地开展慕课教学，吴桂美老师在2017年秋季学期课程结束时设计了一份调查问卷，以期了解学生对慕课及《古典文学的城市书写》课程的意见和建议。调查问卷为开放性问题。

从回收的问卷来看，大多数学生对慕课这种新的教学模式还是持肯定和接受态度的。他们选修慕课最主要的原因在于学习时间的自由、视频的可重复性、内容的精练有趣等，认为在现代网络信息技术发达的背景下，高校引进慕课非常有必要，因为它的最大意义在于突破了时间、空间的限制，实现了优质教学资源的共享。此外，这也是与时俱进的一种新的教学理论，学校应该让学生有所了解和尝试。选修了这门慕课的同学，大多数虽然也知晓慕课学习的弊端，但是，大多数同学若在传统教学和慕课学习的同样课程中做选择的话，仍然会偏向于慕课学习。

但从问卷中我们也发现了学生在学习中存在的一些问题，最主要的是网上学习，除视频观看、线上作业、线上考试必要项目外，网上的讨论、提问、发帖等活动参与度非常低。因而大多数学生是非常支持和肯定翻转课堂的，因为翻转课堂给他们提供了一些讨论、交流的平台和机会，在一定程度上弥补了网上学习的不足。另外，我们还发现，学生在选修这门慕课前，虽然知道这门课是慕课形式，但是，对学习的程序、要求，并不太清楚，所以，建议学校在选课前，应该对慕课课程做出清楚、明确的解释和说明。

总体来看，经过三年的实践，学校的慕课已经得到了同学们的认可，并且成为越来越多同学在课程选修上的选择。老师要做的就是正确的引导，提高线上参考度以及精心组织线下辅导等。

三 反思与总结

2008 年诞生的慕课如今已经成为席卷全球的教育热潮，长江大学自 2014 年引进慕课以来，《古典文学的城市书写》也已开设三年，经过师生的共同努力，从陌生好奇到熟练使用，该课程教学已经走入了常态。

慕课教学最大的意义在于它对现在的教育提供了一些新的思考，为现在的教学改革进行了一些大胆的尝试，在"互联网＋"的背景下，慕课确实代表了一种未来教育发展的方向，也为教师的传统课堂教学提供了一些新的方法。但是，任何事物都不是完美的，慕课在突飞猛进的同时，也带来了一些讨论和争议。如课程内容的更新、翻转课堂意义的最大实现、师生交流的有效进行、学生学习的监管和督促等。

作为线下辅导的教学团队教师，面临的最大问题可能在于翻转课堂的实施。如何丰富翻转课堂形式、吸引学生兴趣、调动学生主动性、发挥学生能力、建构小组团队、让学生真正学有所获，是每一位教师都要去积极思考的问题。此外，如吴桂美老师从线上到线下，再到现实生活参观走访的教学形式，本来是教师在教学上的一种有益尝试，但如果只依靠教师个人的热情和自费的形式，也不会是长久之计。如若有教务处的政策支持，我们相信，会激励教师在教学中创造出更多、更丰富的教学方法。

最后用一句话作为本文的总结：任重而道远，且行且努力。

（作者：吴桂美 长江大学文学院）

基于"雨课堂"的《大学物理》
混合式教学模式研究

  《大学物理》作为高等学校理工科各专业学生的必修基础课程,能够增强学生分析、解决问题的能力,培养探索和创新精神,做好该课程的建设具有重要意义。近几年来,国内很多高校已经对该课程实施混合式教学的改革,效果显著[1][2],但普遍存在如下问题:

  第一,混合式教学线上学习环节中,基于视频预习的效果欠佳。已有基于视频学习的研究表明,观看视频本身并不能带来良好的学习效果[3],且在对长江大学《大学物理》课程学习者的调查中发现,仅27%的学生观看了九成左右的视频,22%的学生看的视频量少于一半;仅10%的学生会经常重复看视频,表明学生对视频的利用率不高。对部分学生访谈了解到,视频难以准确定位学生想学习的内容、学校网络条件有限、没有充足时间观看视频等原因都影响了视频学习的效果。

  第二,学生人数过多,课堂互动难以开展。《大学物理》这类理工专业的基础课程,班级人数较多,百人以上的课堂屡见不鲜,教师难以管理学生并有效地开展课堂教学活动,经常造成"前排同学听讲,后排同学睡觉"等现象。

  第三,网络化教学使学生学习自由度过大,学习目标不明确,教师难以监督管理。混合式教学中,很大一部分知识与概念,需要学生线上自学获取,这种网络教学的实施过程中,教师监控难度大,主导作用难

---

  ① 于淑云、刘建强:《基于SPOC的翻转课堂教学模式在大学物理教学中的应用》,《物理与工程》2016年第S1期。

  ② 张睿、王祖源、徐小凤:《SPOC模式大学物理混合型教学的学习效果研究》,《大学物理》2016年第8期。

  ③ 张萍、Ding Lin、张文硕:《翻转课堂的理念、演变与有效性研究》,《教育学报》2017年第1期。

以发挥，学生学习自由度过大，难以把握学习重点，容易偏离教学目标。

一　雨课堂简介

雨课堂由清华大学研制、学堂在线平台推出，能够将"课前—课上—课后"联系起来，教师可以创建、管理班级，制作PPT课件，搭配录音、视频，推送学习资料；学生可以在微信上预习、答题，上传作业，弹幕互动（见图1），且上述功能的实现，只基于教师和学生最熟悉的Power Point软件和手机微信。通过雨课堂，教师能够看到所有学生的预习、听课以及答题情况，学生也能通过雨课堂与教师私信沟通，一对一交流。

图1　雨课堂实现的功能及电脑和手机界面

二　基于雨课堂的《大学物理》混合式教学模式

基于雨课堂并结合《大学物理》课程特点的混合式教学模式，划分为课前预习、课堂教学和课后反馈三个部分。具体形式如图2所示。

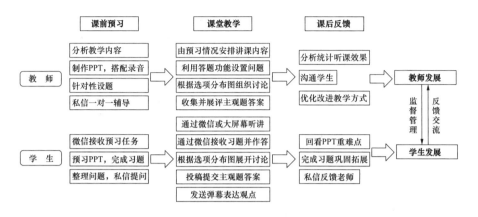

图 2　基于雨课堂的《大学物理》混合式教学模式

（一）课前预习

已有混合式教学的研究中①②，知识的讲解、概念的引入主要是在课前的网络视频中完成的，学生在观看视频过程中没有明确的目标和任务引导；且《大学物理》课程具有公式多、推导多、难记忆等特点，难以激发学生的学习兴趣和主动性；为解决此问题，可通过雨课堂向学生推送引导性和驱动型较强的预习素材来代替视频预习。

雨课堂成功安装后，与教师的 Power Point 软件是融合在一起的，因此 PPT 中具备的功能几乎都能通过雨课堂呈现。在课前，教师根据教材内容制作预习 PPT，并通过雨课堂将每一页搭配适当讲解录音，以帮助学生更深入地理解。在 PPT 中，针对学生的易错点，设置若干诊断性测试题，测试题包括客观题和主观题，客观题主要用于对学生概念进行诊断，主观题主要用于对学生思维方式和扩展性内容进行诊断。教师在准备预习课件时，更容易结合教学内容和学生的具体情况，进行动态调整，使预习更加具有针对性和可操作性。

相较于学生观看视频时，通过快进、倒退的方式实现知识的重复学习和巩固；通过上下翻动 PPT 来控制预习节奏，更容易根据自身的学习情况，快速定位到重点学习内容，且有了测试题的引导，预习目标明确

---

① 张其亮、王爱春：《基于翻转课堂的新型混合式教学模式研究》，《中国电化教育》2014年第 4 期。

② 田爱丽、吴志宏：《翻转课堂的特征及其有效实施》，《中国教育学刊》2014 年第 8 期。

具体，预习过程中出现的问题，也可通过雨课堂私信提问教师，进行"一对一"沟通；预习期间，学生是否看 PPT、看了多少页 PPT、预习题作答情况以及多少人完成预习等具体数据，均能通过雨课堂反馈至教师手机端，这种预习方式，既保证了学生预习的自由度，又加强了教师对预习状况的监督管理。

（二）课堂教学

良好的教学效果依赖于学生积极的听课状态以及课堂活动的有效组织。然而，面对人数众多的《大学物理》课堂，教师难以顾及每个同学，究竟有多少学生真正参与到课堂活动中，也难以得知。雨课堂为教师和学生提供了一个有序的、可操作的互动平台。

学生通过雨课堂在课前自主完成预习，教师根据雨课堂接收的预习数据，动态调整教学重难点和教学策略，结合雨课堂的答题功能，开展有效的课堂活动。下面是一个具体的例子（见图 3）。

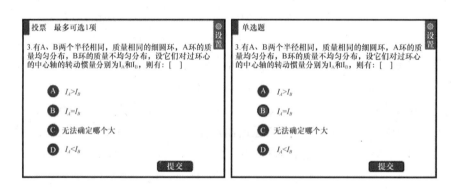

图 3　教师使用的投票题和单选题界面

如图 4 所示，将重点概念通过雨课堂设题（投票）显示在大屏幕上，学生通过雨课堂投票，这个过程要求学生自主作答。投票结束后，教师将投票结果分布图（不显示正确答案）发送至大屏幕，学生根据投票分布图分小组讨论。讨论结束后，将相同的题目以"选择题"形式限时给出，学生再次作答，之后将选项分布图（显示正确答案）呈现至大屏幕，通过反思自己和别人的观点，这道题在讨论后的正确率从 55%提升到 91%。

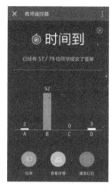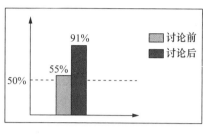

图4　学生的投票结果

教师不仅可以获得各项选项的百分比，还可以清楚地知道每个学生所选选项的情况，因此，可以根据这一反馈来组织课堂活动，例如，每个选项找一个代表性同学上台来展示自己的推演过程（见图5），很多学生在演算过程中都会进行自我反思和自我更正。

图5　教师根据学生的投票情况组织活动

对于需要学生发表自己观点的主观题，学生可以将自己的答案直接输入手机，通过雨课堂"投稿"功能发送给教师，也可以写在纸上，拍照上传给教师，教师可以在短时间内获取所有学生的答案，并选择具有代表性的呈现在大屏幕上。此时，学生可以通过"弹幕"功能对同学的观点发表自己的看法。

上述活动形式的开展，能使学生在讨论过程中"有话可说"，与他人观点相冲突时，能够积极地思考和讨论，准确地辨别相关概念，培养合作的习惯。基于雨课堂开展的课堂活动，既能够让全体学生参与，又能保证正常的课堂秩序，取得良好的教学效果。

（三）课后反馈

不论是预习材料的精心设计，还是课堂活动的组织，其目标都在于学生能够充分利用这些学习资源达到理想的学习效果。雨课堂弥补了教学管理过程中监管的困难和数据的缺失，除了预习阶段数据的反馈，每节课下课后，教师还会接收到所有同学听课、答题等各个环节的具体数据，把握每个同学的听课状况，这些数据直观地反映了学生的学习情况，为教师后续课堂的管理和课程的设计提供了定量化依据。

三 基于雨课堂的《大学物理》混合式教学模式实施效果

自 2016 年开始，将雨课堂引入混合式教学中，在两个班级（118 人）的《大学物理》课程中进行实践。为了更好地了解该模式的效果以及学生的接受情况，在一学期后，围绕以下几个方面对授课学生做了问卷调查：（1）喜欢采用雨课堂的学习方式；（2）锻炼了自主学习能力；（3）促进对物理概念的理解；（4）提高了学习《大学物理》的兴趣；（5）有助于师生交流。

评价等级分三类：A 代表同意，B 代表不确定，C 代表不同意。调查结果如表 1 所示。

表1　　　　　　　　　　使用雨课堂学习效果调查

评价内容	评价结果（%）		
	A	B	C
喜欢采用雨课堂的学习方式	86.30	8.22	5.48
锻炼了自主学习能力	78.38	13.51	8.11
促进对物理概念的理解	82.16	11.08	6.76
提高对《大学物理》的学习兴趣	91.89	4.06	4.05
有助于师生交流	82.43	13.51	4.06

调查结果表明，86.30%的学生喜欢采用雨课堂的学习方式，78.38%的学生认为这种模式锻炼了自主学习能力，大多数同学提高了对《大学物理》的学习兴趣，促进了对概念的理解，加强了师生间的交流。

总体而言，该模式有利于提高学生对《大学物理》的学习兴趣，培养其自主学习能力，增强师生互动、生生互动，效果较为明显。

四　结语

基于雨课堂的混合式教学模式，突破教室、学生人数的限制，使学生预习目标更加明确，课堂活动参与度更高；在保证了学习自由度的同时，又加强了教师的监督和管理，给学生带来了全新的学习体验。该模式对教师的教学组织能力，对学生的诊断能力有了更深层次的要求，要充分利用雨课堂的数据收集功能，结合学生的具体特点，尽可能地使预习素材、课堂活动等能够满足不同程度学生的需求，使每个学生都能够参与其中。

参考文献

1. 于淑云、刘建强：《基于 SPOC 的翻转课堂教学模式在大学物理教学中的应用》，《物理与工程》2016 年第 S1 期。
2. 张睿、王祖源、徐小凤：《SPOC 模式大学物理混合型教学的学习效果研究》，《大学物理》2016 年第 8 期。
3. 张萍、Ding Lin、张文硕：《翻转课堂的理念、演变与有效性研究》，《教育学报》2017 年第 1 期。
4. 张其亮、王爱春：《基于翻转课堂的新型混合式教学模式研究》，《中国电化教育》2014 年第 4 期。
5. 田爱丽、吴志宏：《翻转课堂的特征及其有效实施》，《中国教育学刊》2014 年第 8 期。

（作者：张　静　长江大学物理与光电工程学院）

基于云班课的混合式教学研究

——以《计算机网络》为例

"互联网+"行动计划在 2015 年"两会"的政府工作报告中被正式确立为国家战略,从此拉开了利用信息技术和互联网平台创造新的发展生态的序幕。百年大计,教育为本。随后颁布的《国务院关于积极推进"互联网+"行动的指导意见》中明确提出,要通过互联网探索新型教育服务供给方式,推动教育服务模式的变革。在这样的背景下,教育也必须跟上时代的浪潮,向"互联网+"要改革发展的动力和途径。而"+"本身就有混合之意,混合是"+"的实现模式,"互联网+"背景下的混合式教学研究既具有巨大的现实意义,又有重大的理论创新价值。过去五年《新媒体联盟地平线报告》(高等教育版)提到的"加速高等教育技术应用的趋势"中混合式学习设计位居榜首。

一 研究目的、理论依据与意义

信息技术的发展让教育界专家学者对数字化学习(E-Learning)进行了一系列的探索和实践。2000 年 12 月,"美国教育技术白皮书"说:"E-Learning 能很好地实现某些教育目标,但是不能代替传统的课堂教学,不会取代学校教育。"因此,"混合式学习"(Blended Learning)是对单一的数字化学习进行反思后提出的。在"互联网+"背景下,利用互联网思维和现代信息技术(包括移动互联网、云计算、大数据技术等)作为创新要素来实现传统教学方式的变革,相比单一的数字化学习环境,混合式学习具有一些新特点和新的实践模式。

开展基于云班课平台的混合式教学研究,一是有利于加深认识"互联网+"背景下课程教学改革的必然性,提高教学改革的自觉性。二是有利于正确认识"互联网＋"背景下混合式教学的特点、实践模式，为教学改革提供理论和经验借鉴。三是有利于打破传统教学过于单一的课程教学模式，实施多层次、个性化教学。四是有利于"互联网＋"背景下学校管理体制和运行机制的转变，学校过去都是以"教师、教室、教材"为中心，转型发展需要与之适应的新的管理体制和运行机制，包括信息基础设施建设与运行、评价机制和管理机制等，都要进行相应变革。

二　研究的主要内容

（一）"互联网＋"背景下混合式教学基础条件研究

1. 信息基础设施的建设与运营机制

如今进入互联网时代，网络覆盖率越来越高，网络速度越来越快，在大多数高校，混合式学习的信息基础设施已经得到了良好的构建。以长江大学为例，已经建成主干带宽10Gbps和出口带宽13Gbps网络，9300个无线AP覆盖整个校园。信息高速公路已经建好了，还要形成良好的运营机制，保证广大师生教学时"有网用，体验好，资费少"。目前来看，网路的开放和资费是个问题，教学区（教学楼、实验楼、图书馆等）要不要开放无线网络？开放后如何管理和收费？流量资费虽然越来越低，但是，学生在线学习是长期的、大数据量的，流量费用是一个很大的负担，若能提供免费无线网络较理想。

2. 移动教学的入口——BYOD

宽带网络的连通为"互联网＋"课程教学变革打下了坚实的基础，但要实现互联网与课程教学的深度融合，需要每一位教师和学生都通过终端设备接入网络。这些终端设备都由学校来配置是不现实的，也是没有必要的，国际上通行做法——鼓励学生自带设备（BYOD）值得借鉴。著名的《地平线报告》在其2014年基础教育版、2015年基础教育版及2015年高等教育版都提出，学生自带设备（BYOD）进课堂是新兴技术在教育中应用的大趋势。《信息周刊》报道，学生人均有2.7件数字设备。汪丽等在对中国大学生的一项调查研究表明，大学生移动设备普及率在90%以上。笔者在教学中的随机调查也表明，99%的学生都有智能手机，85%的学生同时还配有笔记本电脑。媒体推广公司refuels发布的年度调查报告《院校探索》指出，大学生每天在手机上花费的时间超过3.5小时。可见，使用自带设备进行学习是可行的。

3. 教师的教育技术能力

利用互联网思维和现代信息技术作为创新要素来实现传统教学方式的变革，是对传统教学的颠覆，不是在传统教学的基础上嫁接信息技术，这就要求教师不仅要懂得如何去获取信息、如何去评价和有效利用所需的信息，还要具备信息化教学设计能力，能够根据教学目标要求和内容特性，进行教学资源和过程的设计、开发、利用、管理及评价。比如，对教学内容进行知识点碎片化设计、微视频的设计与制作、翻转课堂或混合式教学活动设计与组织等。

（二）基于蓝墨云班课的混合式教学设计研究

混合式学习的"混合"可以体现在教学理念、教学资源、教学环境、教学方法等方面。结合蓝墨云班课平台架构，本课题从教学资源、教学活动和教学评价三个方面进行混合式教学设计。

1. 教学资源的适用环境设计

教学资源是为教学有效开展提供的各种可利用的条件，主要包括素材、教材、课件、网络资源、拓展资料等，其形式可以多样化，如文字、音频、视频、动画等。蓝墨云班课平台支持 Word、PowerPoint、视频、Flash 等多种类型文件的下载或直接播放。教学资源的适用性设计主要包括：

（1）教材与数字化资源的混合。在目前的高等教育中，教材是教与学最重要的资源，特别是必修课程，每门课都有指定的教材，云班课上发布的数字化资源与教材，既要互补也要呼应，重在提供重点、难点内容的补充资源、学科前沿资讯、深度学习所需的探究资源等。

（2）碎片化资源的系统化。在这个碎片化社会，无论网络资源还是自制资源都倡导知识碎片化。碎片化知识是零散的、不成体系的，不利于学生知识体系建构。通过优化资源目录、规范资源命名、准确标记知识标签等方式体系化平台上的资源。

（3）资源推送策略。首先，资源推送要让学生知道，通过短消息、提示音、提示标记等告知学生。其次，资源推送时机很重要。研究表明，在需要学习支持的时候，推送资源，学生学习的意愿更强，在课程开始前把所有资源一次性发布，容易造成认知负担，产生畏难情绪。

2. 活动的适用情境设计

活动是教学目标实现的基本形式。威廉·霍顿认为，要实现学习目标，一般需要吸收、做和联结三种不同类型的学习活动。一系列活动形成教学流程，流程再造是"互联网＋教学"改革的重要内容。翻转课堂是"互联网＋"对传统教学流程再造的一种典型形式，其基本思路是：将传统的"课内传授知识—课外练习内化"教学结构翻转过来，在课前进行知识的自主学习，课中通过活动实现面对面的深度互动学习。在实践模式上，根据学科特点和知识属性，形成了多种操作流程。在《计算机网络》课程教学中，构建了"课前准备性学习—课中深度学习—课后拓展学习"三段式混合教学。

根据布鲁姆的层级教学目标理论和"互联网＋"时代教学流程再造实践形成了"三层目标、三段教学、三类活动及支持服务"的活动情境设计（见表1）。这一结构正好契合了知识从信息获取、内化训练到迁移提升的完整过程。

表1 　　　　　　　　　　　**活动的适用情境设计**

教学阶段	教学目标	教学活动	云班课活动设计
课前准备性学习	记忆、理解	吸收性活动	微课、PPT、网页资源等观阅
课中深加工学习	应用、分析、综合	做的活动	作业或小组活动、投票、测试
课后拓展性学习	评价、创新	联结活动	头脑风暴、讨论或答疑

3. 教学评价的适用形式设计

根据评价在教学活动中的作用，综合运用诊断性评价、形成性评价和总结性评价。蓝墨云班课平台提供了测试、投票、答疑讨论区、点赞等功能，学习者参与的所有活动都赋予一定的经验值，最终形成学习大数据，这为学习评价提供凭据。

从评价主体上看，云班课平台支持自评、互评和师评。在小组学习和探究式学习中，让学习者参与到评价中来，不仅能激发学习动机，也是一种有效的学习策略。

（三）《计算机网络》混合式教学实践研究

以2016—2017学年第二学期软工（实验班）11401班《计算机网络》课程教学为例，进行混合式教学实践。

1. 优质资源推送，适时满足学生需求

本课程共推送 38 份资源，包括优质的网络课程资源（MOOC）、课堂教学资源、拓展资源、参考文档等。班课上所有资源支持在线观看。

除全课共用性资源外，所有资源遵循"按需推送"原则，根据教学进度和活动安排，在学生学习需要的时候发布，并且每发布一个资源都通过云班课 APP 发送通知，只要打开手机就可以看到这个通知。

2. 优化活动设计，激发学习参与，促进深度学习

（1）组织课堂实时互动，记录课堂表现。课堂上"老师提问，学生回答"是最常见、直接的互动方式，但经常遇到老师提出问题后，"学生不愿意回答""不知道找谁回答""回答了也不能形成记录"等。云班课平台设计了举手、抢答、选人（摇一摇）等选人方式，同时在学生回答问题后，可以评分。

（2）设置讨论区，针对疑难问题进行交流讨论。《计算机网络》课程教学中设置了"畅聊嗨说吧"，学生遇到疑难问题时，可以在讨论区发起求助，教师和同学通过文字、语音和图片的方式进行讨论。对于典型性或普遍性问题，老师可以收录到答疑库，方便后期进行针对性教学。

（3）组织小组研讨，促进深度学习。针对重难点内容，设置综合性题目或项目，进行小组学习，在合作交流中达到深度学习。在学习"计算机网络性能"的知识中，设置了"网络时延"的话题讨论。在学习了"ip 数据报报文格式"后，设置"ip 数据报格式分析"的学习项目，学习结果发布展示到平台，教师和学生进行评论和评分。

3. 基于大数据，注重过程评价，进行精准学情分析

（1）基于云班课的所有学习行为都赋予一定的经验值，并将汇总结果可视化。每个学生都可以看到自己和其他同学的经验值。

（2）平台提供了在线测试及分析功能。每一单元学习完后，设置单元测试（5 题快测）。学生通过手机登录现场测试，提交测试后平台自动评分，并记录测试用时。老师可以查看本次测试的整体情况，及针对每一题、每个学生的测试情况分析。

（3）平台自动生成课程的资源报告、活动报告和学情分析。

资源报告：关于资源类型分布、查阅资源获得经验值报表以及资源查阅时间分布等。本课程推送的主要是文档资源和网页链接资源。由于音视频资源主要是 MOOC 资源，而这些资源是通过网页链接方式直接链

接到 MOOC 平台，无法记录学习情况。统计结果显示，学生集中在上午10：00—12：00 和晚上7：00—9：00 这个时间段查看班课资源。

活动报告：关于课程教学中设计的活动形式及每种活动参与的详细情况。该班课中课堂表现（提问）和测试活动较多，而头脑风暴和讨论答疑组织次数较少。班课上组织的活动，只有"头脑风暴"活动参与度较低（不足60%），讨论答题、测试、签到和作业或小组任务等活动的参与度都比较高（超过60%）。

学情分析：关于经验值的分布、经验值的获得方法及经验值较低同学学情分析等。经验值的分布以成员中最高经验值为基数，超过80%（含）的为优秀，60%（含）—80%的为及格，60%以下的为入门。经验值的获得方法是班课中成员总经验值按获得方式分布情况，班课成员主要通过查看资源（57.89%）和参与活动（23.04%）获得。经验值较低同学学情分析以兰某某同学为例，与优秀学生相比，在测试、查看资源、签到和作业或小组任务方面获得经验值较低，而头脑风暴和讨论答疑方面没有差异。

（四）《计算机网络》混合式教学实践效果

课程结束后，进行了教学效果评价。从学生的知识掌握情况来看，实验班《计算机网络》期末考试平均成绩为85.3分，在全校所有开设该课程的15个班级中名列第二。从评教的情况来看，在学校统一组织的评教中，对该课程的好评率为100%。通过云班课进行课程教学情况的调查来看，几乎所有同学都给予好评，对云班课辅助教学表示接受和赞赏。

三 结语

本文对"互联网+"背景下混合式学习实施应具备的基础条件进行研究，包括：信息基础设施建设与运营机制、移动教学的入口和教师教育技术能力；探究了云班课平台下的混合式教学设计，形成了相关具体策略；以《计算机网络》为例，进行了混合式教学实践，课程教学取得较好效果，为"互联网+"时代长江大学教育教学改革提供借鉴。

由于受优质资源不足和教学运行管理机制限制，本文研究混合式教学的实施并不全面和彻底，只是在原有教学的某些方面，利用云班课平台进行辅助教学，同时，没有进行有效性验证研究。

下一步研究将从利用 MOOC 资源着手，实现在线教学与课堂教学紧密结合，从理念、方法和环境等各方面进行混合。同时，进行对比实验，验证混合式教学的有效性。

（作者：宣成林　长江大学计算机科学学院）

通识教育课程的创新，中外人文精神的盛宴

——长江大学通识教育课程《人文素质教育》慕课化改造与实施

20 世纪 90 年代以来，素质教育逐渐成为国家教育政策的重要内容，体现在高校教育中则是对大学生人文素质教育的日益重视。1998 年，教育部《关于加强大学生文化素质教育的若干意见》中指出："大学生的基本素质包括思想道德素质、文化素质、专业素质和身体心理素质，其中文化素质是基础。我们所进行的加强文化素质教育工作，重点是指人文素质教育，主要是通过对大学生加强文学、历史、哲学、艺术等人文社会科学方面的教育，同时对大学生加强自然科学方面的教育，以提高全体大学生的文化品位、审美情趣、人文修养和科学素质。"因此，对于高等学校，尤其是综合性高校而言，在进行专业基础教育的同时，加强大学生的人文素质教育，是使学生实现知识全面均衡、培养健全人格、塑造积极人生观的重要手段。

长江大学的《人文素质教育》课程授课由文学院承担，历来受到较大的关注。在认真上好每一节的同时，教师也不断地更新教学内容，尝试新的教学方法，在《人文素质教育》课程的建设上取得了一定的成就。但是，随着时代的发展、大学生知识结构的更新，传统的教学方式逐渐地不能满足人文素质课程的教学需要，教学效果与教师的教学目标存在一定的差距。因此，对人文素质课程教学的改革显得极为重要。

一 《人文素质教育》课程慕课化改造的背景及可行性

人文素质教育是一个复杂而内涵丰富的概念，它不仅涉及文学、历

史、文化、哲学的内容，而且与思想道德建设、心理素质培养有密切的关系。《人文素质教育》课主要针对非中文专业的大一学生授课，期望大学生在掌握专业知识之余对中外人文精神有所了解，起到拓展知识面、培养爱国情怀、陶冶情操的作用。

2014 年，长江大学文学院对《人文素质教育》课程的教学情况及教学效果进行了一次较为深入的调查。调查对象包括本院教师及上课的学生，通过访谈、座谈及问卷调查的形式进行。调查结果显示，《人文素质教育》课程得到全校师生的一致认可，但在传统的教学模式下，这门课程也面临着极大的挑战。例如，基于对教育资源最优化的考虑，学校采取大班授课的方式，授课班级人数皆在 100—160 人。这种分专业授课的情况，考虑了学生学习基础、知识结构方面的一致性，但由于教学规模偏大，教师对课堂秩序的监控存在极大的难度，课堂讨论、解难答疑等方面也受到影响。此外，对课程重要性认识不足和教学方式的陈旧，导致教学效果与教学目标尚有差距。相对于专业课程，人文素质课与学生的就业及未来发展方向没有直接联系，学生们对"人文素质""人文教育"的认识尚停留在可有可无、可多可少的水平上。此外，课堂教学内容也存在不统一的情况。在授课的同时，教师尽可能针对学生的专业知识结构设计授课内容，但不同的教师对人文素质教学的认识也有差异，授课的内容也各有侧重，这使课堂的组织存在极大的随意性。最后，统一的量化考核标准的缺乏，使课程的期末考核难以做到公平、公正。《人文素质教育》课的期末成绩以考核的方式给出，不同教师、不同班级的考核方式也不相同，评价方式的多样化，使课程难以达成公平、客观的考核效果。因此，在学院领导的主持之下，教师不断尝试、创新，以期给这门课程注入新鲜的血液。

近年来，"MOOC 风暴"席卷世界高等教育，这种大规模在线开放课程使大量优质课程资源得以共享，现代数字技术也实现了知识传授和知识内化接收的灵活教学模式，网络平台的运用更有利于师生即时、有效地互动交流。上海交通大学在国内率先试水，开发了全自主知识产权的中文慕课平台"好大学在线"，并在 2014 年夏季和秋季学期进行了两轮成功的慕课运行。2015 年 1 月 20—22 日，上海交通大学举行了"好大学在线"春季学期慕课教师研讨会。长江大学文学院李征宇、杨名两位教师赴上海参加会议。2015 年上学期，文学院召开多次讨论会议，大家一致认为，基于慕课教学的优点，结合通识教育课程的特点，根据长江大学实际教学情况，《人文素质教育》课程的慕课化改造具有极大的可行性。

首先，人文素质课的教育目标与慕课发展理念相契合。理性思辨、文化传承、人格塑造、人文精神的培养，是人文素质教育的基本培养目标。因此，《人文素质教育》课程在教学中更侧重思想交流、文化熏陶和诗性感染，而并非以传授具体的定义概念为目的。如果完全依赖实体课堂教学，在有限的课时中，教师仅能分析极少量代表作品，很难挤出时间来让学生展开讨论，更无法实现意境渲染。这使课堂的容量、深度及知识的广度都被弱化。而且，与一般专业课程不同，人文素质课更重视人文氛围的创造和精神情趣的引导，这便使教育初衷和实际教学产生矛盾。传统的课堂教学模式使教与学相对固定，学生在课堂上成了被动的承受者，失去了探索知识的自由。

慕课的发展理念打破了教育资源的不均衡，使学习者在学习过程中享有极大的自由性和广泛的参与性，这种教育理念与《人文素质教育》课所要求的思辨性、自由性是相契合的。慕课平台授课的灵活性使人文素质教育课的学时得到保证。慕课事先将授课过程录制下来，学习者主要通过观看教学视频学习。这一方面，使授课过程更紧凑，课堂效率更高；另一方面，对学习者而言，只要选择适当的时间、场所，具有相应的电子设备，就可以观看视频随时学习，也在极大程度上保证了学习时间。

其次，《人文素质教育》课的知识拓展性与网络课程的教学方式相适合。人文素质教育课的建设，往往是大规模的、持续性的，重在拓展非人文专业学生的知识面，培养其人文精神，这对信息资源的广泛性提出了要求。然而，人文素质课的边缘化使其获得的支持十分有限，而慕课开放共享的教学方式则具有优势。相对而言，这种开放性平台教学使信息传播的成本更低，因此能尽可能满足持续、规范的教学资源建设的需求。慕课平台可以将文学、历史、哲学、艺术等人文内容加以整合，在广泛介绍人文知识的同时，以经典阅读为中心，加深学生对典型作品的印象。同时，慕课借助了声音、图像、画面等多种媒介，提升了课程的趣味性，对课程内容也最大限制地进行了综合、统一。相比较而言，在传统课堂上，学生面对的是教室、教师，即使有多媒体教学方式的参与，也绝不可能如此高效、直观而艺术性地将课程内容呈现出来。因此，《人文素质教育》课的知识拓展性与慕课教学方式的综合性、趣味性、统一性是相适应的。

最后，慕课教学对互动交流的重视与当下提倡的"研究性学习""自主性学习"具有一致性。当今的素质教育对大学教育的发展提出了新的要求。"研究性""自主性"，是大学课程区别于其他学校教育的根本所在。在传统教学模式中，往往是由教师提问、学生思考，或以课堂发言的形式，或以提交论文的形式，完成对知识的巩固。这种方式无法针对每一个学生、每一个知识点进行深入研讨，对研讨结果的评价也主要由教师完成，所谓的研讨往往流于形式。而慕课教学除提供网络视频以及每章节的练习之外，还构建了一个网络互动社区，具有"即时沟通""平等交流"的特征。师生可以针对课程中的某一个问题随时在平台交流，讨论可以由教师主持，也可以由学生发起，参与者也可以随时发表意见。这种教学与研讨模式改变了以往以教师为中心的中心发散式，而形成了"点对点网状模式"。因此，慕课平台使学生的自主性得到提高，得以按照学生自己的意愿获取必要的信息，体现出"自主性学习"的特点。

翻转课堂作为慕课教学的一种形式，与网络课堂相辅相成，具有较高的同一性和互补性。所谓翻转课堂，即运用现代技术实现教学形式的翻转，打破了传统教学中知识传播与知识内化的顺序，而以学生为主体，形成一种师生互动的良好课堂研讨环境。在翻转课堂中，教师仅作为组织者，而学生则成为课堂主体，针对网络视频课程中的某种问题，提出讨论。翻转课堂与网络在线学习相互结合，加强了网络授课中人文知识的深度，调动了学生的积极性，是对"研究性学习""自主性学习"观念的具体实施。

基于细致的分析，慕课教学方式能够有效地弥补传统教学方式的不足，提升人文素质课程的教学效果和影响力。长江大学慕课课程《人文素质教育——中外文化精神十讲》试点和使用过程，进一步说明了慕课与现代教学模式的契合性，也为慕课教学积累了经验，提供了参考。

二 《人文素质教育——中外文化精神十讲》的拍摄与教学实践

在对本校及其他高校《人文素质教育》课程的教学情况进行细致调查，对该课程进行慕课化改造的可行性加以周密分析之后，同时参考国内外知名大学的在线教学模式，2015 年 4 月，长江大学以立项形式批准了第一批慕课课程建设，而文学院的通识教育课程《人文素质教育——中外文化精神十讲》成为第一门获批建设的慕课。本项目由文学院院长许连军教授负责，项目组成员包括李华平、王锡明、王昌凤、杨名、李征宇、李文胜等教师。经过有序的主讲教师选拔、集中讨论、统一备课、拍摄之后，借助深圳大学"优课联盟"平台，人文素质教育慕课课程于2016 年春季在部分院系投入试用。

目前，《人文素质教育——中外文化精神十讲》慕课课程在教学过程中持续探索，并不断改进教学、辅导形式。经过四个学期的试用，长江大学的人文素质教育慕课课程逐渐成熟，并形成了自主学习与实地辅导相结合的全新教学模式。

（一）课程内容的重新整合

为使人文素质课的教学形成统一的教学内容，慕课建设项目组成员首先对课程内容进行了全面整合。大学生人文素质课的内容，必须以中国传统文化为根本，但绝不能拘泥于中国传统文化，而应该与时俱进、不断发展。考虑到人文素质教育课程内容的丰富性，《人文素质教育——中外文化精神十讲》打破了其他高校慕课一人主讲、由专而深的模式，改为五位不同专业的教师主讲。这一形式保证了主讲教师对专业前沿知识的熟悉，有利于课堂知识的深度探索；同时也丰富了教学内容，能够拓展学生的知识面。

本课程以文化精神为主线，包括语言文字、哲学思想、中国文学、西方文学、中外文化比较五大板块，每个板块又分为两个专题，共形成了"十讲"的内容。对应五大教学板块，项目组选出文学院不同专业的五位教师担任慕课主讲工作。接受主讲任务之后，五位教师结合自己的专业知识及研究方向分头备课，之后再统一修改、充实。经过项目组内部、全院内部多次讨论，最终凝练为十讲内容，分别为"汉字的文化意蕴""汉语的文化魅力""儒道之思想要义""禅宗的人生智慧""唐宋诗词的审美情韵""明清小说的现实关怀""古代西方文学的人性探索""近代西方文学的人性张扬""现代西方文学对人的反思""文化精神与现代生活漫谈"。这十个方面各有侧重，以中外文学、历史、哲学等经典著作为切入点，以点概面、深入浅出，在凸显中外文化精神内核的同时，揭示了文化精神在当下社会的深刻意义，有利于提升当代大学生的人文素养，引导他们承继人类文化的优良传统，构建理想人格。

（二）课程教学的探索与创新

在慕课教学过程中，长江大学《人文素质教育——中外文化精神十讲》课程借助深圳大学"优课联盟"的平台，同时参考了上海交通大学"好大学在线"平台的教学形式，最终形成了符合长江大学学生实际情况的一套教学模式：

1. 模块化教学模式与碎片化学习方式的有机结合

教育心理学研究认为，学习者高效专注于学习的时间普遍为 15—20 分钟。因此，为保证学习效率，课程内容被制作为 15 分钟左右的小视频。几个小视频组成一讲，共同围绕这一讲的内容展开，但这些小视频又是相对独立的，每一段碎片视频讲授了一个概念。以第五讲"唐宋诗词的审美情韵"为例，这一讲由九个小视频组成，围绕"唐宋诗词的审美情韵"这一核心内容，每一个小视频阐述了审美情韵的一个方面，包括整体观照、生命意识、物我同一、中和之美、尚意追求、趣在高雅、忧患意识、志在兼济和情在独善九个方面的内容。在每一段视频中，皆集中讲述一首唐宋诗词，同时结合多媒体技术，配以图片、动画展示，并由专业配音者朗诵，以营造古典诗词的情韵之美。模块化教学模式与碎片化学习方式的有机结合，使知识点化整为零、深入浅出，在传授古典文学优美意境的同时，也以讲读诗词的方式补充了学生的文学知识。

2. 网络视频课程为主、翻转课堂为辅的混合教学模式

慕课课堂并不等同于网络教学，对在校大学生而言，线上教学与线下实体课堂的结合，才能保证慕课学习效果的最大化。慕课网上教学方式，使课程内容变得碎片化，从而保证了学生的效率，同时有利于学习者随时利用空闲时间学习，实现了资源的高度利用。但这种碎片化的网络教学也有其自身的局限性：首先，在网络教学中，为了保证教学效果，

每一小节视频之后会设置线上随堂测试以巩固教学效果，测试内容皆为之前视频课程中的内容，学生在未通过随堂测试的情况下无法进入下一小节的学习。随堂测试虽然有利于学生进一步熟悉课程知识，但也人为地将学习内容切割成断裂的小节，使整体的知识也变得碎片化。其次，慕课网上教学的灵活性，保证了学习的自由度与自主性，但如果学生完全按照自己的实际情况安排学习，会导致学习时间的零碎，影响学习构成的完整性。再次，慕课教学类似于电影、电视节目的播放，学生面对屏幕，往往被其中的声音、图像、画面所吸引，但听觉、视觉对信息的获取本身即导致了学生学习思维的中断。因此，完全依赖慕课的线上教学来传播知识是不可行的。在这种情况下，线下的实体翻转课堂则凸显出其重要性。

《人文素质教育——中外文化精神十讲》的翻转课堂主要以线下实体课的形式进行，上课时间与传统课堂一致。在翻转课堂中，学生成为主体，教师的角色由绝对权威的知识呈现者转变为学生教练，以保证课堂的良好互动。翻转课堂的时间安排与慕课学习的时间保持一致，一般为两周一次，共5次，持续10周。之所以这样安排，是为了使翻转课堂适应慕课网络课程的教学速度，同时给学生留下思考问题、内化知识的时间，最终达到巩固知识、开掘课堂深度的目的。在每一次翻转课堂之前，学生主动在线上完成网络课程的学习；而在翻转课堂中，则由学生自由组合成若干小组，自主确定一个选题，经过课下资料收集、课件制作之后，在课堂上讲述自己对某一人文知识的理解，并发起学生讨论。在翻转课堂中，教师与学生能直接接触，也可作为任一小组的成员参与到讨论之中。事实证明，翻转课堂起到二次学习的作用，对巩固知识、增加认识深度非常有效。学生不仅能结合自己的专业知识发表对人文精神的看法，网络课程的内容通过二次学习也得以系统化、整体化。

3. 线上成绩与线下成绩结合的考评方式

为保证期末考评的公平性和真实性，《人文素质教育——中外文化精神十讲》采用了线上成绩与线下成绩各占总成绩50%的考评方式，最终形成了成熟的考评公式：

总成绩 = 线上成绩50% + 线下成绩50%

线上成绩 = 视频浏览45% + 课程讨论5% + 访问次数5% + 章节测试45%

线下成绩＝翻转课堂成绩（考勤＋汇报）40%＋线下考试成绩60%

其中，线上成绩由四部分构成：视频浏览要求学生完成视频课程全部内容的观看学习；课程讨论即是在线上讨论区发表对每一讲的思考和看法，并与老师、同学交流；访问次数主要是对学生学习态度的考查，要求访问课程网页的次数不少于60次；而章节测试要求学生完成每一讲的若干个随堂测验，所占比重在线上成绩中较大。线下成绩的构成包括两大部分：一是翻转课堂成绩，又包括实体课堂的考勤和知识汇报讨论情况两方面的内容；二是线下考试成绩，由学校组织，在统一时间集中进行开卷考试。

线下开卷考试是长江大学慕课教学的特色，试题形式为单项选择、多项选题与论述题，绝大多数题目来自试题库。线上课程主讲教师在备课的同时，根据课程内容及当今文化热点，每一讲提供40道选择题、5—6个论述题，最终汇集为题库。在考试时，从题库中随机抽取题目形成选择题和一道论述题，第二道论述题则结合当今的社会文化热点灵活出题。项目组初步拟订题库，每三年彻底更新一次，以保证考试内容的客观性和与时俱进。

由于长江大学武汉校区与学校本部距离较远，组织统一的大规模考试有所不便，是以武汉校区的《人文素质教育——中外文化精神十讲》期末考试采取的是线上考试的形式。考试时间约为本学期线上课程结束之后的第一周，时间为48小时，学生可以根据自己的实际情况，自由选择时间完成考试。线上考试与线下考试的结合是长江大学人文素质教育课程《人文素质教育——中外文化精神十讲》的改革尝试，体现出长江大学在教学实践中的灵活性和创新性。

三 学生的学习效果及反馈

自2016年秋季上线以来，长江大学的慕课课程《人文素质教育——中外文化精神十讲》陆续被南方医科大学、山西传媒学院等高校列为通识选修课，选课人数达2500多人，受到了极大的好评。经过4个学期的教学与观察，我们认为，《人文素质教育——中外文化精神十讲》的慕课化改造使学生的学习效果得到了明显提高。

首先，线上教学与线下翻转课堂相结合的教学方式，使学生能有效利用课堂之外的零碎时间学习，在节约时间的同时也保证了学习效率。线上教学碎片化的特点使学生能够高效学习，较好地回避了低效率长时间学习的缺陷。目前，李征宇老师主要负责学生的线上学习监控，通过对学生登录次数、试题完成正确率、线上互动的情况的分析，全面地了解学生的学习情况。较以往的传统教学形式而言，通识教育课程慕课的优越性十分明显。

其次，翻转课堂能有效地帮助学生及时消化、拓展线上学习的知识。翻转课堂以小组讨论的形式进行，每个小组为3—5人，小组成员共同选择主题，制作PPT（见图1），在翻转课堂中上台演讲，介绍自己对这个主题的理解和心得，并发起讨论，解答疑问。学生通过线上课程的学习之后，对中外文化产生了浓厚的兴趣，所选择的讨论主题皆有一定的文化意义，体现出当代大学生的人文素养，也表现出对人文知识的浓厚兴趣。

图1　学生翻转课堂制作的PPT

在《人文素质教育——中外文化精神十讲》慕课教学过程中，我们不仅通过课堂监督、作业质量及考试成绩了解学生的知识掌握情况，还不定期派发调查问卷，以获取学生对这门课程的看法。为了在客观调查的同时节约成本，我们随机抽取不同学院的学生作为调查对象，每学期的调查对象不重复。本学期调查问卷主要面向电信学院电信、电气两个专业派发，针对学生对人文素质这门课的看法、学习这门课期望接受的知识、对慕课学习方式的意见、对翻转课堂的看法四个方面提出问题。统计结果显示，97.6%的学生对《人文素质教育——中外文化精神十讲》的慕课教学持肯定态度，认为学习效率相对较高，学习方式灵活自由，线下翻转课堂有效地巩固了知识，人文素质课程的慕课教学方式与自己所期望的效果差不多；93.2%的学生表示对中外文化兴趣浓厚，认为人文素质教育课程在大学课程中十分重要；还有72.1%的学生在调查中提出了宝贵的意见，认为人文素质课程还可以进一步加强师生之间、学生之间的互动，还可以增加中外建筑、饮食、服饰等内容。总之，就目前调查结果来看，人文素质教育课《人文素质教育——中外文化精神十讲》的教学效果是令人满意的。

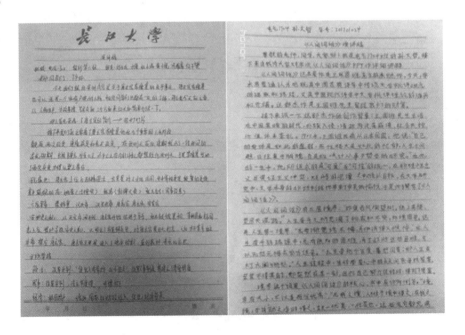

图2 学生翻转课堂的讨论底稿

四　小结

目前，长江大学的慕课《人文素质教育——中外文化精神十讲》已连续 4 个学期在部分院系试行，并取得了良好的效果，尤其是对人文素质课程教学方式的陈旧、教学内容的随意、教学效果欠佳有极大的改善。但我们也发现了慕课教学过程中不可忽视的问题，如线上交流效果尚不尽如人意，学生的线上发言内容深度不够，甚至与课程内容完全无关；又如翻转课堂中学生讲解知识点、组织讨论的方式单一，往往成为对线上课堂内容的转述和汇报；再如期末考评的科学性和公平性还需进一步加强，学生的线上学习存在替学、漏学现象，线下考试也存在弄虚作假的情况。

此外，由于慕课主讲教师与线下课堂辅导教师的人员组成并不完全一致，线上内容与线下讨论也存在彼此脱节的问题。虽然有这些不足，但这门课程作为长江大学慕课课程的首次项目，具有重要的开创性和不可取代的示范作用。在课程的慕课改造过程和教学过程中，我们以实践证明了人文素质教育课慕课化改造的可行性和慕课教学的优越性，同时也深刻认识到，高校的在线教育建设仍然要立足课堂教学并与实体课堂紧密结合，而不能完全以开放课程、在线课程取代师生的面对面交流。教学过程中的秩序性、仪式感仍然是知识传授顺利进行的保证，大学教学需要更具灵活性和弹性化的制度环境。慕课教学作为一种新型的教学手段，唯有与实体课堂紧密结合，才能最大限度地达到素质教育的目标。

（作者：杨　名　长江大学文学院）

信息教育技术环境下《高等数学》
教学的改革与实践

　　《高等数学》是高校一门重要的基础课程，在本科生培养方案中占有十分重要的地位。长江大学一直很重视《高等数学》教学，经过多年的教学改革，实行分层分类分级教学。即将《高等数学》课程分为五个层次，并按专业特征进行分类，按基础差异进行分级教学。由于学生生源素质不高、基础差异大，为保证教学质量，采用了多学时教学计划，实施传统"粉笔＋黑板"的教学模式，狠抓基础训练。这种教学模式的好处是学生基础得到强化，但是缺点也很明显，那就是教学手段落后，应试教育的成分多，学生学习被动，学习热情不高，教学效率也不高。

　　自2009年以来，计算机技术快速发展，信息技术已逐步渗透到教育教学的各个角落，传统教学模式已不能适应现代教育教学的需要。本项目研究的目标就是通过对《高等数学》信息化教学的研究与实践，构建适合长江大学生源特征且符合信息技术发展方向的《高等数学》教学体系；建设一支学历层次高、教学科研能力强、年龄结构合理的教学队伍；建设开放型的《高等数学》网络教学平台，为学生创造自主学习和个性化教育的教学环境；培养身心健康，基础扎实、具有创新能力的人才。

一　主要研究内容

(一)《高等数学》课程教学团队建设

　　长江大学十分重视对《高等数学》课程教师团队的建设，通过职称政策倾斜，调动教师教学的积极性；通过激励机制，鼓励教师读博，提高学历层次和专业水平；通过"导师制"，加强对青年教师的培养，提高青年教师的业务能力；通过"培训课、示范课、竞赛课"，促进教师之间的教学研究与交流，逐步建成一支教学水平高、专业能力强、团队协助好的教师队伍。本课程组现有主讲教师30人，其中，教授2人、副教授15人、讲师13人，博士9人、硕士15人。在学校两年一届的青年教师讲课比赛中，2006—2016年，共有4人获得一等奖，3人获得二等奖，2人获得三等奖。其中，胡洁老师在第五届湖北省高校青年教师讲课比赛中获得三等奖。2006年以来，还获得湖北省科技成果奖、湖北省教学名师、长江大学教学质量优秀奖、最受欢迎的教师等奖项和荣誉33人次。

（二）《高等数学》网络教辅平台建设

建立《高等数学》网络辅助教学平台，是进行《高等数学》信息化教学的基本保障。平台创建之前，长江大学正面临着教辅资源缺乏、教学手段落后、教学效率低下等问题。学生普遍反映《高等数学》答疑难，自主学习难。为解决这个问题，课题组通过立项研究，决定创建自己的教学平台，迈开《高等数学》信息化教学第一步。

平台的建设分两步完成。第一步，创建《高等数学》初级平台。课题组用一年时间编写完成《高等数学》教学大纲、教案、课件、《高等数学》教材配套练习题及答案、测试题、教学视频、教学研讨、考研真题及答案等基础教辅资源，建立了《高等数学》初级平台供学生使用；第二步，实现网上答疑、网上自测、考研辅导等功能的应用，建立《高等数学》升级平台。

网上答疑的最大困难是数学公式不能自由传输。项目组经过近一年时间攻克难关，解决了此技术"瓶颈"，实现了师生跨越时空的教与学。

网上自测是一个能让学生自主测试检验学习效果的系统。支持手机用户使用，教师可以通过该平台对学生进行课堂测验，提高课堂效率。成绩自动生成，可筛选录入各班级，方便教师进行登记。

考研辅导系统收集汇编了历年《高等教育》考研真题、经典习题，每道题给出了分析点评，并按知识点进行分类，方便查找，为考研学生提供了丰富的资源。

2012年12月升级平台建成，通过多次调试，正式投入到教学实践中。

平台登入地址：http：//gdsx.yangtzeu.edu.cn。

(三)《高等数学》教学内容改革

1. 针对《高等数学》教学与专业分离而进行的教学改革

这是传统教学中常见的问题。通过了解各专业学生对《高等数学》的不同要求，对理工类学生编写统一教案，将专业应用融入其中；对经管类、农学类学生重新编写《高等数学（A）》（经管类）、《高等数学（C）》（农学类）教材，增加专业应用内容，较好地解决了基础教学与专业的融合问题。

2. 针对中学数学与大学数学教学内容脱节而进行的教学改革

2003 年，教育部颁发了普通高级中学数学课标，对教学内容做了很大的调整。而近年来出版的《高等数学》教材未能做出相应变化，存在以下问题：第一，部分章节内容重复。比如，函数的集合、导数的计算、微积分基本定理等。第二，部分章节内容与中学脱节。比如，高中新课改中没有反函数、反三角函数、极坐标、参数方程等。第三，各省市在中学数学的教学内容中取舍不一致，学生基础差异大。解决方案是：根据中学数学与《高等数学》教学内容的衔接需求，设计调整相关章节的教学内容，精编教案，供所有任课教师使用，使中学数学和大学数学无缝对接。

(四)《高等数学》教学学时改革

信息技术在教学中的投入，带来了教学效率的提高。课题组经过认真研究，修改教学大纲，减少理论学时，鼓励学生通过网络平台自主学习，培养自学能力，收到了显著成效。2010 年 9 月及 2014 年 9 月两次削减学时情况如表 1 所示。

表 1　　　　　　长江大学《高等数学》课程学时设置一览

年份	高等数学（A）（理工类、经管类）	高等数学（B）（教育建筑类）	高等数学（C）（农学类）	高等数学（D）（文学类、体育类）	高等数学（E）（医学类）
2006—2009	220	180	120	64	72
2010—2013	200	160	96	56	64
2014—2016	176	120	96	48	56

(五)《高等数学》教学方法改革

《高等数学》是一门既单调又枯燥的课程，传统教学方法难以调动学生的积极性。经过不断的实践，我们引入信息化教学，推行多种教学模式，加强信息化环境下学生自主学习能力的培养，设计出五种适合《高等数学》教学的教学方法，并以《高等数学》同济第 7 版教材为依据，制作出全套教学课件，设计特色教案，投入到课堂教学实践中，收到了较好的效果。

1. 演示—讲授式教学法

这是一种把教师的讲授与教学媒体播放相结合的教学方法。教师在教学中首先利用多媒体对上次课内容进行回顾，然后借助多媒体课件指导学生学习新的知识，最后进行总结。使用这种教学方法要求对教学内容进行精心设计，对图形做色彩、动画等形象的处理，以引发学生的学习兴趣。特色教案设计有不定积分的概念与性质等。

2. 探索—发现式教学法

这种方法是把知识置于具体的问题情景中，教师首先通过多媒体展示提出问题，让学生思考、探索、发现来解决问题，然后引出教学内容。这种教学方法要求学生在教师的指导下进行独立思考、分析并进行大胆猜想，能够提高学生分析问题和解决问题的能力，激发学生的学习热情。特色教案设计有定积分的定义、中值定理等。

3. 基于案例的教学法

这种教学方法是教师通过多媒体对一个具体案例的情景进行描述，引导学生对情景进行分析讨论实现对知识掌握的教学方法。案例可以把抽象的原理、概念等具体化，学生在一定的情景中认识到这些概念在实践中的用处，增进学习的兴趣和动力。设计的教案有微分方程的定义、可分离变量的微分方程等。

4. 基于资源的教学法

这种教学方法是学生借助丰富的网络资源，依靠自主学习来完成部分教学活动的教学方法。现代网络技术为学生提供了极为丰富的学习资源，且具有灵活性和自主性的特点。学生通过网络学习对知识有了初步了解，再结合教师课堂练习完成对知识的全面掌握和巩固。特色教案设计有极限的运算、导数的求导法则、导数的定义、定积分的定义、解微分方程等。

（六）《高等数学》成绩评价办法的改革

将总评成绩分为平时成绩和期末成绩两个部分，平时成绩又划分为个人平时作业、个人课堂讨论或问题回答、平时测验（至少 3 次）三个部分。各部分分值标准及计算公式如下：

总评成绩 = 期末考试卷面成绩 × 70% + 平时成绩 × 30%

平时成绩 = 平时作业 × 50% + 平时测验得分 × 30% + 课堂讨论得分 × 20%

平时测验可以通过网上自测完成，教师通过筛选录入 3 次自测成绩作为平时测验成绩。这种评价方式关注学生的学习过程，能更真实地反映学生的学习水平，对促进学生注重平时学习，狠抓基本功起到推动作用。

二 教学改革的成效

（一）丰富了教学资源，提高了《高等数学》信息化教学水平

《高等数学》网络辅助教学平台于 2012 年建成，为师生提供了丰富的软件和硬件资源。

教案、课件：完成全部课程教案和多媒体课件，获长江大学一等奖。

习题册及答案：编写了《高等数学（A）》配套练习册及答案。

试题库：编写了 1200 道自测题，收集了 2000 道考研真题。

教学研讨：收集了 20 篇教学相关研讨论文供师生参考。

教学视频：拍摄了 10 部优秀教师的教学视频。

网上自测系统：可供学生通过手机实名登入参与测试，检验学习效果，课堂测验、部分课堂练习可以通过网上自测来完成，成为《高等数学》教学重要的教辅工具。

网上答疑系统：完全自主开发，支持数学公式的网络编辑与传输，改变以往学生答疑难的问题，使师生交流更便捷，对学生自主学习起到很大的帮助。

考研辅导：收集汇编了约 2000 道经典习题，每道题给出了经典的分析点评，并按知识点进行分类，方便查找，为考研学生提供了丰富的资源，大大提高了考研学生的学习效率。

编写了 4 部教材，包括《大学数学》（范远则主编）、《高等数学》[（经管类）（上下册），王文珍任副主编]、《线性代数》（李克娥主编）

和《大学数学》（朱建伟主编）。

公开发表了教学研究论文 30 篇，总结教学改革的经验。

（二）有效地解决了教学中存在的一些问题

第一，信息化教学手段的应用，解决了《高等数学》教学方法单一、教辅手段落后、教学效率低下等问题。《高等数学》网络教辅平台上拥有丰富的教学资源，涵盖《高等数学》"备教辅改考"的方方面面，包括《高等数学》各专业的教学大纲、教学内容、优质电子课件、教学视频、每章配套练习题及答案、考研题讲解、重要知识点的专题讨论等，教师和学生可以利用电脑或手机登入平台获取资料，对教师课堂教学及学生课后知识的巩固提供了有效帮助，提高了教辅手段的信息化水平。同时通过对教法以及教学内容的研究，将信息化教学方法"演示讲授式""问题探索式""基于案例式""基于资源式""PBL"五类教学法分别投入到不同的教学实践中，极大地丰富了教学手段和方法。

第二，教辅平台的建立使用，解决了学生答疑难、自主学习难的问题。《高等数学》网络教辅平台设计了答疑功能，克服了数学公式不能在浏览器中自由传输的难题，支持教师和学生不受时间及空间的限制进行自主交流，同时系统支持手机上网编辑，方便师生及时沟通，为学生自主学习提供了有效帮助，大大提高了教学效率。

第三，教学内容的优化，解决了高中数学与大学数学衔接不到位的问题。中学数学课程实行新课标后，教学内容发生了很大变化，而近年来出版的大学数学教材未能根据目前中学数学教学内容的变化而做出相应的调整，教学内容存在重复与脱节现象，导致学生学习困难。通过对中学数学和大学数学知识点的研究，重新编写相关章节教案，尤其是第一章第一节，《高等数学》与中学数学实现了无缝对接。

第四，针对不同专业的教材编写，解决了《高等数学》课程与专业课程的融合问题。在对不同专业学生高等数学课程进行分层、分级教学的基础上，改革教学理念、优化学时、优化教材，改革教学内容，编写经管类、农学类、部分工科类教材，在编写中融入专业应用，使《高等数学》教学更贴近专业，服务于专业。

第五，考研平台的使用，解决了学生考研数学学习难的问题。教辅平台上的考研平台汇聚了大量典型习题、考研真题及题型分析、知识点归纳等，资源丰富，而且查找方便，为长江大学毕业生复习备战考研，为提高《高等数学》成绩提供了可靠保证。

第六，信息化教学促进了学生自主学习能力的提升。《高等数学》教辅平台的建立，弥补了课堂教学形式单一、信息量有限的缺陷，为学生课外自主学习提供了有效帮助，平台的便捷实用、手机可及时登入等特点，激发了学生的学习兴趣和学习动力，使学生自主学习的能力大大增强。

（三）指导学生学科竞赛，培养学生创新能力并取得好成绩

2010—2016 年，长江大学学生在数学竞赛、数学建模竞赛、数据挖掘竞赛中共获得国家级及以上奖励 36 人次（见表2），湖北省奖励 65 人次，其中，2016 年获得美国数学建模比赛一等奖 1 项、二等奖 1 项，为长江大学争得了荣誉。

表2　　　　2010—2016 年学生获得的国家级及以上奖项

序号	学生姓名	竞赛项目名称	获奖级别	获奖等级	颁奖单位	获奖时间(年)
1	林家辉	全国大学生数学竞赛	国家级	一等奖	中国数学会普及工作委员会	2016
2	王宇豪	全国大学生数学竞赛	国家级	一等奖	中国数学会普及工作委员会	2016
3	高锡威	全国大学生数学竞赛	国家级	一等奖	中国数学会普及工作委员会	2016
4	张威	全国大学生数学竞赛	国家级	二等奖	中国数学会普及工作委员会	2016
5	彭贤哲	全国大学生数学竞赛	国家级	二等奖	中国数学会普及工作委员会	2016
6	金鹏	全国大学生数学竞赛	国家级	二等奖	中国数学会普及工作委员会	2016
7	陈鹏	全国大学生数学竞赛	国家级	二等奖	中国数学会普及工作委员会	2016
8	李星	全国大学生数学竞赛	国家级	二等奖	中国数学会普及工作委员会	2016
9	郑祖号	全国大学生数学竞赛	国家级	二等奖	中国数学会普及工作委员会	2016

续表

序号	学生姓名	竞赛项目名称	获奖级别	获奖等级	颁奖单位	获奖时间(年)
10	吴煜锋	全国大学生数学建模竞赛	国家级	二等奖	全国大学生数学建模竞赛组织委员会	2010
11	邓雅军	全国大学生数学建模竞赛	国家级	一等奖	全国大学生数学建模竞赛组织委员会	2011
12	周红	全国大学生数学建模竞赛	国家级	二等奖	全国大学生数学建模竞赛组织委员会	2011
13	张吕陆	全国大学生数学建模竞赛	国家级	二等奖	全国大学生数学建模竞赛组织委员会	2011
14	王能康	全国大学生数学建模竞赛	国家级	二等奖	全国大学生数学建模竞赛组织委员会	2011
15	乔林	全国大学生数学建模竞赛	国家级	二等奖	全国大学生数学建模竞赛组织委员会	2011
16	孙荣红	全国大学生数学建模竞赛	国家级	三等奖	全国大学生数学建模竞赛组织委员会	2011
17	梅国锋	全国大学生数学建模竞赛	国家级	三等奖	全国大学生数学建模竞赛组织委员会	2011
18	汪文洋	全国大学生数学建模竞赛	国家级	三等奖	全国大学生数学建模竞赛组织委员会	2011
19	邢太涌	全国大学生数学建模竞赛	国家级	三等奖	全国大学生数学建模竞赛组织委员会	2011
20	汪宇锋	全国大学生数学建模竞赛	国家级	二等奖	全国大学生数学建模竞赛组织委员会	2012
21	陈昆	全国大学生数学建模竞赛	国家级	一等奖	全国大学生数学建模竞赛组织委员会	2012
22	何志新	全国大学生数学建模竞赛	国家级	二等奖	全国大学生数学建模竞赛组织委员会	2012
23	卢莲枝	全国大学生数学建模竞赛	国家级	三等奖	全国大学生数学建模竞赛组织委员会	2012
24	张伟	全国大学生数学建模竞赛	国家级	三等奖	全国大学生数学建模竞赛组织委员会	2012

续表

序号	学生姓名	竞赛项目名称	获奖级别	获奖等级	颁奖单位	获奖时间(年)
25	王曦	全国大学生数学建模竞赛	国家级	三等奖	全国大学生数学建模竞赛组织委员会	2012
26	梅国锋	全国大学生数学建模竞赛	国家级	三等奖	全国大学生数学建模竞赛组织委员会	2012
27	胡春莲	全国大学生数学建模竞赛	国家级	三等奖	全国大学生数学建模竞赛组织委员会	2012
28	唐江山	全国大学生数学建模竞赛	国家级	一等奖	全国大学生数学建模竞赛组织委员会	2014
29	王来	全国大学生数学建模竞赛	国家级	二等奖	全国大学生数学建模竞赛组织委员会	2014
30	祁红伟	全国大学生数学建模竞赛	国家级	二等奖	全国大学生数学建模竞赛组织委员会	2014
31	陈彬	全国大学生数学建模竞赛	国家级	二等奖	全国大学生数学建模竞赛组织委员会	2015
32	杜聪	全国大学生数学建模竞赛	国家级	二等奖	全国大学生数学建模竞赛组织委员会	2015
33	王右雪	第四届"泰迪杯"全国数据挖掘挑战赛	国家级	二等奖	全国大学生数学建模竞赛组织委员会	2016
34	吴海明	第四届"泰迪杯"全国数据挖掘挑战赛	国家级	三等奖	全国大学生数学建模竞赛组织委员会	2016
35	唐江山	美国大学生数学建模竞赛	国际比赛	一等奖	COMAP	2016
36	张乐	美国大学生数学建模竞赛	国际比赛	二等奖	COMAP	2016

（作者：王文珍　长江大学信息与数学学院）

基于 PBL 的混合式教学实践

——《高等数学》课程

教育部把《高等数学》课程列为高等工科院校的六门重点课程之一，《高等数学》学时多，覆盖面广，影响面宽，其教学质量对高校人才培养质量影响巨大，做好该门课程的建设，对于高校人才培养具有重要意义。

随着《高等数学》从精英教育转为大众教育，国内高校的《高等数学》教学基本上是大班教学，大班教学导致师生无法交流互动，对《高等数学》创新教育极为不利；同时，《高等数学》课程课时减少但教学内容计划不变，导致教学节奏快，学生难"消化"。此外，我国《高等数学》教学手段总体落后，计算机和多媒体运用不够，未能体现现代教育教学理念。

在"互联网＋"背景下，改革传统的《高等数学》教学模式、提升《高校数学》教师信息化教学能力势在必行。在创新创业和应用实践背景下，也对《高等数学》教学提出了新的要求。如果在《高等数学》教学中，注重研究型教学，即：在教师的指导下，结合《高等数学》学习，让学生从学习生活和社会生活中选择并确定研究选题，用类似科学研究的方式，主动地获取《高等数学》知识，应用《高等数学》知识解决问题，这对于激发学生的学习兴趣，培养学生的创新意识与能力具有积极的作用。

一 PBL 教学模式介绍

基于问题的教学模式（Problem－Based Learning，PBL）以学生为主体，教师提供指导，围绕"问题"合理创设教学情景，让学生开展分组学习、自主学习，强调团队协作，学生通过协作交流分析、研究、解决实际问题，加深对基本概念、基本理论、基本方法的理解与掌握。这样的教学模式，有利于激发学生学习《高等数学》的热情，充分调动学生的主观能动性，顺利实现教学目标；提高学生解决实际问题的能力；发展学生的创造性逻辑思维；也能培养学生自主学习的能力和团队协作的意识。

　　"《高等数学》PBL 教学模式的研究与应用"是长江大学 2012 年立项的校级教学研究项目，已于 2015 年 10 月结题。该研究成果的主要内容如下：

　　（1）问卷调查掌握"新课标下中学数学与大学数学的教学内容衔接现状"，并提出解决方案。

　　（2）修订《高等数学》课程教学大纲，以增强应用性。

　　（3）分析研究了学生普遍认为学习大学数学很困难的原因，并给出解决方案。

　　（4）通过问卷调查和个别访谈，掌握学生数学认知水平和高等数学思维发展现状。

　　（5）《高等数学》课程实施 PBL 教学模块设计。

　　（6）对采用 PBL 的教学内容进行设计，编写了教师指南。

　　（7）改革考核评价系统。

二　若干 PBL 的高等数学混合式教学实践

　　2014 年 1—6 月，PBL 教学初步实践：根据设计的 PBL 教学流程和选定教学内容的教学指南，在笔者任教的 13 级 AB01 班进行初步实践，并与实施传统教学模式（LBL，基于学习的学习）的 AA12 班进行对比。

　　两班学生使用同一种教材，同一种试卷，由同一位教师授课。课程结束后进行期末理论考试，试卷由教务处提供，题型分别为填空题、计算题、解答题和综合应用题。考试后试卷密封，由数学教研室教师集体阅卷。期末考试两班学生的卷面成绩比较结果见表 1。从表 1 中可以看出，实施了 PBL 教学的 AB01 班的卷面平均分高于没有实施 PBL 教学的 AA12 班，尽管高考数学平均分比 AA12 班低接近 20 分。

表 1 　　　　　　　AB01 与 AA12 两班学生成绩比较

班级	人数	专业	教学模式	高考平均分	第二学期期末卷面成绩平均分	在 A 类班级中排名
AB01	61	仪器、应化、材料	PBL	94.66	69.47	2
AA12	80	物理	LBL	113.49	67.55	5

表 2 是该学期 37 个理工科普通《高等教学（A）》分级班的卷面成绩前十名的情况。另外，从表 2 中可以看出，在所有 37 个普通 A 分级班的卷面成绩排名中，AB01 班位居第二，超过了其他 11 个同级别的 AB 分级班和 24 个高中数学基础好一些的 AA 分级班。

表 2 　　　2013—2014 年第二学期《高等数学（A）》卷面成绩排名

排名	分级班	专业	教师	卷面平均分	教学模式
1	AA02	应化	呙林兵	71.92	LBL
2	AB01	仪器、应化、材料	胡洁	69.47	PBL
3	AA01	仪器	张毅	69.2	LBL
4	AA13	电气	陈忠	67.95	LBL
5	AA12	物理	胡洁	67.55	LBL
6	AA06	装备、光电	余瑞艳	66.78	LBL
7	AA09	土木、高材	范远泽	65.66	LBL
8	AA05	机械、装备	卜富清	65.15	LBL
9	AA04	机械	王国超	63.51	LBL
10	AA03	材料、机械	赵敏	63.05	LBL

虽然从期末卷面成绩和学生课堂上的反馈信息来看，PBL 教学实践取得了可喜的成绩，但是，考虑到本学期正处于学生紧张备考 CET-4 的阶段，学生课外花在英语学习上的时间很多，对本项目的实践结果可能会造成影响。另外，从教学内容的难度来看，本学期的多元函数微积分显然比上学期的一元函数微积分难得多，这也可能会影响本项目的实践结果。所以，项目负责人在下一阶段对 2014 级学生进行 PBL 教学实践。

2014 年 9 月至 2015 年 1 月，PBL 教学正式实践（上学期）：因课时减少，进而修改《高等数学》教学大纲、PBL 教学教师指南，在项目负责人任教的信工卓越 11401 班（东校区，全班 30 人）进行 PBL 教学正式实践。这一学期，项目负责人只承担了一个《高等数学（A）》的教学，为了不失可比性，将荆州校区（二本生源）和武汉校区（一本招生的生源）的《高等数学（A）》教学班一起进行期末卷面成绩排名，从而反映出 PBL 教学与 LBL 教学的差异。从表 3 可以看出，实施了 PBL 教学的信工卓越 11401 班比起武汉校区的一本招生的储运 21401 班和海油 21401 班毫不逊色。

表 3　　2014—2015 年第一学期《高等数学（A）》卷面成绩排名（A 班）

在 A 类班级中的排名	班级	教师	卷面平均分	教学模式
1	信工卓越 11401 班	胡洁	85.67	PBL
2	储运 21401 班	赵银明	84.6	LBL
3	海油 21401 班	张毅	84.19	LBL
4	AA14 班	刘彩云	84.11	LBL
5	AA08 班	毛战军	83.98	LBL
6	AA11 班	杜厚维	83.55	LBL
7	油工 21404 班	赵银明	83.4	LBL
8	AA17 班	卜富清	82.43	LBL

三　基于 PBL 的高等数学混合式教学模式

《高等数学》在"好大学在线"和"优课联盟"网上线，为学生学习和教师授课提供了一个良好的平台和教学辅助工具。学生可以在实体课堂学习的同时，使用网络资源自主学习，巩固所学知识。

一般而言，混合式教学是在学习过程中将面授教学和在线学习相融合，以达到有效学习的一种学习模式。混合式教学在设计上有别于传统的教学，更注重充分利用网络资源和学生自主学习能力的培养（见表 4）。

表4		传统教学与混合式教学设计
	传统教学设计	混合教学设计
设计理念	以知识传递为主，注重面授教学的实施	以培养能力为主，注重面授教学和在线学习的互补，发挥最大优势
设计元素	以课堂教学要素为主	课堂教学要素和在线教学要素综合考虑
教学过程	传递—接受方式为主	学生主体，教师主导
师生角色	教师主体，学生被动接受	学生主体，教师主导
学习方式	学习方式单一	在线教学提供多种学习方式
教学内容	以教材等静态内容为主	除教材外，还包含丰富的在线教学内容
教学媒体	以黑板、实物等为主	媒体类型丰富，需要实现媒体的最佳效益
教学评价	以总结性评价为主	线上线下结合，实现对学生的过程评价

作为理论讲授型与大班混合教学型的课堂教学，笔者开展的基于 PBL 教学模式的《高等数学》混合教学目前在部分章节实施教学改革。具体流程如图1所示。学生的课堂表现作为平时成绩之一；同时丰富以学生为主的案例教学模式。具体实施步骤如下：

（1）教师课前提前将问题发给各小组，学生先以个体为单位自学，即学生带着设计好的问题学习，并形成学习成果。针对提出的问题，学生首先要深入图书馆查阅相关资料，通过互联网获取与问题相关的最新信息，并带着问题，通过看在线课程视频，进行首轮自主学习。

（2）小组交流、合作，即在个人学习和查阅资料的基础上，以小组为单位交流个人学习成果，并协商解决问题，上课前各个小组长提交学习报告。小组交流、合作的意义是：共享学习成果，培养清晰、简要表达自己观点的能力，培养合作意识，学会协调矛盾。

（3）班内交流，就是在个人学习、小组交流、合作的基础上，各小组派一名代表向全班同学汇报本组成员学习成果，全班共享学习成果，这是学生行动的高潮。交流课上，同学们讲得起劲，听得有味，不时还爆发出热烈的掌声，全然不像平时课上的"悄然无声"。

（4）教师就分派给学生的问题，抽查提问，并就回答问题的情况给予评分，被抽查到的同学代表整个小组回答问题，这个同学回答问题的得分，也是该小组的得分。这样，督促每个小组成员仅仅自己能回答问题是不够的，还必须使每个小组成员都能回答问题。对于学生自学的难点和未能解决的问题，教师课堂重点讲解。

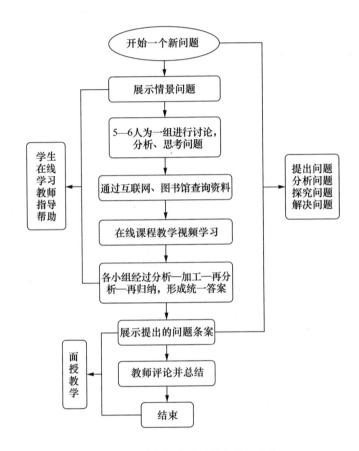

图1 基于 PBL 教学模式的混合教学具体流程

（5）在活动的最后，由教师对整个活动的开展状况、学生学习取得的成果及存在的问题进行总结、评价，并对自己的组织、指导工作做出评价。教师总结评价的意义：使学生的学习过程完整；使学生感受到自己的学习成果得到认可；对学生起激励作用；给学生做自我评价表率。

四 基于 PBL 的混合式教学实践

互联网的普及和计算机技术在教育领域的应用，使翻转课堂教学模式变得可行和现实。学生可以通过互联网去使用优质的教学资源，而不需要单纯地依赖老师讲授知识。课堂上，老师的角色发生了变化，主要责任是理解学生的问题和引导学生去运用知识。

《高等数学》在"好大学在线""优课联盟"等网站上有全程教学录像和配套练习材料，有条件组织学生进行自主学习，实现翻转课堂教学模式。

2016—2017 学年，笔者选取了 4 个教学内容分别在化工学院 16 级学生（荆州校区，第一学期）和油工学院 16 级学生（武汉校区，第二学期）中进行教学改革实践。4 个教学内容分别为泰勒公式、三重积分的计算（2）、格林公式的应用、常数项级数的概念和性质。

例如，泰勒公式是极重要的数学工具，在各种数学问题中起着重要的作用。《2017 年数学考研大纲（数一）》也明确提出了"理解并会用泰勒定理"的考试要求。随着《高等数学》系列课程教学总课时的减少，现在制定的教学大纲在"泰勒公式"这一节只计划两课时，若是按照传统的教学方式，不可能将该公式的应用讲授全面，也远远达不到考研要求。所以，尝试将 PBL 教学模式、混合式教学和翻转课堂结合起来，引导、组织学生带着问题课下自学、分组讨论和课上汇报、全班讨论以及教学效果检测。

这一教学方式能充分调动学生的学习积极性，让学生由"被动学习"转变为"主动学习"，提高了学生的自主学习能力，培养了学生的教学能力，同时扩大了学生的知识面，拓宽了学生的视野，因此，该教学模式受到了学生的欢迎。

（一）布置任务（PROBLEMS）

"泰勒公式"PBL 教学要研究的问题：

1. 每组必须解决的问题

（1）泰勒公式或泰勒中值定理是什么？

（2）泰勒公式或泰勒中值定理是怎么推导出来的？

（3）泰勒公式或泰勒中值定理有什么意义？

（4）泰勒公式或泰勒中值定理与已学公式或定理有何联系？

（5）泰勒公式在应用前需要搞清什么问题？

2. 各组要解决的问题（任选，至少选一题，不能三组及以上选同一题，以下题不能漏选）

（1）泰勒公式或泰勒中值定理产生的背景

（2）常见函数的泰勒展开式

（3）泰勒公式在求极限中的应用

（4）泰勒公式在恒等式证明中的应用

（5）泰勒公式在不等式证明中的应用

（6）泰勒公式在极值问题中的应用

（7）泰勒公式在近似计算中的应用

（8）泰勒公式在其他应用

（9）泰勒公式和泰勒级数（第十二章）有什么联系

（二）班内分组与组内分工

班内分组与组内分工情况如图 2 所示。

	A	B	C	D
1			课堂分组	
2	分组	一	二	三
3	组长	邓韩	刘学康	吴丽梅
4	组长手机号	13227673282	13117180508	13797527192
5	组长QQ号	2427451256	1779334843	1633307081
6	报告员	陈倩	孙涛	张静娜
7	书记员	段欢洋	罗惟一	徐求
8	组员	方晓川	石晨月	肖江林
9		郭妍	孙健	叶康
10		黄林	罗浩	张方宇
11		黄维怡	唐银君	徐晨芳
12		冀玉鹏	童琦	张有福
13		蒋慧君	王晋峰	朱学庆
14		靖德誉	王为	
15				
16	泰勒公式选题	6，9，10	7,10,13	7,8,11
17				
18				
19				
20				
21				
22				
23				
24				
25				
26				
27				

化学1班　化学2班　应化1班　应化2班　环工1班　环工2班

图 2　班内分组与组内分工情况

（三）在线学习平台的选择

由于“好大学在线”和“优课联盟”的《高等数学》课程开课时间较晚，与长江大学的教学进度不一致，所以，让学生改学“中国大学MOOC”网站上由国防科技大学朱健民教授讲授的课程（见图 3）。

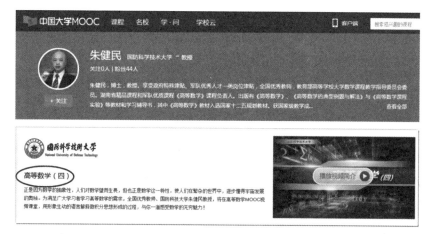

图 3　朱健民教授讲授

（四）小组讨论

成员　　　　　负责题目　　　　讨论情况

刘　会（组长）：　8（列举例子，提出需要注意的问题）

吕　瑾（书记员）：2（及时书写了讨论记录，表现积极）

苏步金（报告员）：4（完成任务表现积极）

刘丽娟：3（查找资料，但只注意了其中一题）

罗　链：1（阅读了课本，但没有去理解）

秦　杰：5（看了课本与视频，但没能得出题目结果）

鲁昕：13（没有什么讲解，未能完成任务）

（1）本小组于 10 月 26 日完成分配的任务。与其他组长联系避免了题目的重复。

（2）本小组于 11 月 2 日下午完成讨论，书记员书写讨论流程与内容。在此过程中，大部分成员比较积极，查找相关资料，并讲解，但是，两位男生比较松懈，对于其负责的题目，没有好好准备。

（3）之后周二上午让两个男生继续完成任务，让其与报告员协商，但情况不佳。

我们决定讨论 5 月 8 日的两题，基本公式的展开以及上节课堂题目用泰勒公式讲解，但是，由于准备不充分，未能完成课堂任务。

（4）主要问题在于组长工作不认真，没有监督组员完成任务，没有检查书记员书写完成后的材料，没有确认最终课堂讲解的内容是否与其他小组重复。

小结：下次我会努力调动小伙伴们的积极性，认真对待问题。此次的问题尽量不能在下一次中再次出现。

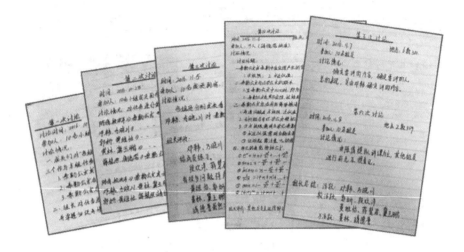

图4 环工一班第三讨论小组第一次工作汇报

（五）学生教案

三重积分这一章，争取教师授课与学生讲解相结合的形式。在已讲解三重积分的概念与基本性质、三重积分的计算（1）（即三重积分的直角坐标计算）的基础上，学习三重积分的计算（2）（即三重积分的柱面坐标计算和球面坐标计算）时采取"翻转课堂"的形式，以学生为主体。学生的教案制作如下（节选）：

三重积分计算中的轮换对称性包括以下几种情形：

（1）若积分区域 Ω 关于平面 $y = x$ 对称，则：

$$\iiint\limits_{\Omega} f(x,y,z)\,\mathrm{d}v = \iiint\limits_{\Omega} f(y,x,z)\,\mathrm{d}v$$

（2）若积分区域 Ω 关于平面 $y = z$ 对称，则：

$$\iiint\limits_{\Omega} f(x,y,z)\,\mathrm{d}v = \iiint\limits_{\Omega} f(x,z,y)\,\mathrm{d}v$$

（3）若积分区域 Ω 关于平面 $z = x$ 对称，则：

$$\iiint\limits_{\Omega} f(x,y,z)\,\mathrm{d}v = \iiint\limits_{\Omega} f(z,y,x)\,\mathrm{d}v$$

例 1. (2009 年数一)设 $\Omega = \{(x, y, z) \mid x^2 + y^2 + z^2 \leqslant 1\}$，则：

$$\iiint\limits_{\Omega} z^2 \mathrm{d}x\mathrm{d}y\mathrm{d}z = \underline{\qquad}$$

解：由轮换对称性得：

$$\iiint\limits_{\Omega} z^2 \mathrm{d}x\mathrm{d}y\mathrm{d}z = \iiint\limits_{\Omega} x^2 \mathrm{d}x\mathrm{d}y\mathrm{d}z = \iiint\limits_{\Omega} y^2 \mathrm{d}x\mathrm{d}y\mathrm{d}z，故：$$

$$\iiint\limits_{\Omega} z^2 \mathrm{d}x\mathrm{d}y\mathrm{d}z = \frac{1}{3}\iiint\limits_{\Omega}(x^2 + y^2 + z^2)\,\mathrm{d}x\mathrm{d}y\mathrm{d}z$$

$$= \frac{1}{3}\int_0^{2\pi}\mathrm{d}\theta\int_0^{\pi}\mathrm{d}\varphi\int_0^1 r^2 \cdot r^2 \sin\varphi\mathrm{d}r$$

$$= \frac{2}{15}\int_0^{\pi}\sin\varphi\mathrm{d}\varphi = \frac{4\pi}{15}$$

讲授内容基于网络教学中的授课资料，又收集了新的资料，开拓了同学们的视野。课件的制作也是一种大胆的尝试，如油（卓）1701 班的许毅仁同学制作的课件就非常简明且重点突出。这也是对我们的一种启发，学生的喜好有时也可以激发学习的兴趣，提高学习的效果。

（六）课堂实景

我们的课堂是亲近的、开心的、自由的、专注的。在课堂上，涌现了一批好苗子，他们主动、大方、认真、严谨、积极向上。

荆州校区，2016—2017 学年第一学期，化工学院 16 级学生。

图 4　化工学院 16 级学生

武汉校区，2016—2017 学年第二学期，石油工程学院 16 级学生。

图5 石油工程学院 16 级学生

基于 PBL 的混合式教学，第一，可以充分发挥在线教学的灵活性，让学生可以多次、反复听讲所学内容，便于不同层次的学生提高学习效果；第二，带着问题去学习且参与小组讨论，能让学生学会主动地、客观地、辩证地用数学的方法去分析问题，最终得到解决问题的最佳方法，大大提升学生的自主学习能力与研究能力，同时有效提升绝大部分学生学习的深度与广度；第三，能培养学生的表达能力、PPT 制作能力、团队合作精神和意识，同时也很好地拓展学习资源，增进学生之间的交流，激发学生积极参与的热情。

（作者：胡　洁　长江大学信息与数学学院）

基于翻转课堂的慕课应用与探索

——以《英语深度阅读》为例

大学英语作为一门系统的、相对独立的学科，在高等教育体系中，一直具有重要的意义和不可替代的作用。为了满足新时期国家和社会对高层次人才培养的要求，教育部办公厅印发了《大学英语课程教学要求》，对大学英语课程的教学性质和目标、教学要求、课程设置、教学模式、教学评估，以及教学管理等方面做了具体要求。根据《大学英语课程教学要求》和《大学英语教学指南》的规定，大学英语课程要兼具人文性和工具性，既要进一步提高大学生英语听、说、读、写、译的能力，又要增进对不同文化的了解、对中外文化异同的认识，培养跨文化交际能力。同时，大学英语的教学目标还包括发展学生自主学习能力。为了达到上述要求，结合慕课大环境以及长江大学实际，我们开展了基于慕课的大学英语翻转课堂的教学，下面是以《英语深度阅读》这门课程为例说明课程建设情况。

一 课程基本情况

基于大学英语学科建设，尤其是大学英语后续课程建设的需要，基于慕课的《英语深度阅读》课程于2016—2017年第二学期和2017—2018年第一学期，供长江大学二年级及以上本科生选修。其教学设计有以下特点：（1）慕课融入：学生需要完整学习一门深圳大学"优课联盟"平台上的《大学英语深度阅读》（36学时，2学分）的慕课课程，该课程为深圳大学外国语学院刘毅教授及其团队制作，需要12周的学习时间，共包含6个单元的必修课程，每个单元需两周完成。（2）在线学习：除学习慕课课程之外，本课程要求学生参与在线讨论交流、在线测试等环节。

（3）翻转课堂：课堂采用以观看慕课教学视频为基础，本校老师指导的翻转课堂讨论、完成线下作业和线下考试的教学实践。

从本课程的简介来看，该课程适用于大学二年级或二年级以上学生修读，旨在有效提高学生的英语阅读能力，帮助学生了解构词方式、识别语篇衔接的主要手段及学会概括文本的主题思想，使学生能够有效地扩大词汇量，了解英语不同文体的语篇构成方式及所学语篇的深层意义，从而较好地掌握英语书面语。课文讲授的语言难点针对学生的实际需求设定，充分考虑对学生的文化素质培养和国际文化知识的传授。课文选材选用当代英语的常见文体，以反映英美国家当代现实生活为主，将语言学习贯穿在了解、思考、探讨现实生活中的各种问题的过程中。课程的教学目标主要是三个：理解并掌握英语常见的构词方法，学会从下文中识别单词的意思，熟悉英语词汇的文化含义；熟悉英语语篇组织与衔接的主要手段，理解英语不同文体的构成方式，提高英语逻辑思维能力；通过比较的方式，深入认识英美国家的历史、社会与文化。其考核方式分为线上考核和线下考核两部分：线上学习的考核办法为课程视频（35%）、课程测验（30%）、课程平台访问（5%）和期末线上考试（30%），总分100分。线上成绩在课程总成绩中占50%的权重，而线下考核50%的权重由平时成绩（线下课堂成绩20%）和线下期末考试（30%）来确定。

二　课程建设与改革

为了达到大学英语教学目标，提高教学效果，长江大学的大学英语教学改革在持续进行。基于慕课的《英语深度阅读》，在教学内容、教学方法与手段、教师队伍建设、测试手段等方面都进行了改革，优化了教学效果。下面就以《英语深度阅读》的教学模式为例来进行说明。

（一）改革教学内容，让课程设置兼具工具性和人文性，注重能力培养

大学英语教学内容丰富多彩，其课程主要分为通用英语课程、专门用途英语课程和跨文化交际英语课程。目前，长江大学的大学英语教学主要是通用英语教学，所选用的教材为《新视野大学英语》读写教程和新世纪大学英语系列教材《视听说教程》，其主要目标是培养学生英语听、说、读、写、译的语言技能，同时教授英语词汇、语法、篇章以及语用等知识。也就是说，目前的大学英语教学依然是以培养学生的语言技能为重点，而在语言技能的学习中，又以阅读技能、翻译技能和听力技能的培训为重点，忽视了说和写。同时，跨文化交际的教学内容，大多是作为语言学习的辅助，没有受到相应的重视，因此，在学时和课程设置方面也有欠缺。如何在大学英语的教学中融入文化内容，并全面发展学生各方面使用语言的能力，是当今大学英语教学改革的重要方向之一。

本项目研究选取《英语深度阅读》课程进行翻转教学，正是因为该课程在一定程度上满足了大英教学改革在内容上的需求。在整个课程内容的设置中，《英语深度阅读》主要选取了李荫华和王德明主编的新版大学英语《综合教程》，"充分考虑对学生的文化素质培养和国际文化知识的传授。课文选材选用当代英语的常见文体，以反映英美国家当代现实生活为主"。有关英美国家文化背景知识的讲解以视频链接的形式嵌入课文文本。这些来自英美国家的原版教学资料，讲述了英美国家生活的方方面面，直观呈现了英美国家的现实生活，在教学过程中，通过比较的方式，让学生深入认识英美国家的历史、社会与文化。

同时，《英语深度阅读》也强调语言的实用性和工具性。大学生完成基础英语学习后，无论是将来的职业英语还是专业英语的学习，写作能力的培养无疑是重点，但是，目前基础英语教学存在的一个问题就是重阅读、轻写作。为了纠正这一偏向，该课程重视在阅读技能的基础上锻炼学生的写作能力，在每一个篇章的阅读理解之后，专门对篇章结构进行教学，提炼该篇章的结构供学生学习模仿，并布置相应的写作任务让学生训练。学生完成了6个篇章的学习，就可以完成6种文体结构的写作训练。

（二）丰富课程资源，创新翻转课堂教学方法，线上线下相结合

借助优秀慕课平台，如"优课联盟"发布的课程资源，实现了大学英语教学资源的共建和共享，让资源得以处理、存储、管理和评价。从教师层面来看，关于大英教学资源能够上传、检索、归档并运用到教学中。同时，慕课平台也能强化师生互动、学生与学生之间也能加强网上交流，教师和学生在资源建设、使用和评价中也能提高参与度。

以《英语深度阅读》课程为例，学生在一个学期内需要完成36学时的学习，一共6个单元，每单元两个星期。学生可以根据自己的学习进度，随时观看视频讲解，完成线上的作业，由于课程是自由模式，而非闯关模式，学生完全可以按照自身的兴趣爱好和课程内容的难易程度安排学习的先后顺序，这就充分考虑到学生的个体差异与学习风格。但是，课程进入13周之后，所有线上学习的成绩不再计入总分；如果线上学习进度不达到60%，学生将无法进行期末考试，这就能督促学生及时完成线上学习内容。同时，学生可以随时向线上或线下的辅导教师请教，也可以在线上讨论区发帖，让其他学生参与共同讨论，相应地，回帖或消息置顶的同学在线上的学习中会有奖励。教师会在平台发布公告，就学生提出的问题及时给予解答、根据进度发布练习答案、督促学生注意学习进度变化等。这种师生之间、生生之间的实时互动，让合作式、探究式的学习过程伴随着整个学习过程，真正体现了以教师为主导、学生为主体的教学理念。教师积极引导与启发，而学生积极主动参与成为教学过程的常态。课程结束后，教师也会设置相应问卷来收集学生对慕课平台或优课联盟的意见，来提升慕课课程质量。

除了线上学习，要获得相应的学分，学生必须参加由本校教师进行的线下翻转课堂学习和线下考试。线下课堂一般为8个学时：第一次课主要是课程导学，发布课程要求，提供学习方法，指导学生按照进度完成学习。接下来的课程主要是翻转课堂的教学。由于学生已经提前完成了线上的视频学习与作业，而教师在线上辅导过程中已经提前了解学生的学习困难，因此，翻转课堂主要通过对话与讨论对学生进行有效辅导。同时，完成相关语言练习、角色扮演、讲故事等方式，也能让学生加深对课文的理解，促进学生对知识的吸收与内化。比如，在讲解 Life of a Salesman 一章中，在完成相应的学习内容后，学生需要完成三个课堂活动：讨论作为一个推销员应具有的特质、角色扮演推销员的推销过程、翻译与文章内容相关的段落。学生可以根据自己的情况，任意选择参加其中的两项活动，如果学生选择参加全部课堂活动，便会得到额外的奖励分。这种课堂活动的设置，考虑到学生之间的差异性，并能最大限度地调动学生参与课堂活动的积极性。与此同时，这些课堂活动大多需要分组来进行，加强了学生之间的互动交流，让团队式、协作式的学习模式得以实施。

如何将文化知识自然地穿插于语言学习，一直是大学英语教学的重点和难点之一。关于"*The Freedom Givers*"一文的讲解，在传统的语言学习中融入了文化知识的学习。为了加深学生对美国历史，尤其是美国特有的奴隶制的理解，在视频教学中插入了电影情节，让学生更直观、更深刻地感受到奴隶制时期的黑人奴隶悲惨的生活经历，以及在逃离奴隶制过程中所遭遇的艰辛。文中出现了美国的大量州名以及美国南北战争时期的历史事件、人物与地名，对学生的理解造成了很大障碍。仅仅通过语言与文字的学习，固然能加深学生对历史事件的印象，但是，效果并不理想。在翻转课堂教学中，以文中的"underground railroad"为突破口，借助美国地图，设计课堂活动，让学生根据文中叙述来勾画奴隶们从美国逃往加拿大的路线，让学生理解课文内容，熟悉了美国各州，尤其是南方各州的奴隶制状况。同时串联了当时美国南方和北方的经济、政治与文化分歧，加深了对美国南北战争的理解。在此基础上，让学生结合历史知识，让他们谈谈对美国南北战争的理解和看法。这些活动环环相扣，激发了学生的学习兴趣，加深了对主题的理解。

（三）完善课程评价体系，加强教学管理，优化教学效果

评价与测试是检验教学质量，推动大学英语课程建设与发展的重要手段。主要包括课程评价、学生英语能力测试以及教学管理部门为评价和测试提供的保障。

为了对基于慕课的大学英语教学课程进行综合评价，以学校内部开展的自我评价为主，对课程实施情况进行评审与指导；教师和学生作为大学英语课程评价的主体，积极主动参与评价活动：教师对教学过程进行记录、交流与自我评价；学生通过线上线下的交流发表对课程的评价，并利用"问卷调查"了解学生的学习效果以及对该翻转课堂模式的满意度（见附件）。通过慕课平台的数据和问卷调查的反馈，能及时发现慕课教学的问题，改进教学过程，不断深化教学改革。

英语能力测试是线上线下结合的方式。学生的线上学习进度必须达到60%才能参加线上期末测试。线下成绩包含学生在课堂表现中的平时成绩以及线下的测试成绩。线下的平时成绩由出勤、课堂参与、课后作业构成。为了客观、真实地反映学生平时成绩，让所有学生都能突出自身优势，每次课往往都设计多个课堂活动的环节，学生可以根据自身情况，选择自身发挥最好的部分来完成。比如，有的学生语言表达能力强，想象力丰富，便可选择讲故事的方式来完成课本内容的复述，加深理解，而学生之间互评的方式，既让所有学生都参与其中，又能更加客观地为学生的课堂表现打分。

强调学生课堂表现能有效地避免期末考试作为唯一测试手段带来的问题，但期末考试作为核定学生语言学习能力的重要性也不可忽视。为了全面考察学生的语言能力，期末考试的题型完整丰富，包括信息匹配、仔细阅读、词汇与语法、完形填空、翻译与写作。既参照全国大学英语四、六级考试题型，又结合学生线上学习内容。这种形成性测试和终结性测试的有机结合，既关注了学习结果，也能促进学习过程。

在教学管理上，主要由学校教务处对慕课实施情况进行管理，建立教师发展专项研究项目，鼓励教师进行基于慕课的大学英语课程教学改革，为该课程的建设与改革提供制度和经费上的保障。

三 结语

基于慕课的大学英语课程建设，为当前大学英语课程改革的一个重要方向。从目前的教学情况来看，基于慕课的大学英语翻转课堂，利用现代信息教育技术，打破了学校限制，让学生能接触到各类优质的教学资源，并能随时随地掌握与安排自己的学习进度，并由此制订适合自身的学习计划，让学习过程更具个性化和自主性。多数学生认为，线上线下相结合的翻转课堂模式让他们收获了不错的学习效果，尤其是在培养学生的跨文化意识方面，在很大程度上弥补了传统大学英语课程的不足，让大学英语课程在基础通用英语课程与专门英语课程之间的衔接更连贯。对大学英语教师来说，翻转课堂的教学模式是全新的尝试，培养了广大英语教师的创新意识。在慕课教学过程中，教师必须首先消化吸收慕课的学习内容，才能在线下指导学生，因此，从这个层面来说，促进了广大英语教师的课程培训。

但是，由于缺乏专业的信息技术培训，许多大学英语教师对信息技术掌握不是太熟练，一定程度上影响了慕课和翻转课堂的效果。另外，有些学生在选修提高级别的英语课程——《英语深度阅读》时，没有考虑到自身的英语水平和自主性，他们无法跟上慕课以及翻转课堂的节奏，导致学习效果不明显。在进行翻转课堂前，对教师进行技术培训，对选课的学生进行适当引导，很好地解决了这一问题，达到了教学目的。

（作者：马春花　长江大学外国语学院）

附件：基于慕课的《英语深度阅读》课程翻转课堂的效果与满意度调查

Q1：你的性别是_____。

A. 男　　　　　　　　　　B. 女

Q2：你所学的专业是_____。

A. 文科　　　　　　　　　B. 理科

Q3：你所在的年级是_____。

A. 大一　　　B. 大二　　　C. 大三　　　D. 大四

Q4：你以前是否选修过慕课课程_____。

A. 是　　　　　　　　　　B. 否

Q5：与传统课程教学相比，你在学习慕课课程中平均每周投入的时间和精力是（单选题）_____。

A. 一样多　　　B. 更多　　　C. 更少

Q6：你觉得与传统课堂教学相比，利用慕课学习大学英语的优势何在（限选3项）_____。

A. 充分利用现代技术，提高英语学习效率和兴趣

B. 课堂生动形象，富有吸引力

C. 各类优质教育资源的互换和共享

D. 学习时间、地点和方式更灵活，课程学习更便捷

E. 拓展知识面

F. 其他

Q7：你觉得与传统课堂教学相比，利用慕课学习大学英语的弊端何在（限选3项）_____。

A. 没有课堂学习氛围，缺少与老师和同学的面对面的互动、交流与

合作

　　B. 缺乏有效监管机制

　　C. 自制力差，不能保证学习质量

　　D. 时间成本高

　　E. 学习节奏不好掌握

　　F. 其他

　　Q8：你认为在学习完本慕课课程之后，你的学习效果是（单选题）_____。

　　A. 非常好，能够在理解的基础上及时完成学习任务，很好地达到了预期的学习目标

　　B. 较好，能够按时完成任务，基本达到了预期的学习目标

　　C. 一般，没有什么区别，该会的还是会，不会的还是不会

　　D. 非常低，很浪费时间，没有完成任务

　　Q9：使用慕课学习《英语深度阅读》，你的学习具体达到了什么效果（限选3项）_____。

　　A. 能根据自己的实际情况制订学习目标、学习计划并分阶段完成

　　B. 英语阅读能力和写作能力提高

　　C. 对时间的控制能力得到提升，学习效率提高

　　D. 能对自己的英语学习分阶段评估，并适时调整学习策略

　　E. 跨文化的意识增强

　　F. 能根据自己的学习兴趣和需求寻找适合自己英语学习的资料

　　G. 其他

　　Q10：为了最大限度地发挥慕课学习效果，慕课教师应该具备的素质为（多选题）_____。

　　A. 老师应该与学生共享更多的学习资源

　　B. 老师应该在课后的自主学习中起到监督作用

　　C. 老师应该借助QQ、邮箱、论坛等途径为学生答疑交流

　　D. 老师应该熟练掌握慕课技术知识，帮助学生解决慕课学习中的技术难题

　　E. 在当今获取信息如此便捷的时代，根本不需要老师

　　Q11：你认为，学校建设慕课课程开展在线教育形式采用何种模式最好（单选题）_____。

A. 完全线上：线上自主学习＋线上讨论＋线上考试

B. 翻转课堂：线上自主学习＋课堂辅导、讨论＋线上和线下考试

C. 其他

Q12：你对此次慕课学习满意程度如何，会继续选修采用类似教学方法的课程吗（单选题）_____。

A. 很满意，会当作主要的学习方式继续选修其他课程

B. 满意，会根据课程性质来决定是否继续选修其他慕课课程

C. 基本满意，但不会经常选修此类课程

D. 不满意，以后不会再选修任何慕课课程

通识音乐课程慕课改造与实施效果研究

——以《音乐与健康》慕课为例

随着互联网技术的发展，我国高等教育已经出现了新的发展形势，逐渐转向全民教育。各个高校也开始进行课程的改革，开设大量的在线课程。自2013年起，长江大学就着手慕课课程的引进和建设工作，先后与"好大学在线"和"优课联盟"签署加盟协议，长江大学"SPOC"（Small Private Online Course，小规模限制性在线课程）官方网站"慕课学院"也于2014年正式上线。笔者非常荣幸地成为第一批慕课线下辅导教师，自2014开始主要担任"优课联盟"平台的《音乐与健康》课程的线下辅导工作。

《音乐与健康》课程精心设计了音乐与健康、治疗、养生、音乐处方单等8个专题的内容，每一讲讲授一个专题，并按照知识点拆分成多个相对独立而又连贯的"节"，每段视频为8—20分钟，符合线上学习的规律。该课程将健康与音乐相结合聚焦热点；从健康的定义入手，从身体、心理和社会适应能力三个方面来讲述音乐与健康的关系，并讲解了人们关注的音乐与治疗、音乐胎教以及音乐养生等方面的热点话题，并从实践角度教大家如何简单易行地对自己进行生活化的音乐治疗。这是一门比较优秀且实用的课程，适合喜爱音乐和关注身心健康的人群，非常适合当代大学生学习音乐，调节情绪。

从2004年开始，我就一直担任学校公共艺术课的教学工作，其中，有公共必修课程《大学艺术》和个人申报的公选课程《音乐基础理论》。经过多年的通识音乐教学，发现在传统的通识音乐教学中存在诸多问题。当在线平台出现之后，通识知识教育出现了新的教育方式。本文将以《音乐与健康》这门慕课为例，来探讨通识音乐类课程引进慕课的改造与实施效果研究。

一 通识音乐课程建设中存在的问题

（一）课程设置缺乏稳定性

公选课课程设置程序一般是教师根据自己的特长和爱好申报，经教务处审批后，组织学生申请选修，选课人数达到一定数量后则开课。在学校层面，缺乏对通识音乐类课程的整体规划和设计，因而公选课的设置具有随意性，在很大程度上存在"因人设课、人走课停"的现象。

（二）教学设备短缺

教学设备是保证课堂能够正常进行的基础。学校通常将优质教学资源投入到专业课程中，不管是在师资方面，还是在教学场所方面，都是首先满足专业课程，较少关注公选课建设。音乐课不同于其他公共理论课程，音乐是声音的艺术，在音乐的学习中，要听要唱。通识音乐课应该在专门的音乐教室授课，该教室应配备多媒体音响设备和钢琴，让学生能够进行视唱练习和音乐欣赏等。只有对于音乐相关的各种教学设备进行充分的开发和利用，才能使高校的通识音乐课程教学活动得到更好的开展。

（三）优质师资不足

高校通识音乐类课程普遍存在教育师资能力参差不齐、优质师资严重不足的现象。公选课任课教师以初、中级职称为主，青年教师由于缺乏应有的经验，在日常的公共音乐教学中，既不能对学生开展全面的公共音乐基础知识教学，也不能根据教学内容熟练地对教学方法进行灵活的运用，难以保证公选课承载的通识教育质量要求。

（四）课程开设科目单一

开设的通识音乐类课程类型少、课时短、涉猎范围窄。无法满足学生个性化的需求。公共艺术课程应该涉及艺术史、艺术鉴赏和艺术评价等。目前，长江大学开设的通识音乐类课程有《音乐基础知识》《流行音乐鉴赏》《钢琴作品赏析》和《民族管弦乐鉴赏》。但缺乏西方音乐史、民族音乐、戏曲等相关音乐类课程；每门课程课时安排为20课时，课时较短，学生学习不够深入，对于感兴趣的同学，可以考虑开设相关的后续课程。

（五）大班教学，人数过多，教学效果差

一般公选课课程选课人数为 120—200 人。《大学艺术》课程平均为 5 个班，150 人左右；《音乐基础理论》课程选课人数为 200 人。采取大班授课，学生人数过多，无法提供合适的教室学习，无法展开个性化辅导或者课堂讨论，课堂教学的互动性明显减少。由于人数过多，监管困难，课堂教学效果无法得到保证。

（六）教学方法有待改进

公选课的课程对象往往是不同年级、不同专业和不同学科背景的学生，对于这类特殊的授课对象，仅仅采用传统的讲授法，教学方法单一，难以满足不同学生的需求，极大地妨碍了公选课教学质量的提高。与专业课相比，公选课的教学方法必须具有一定的灵活性和差异性，以满足不同知识基础和不同专业背景的学生的需求。

二　融入慕课的通识音乐课程建设

由于互联网的出现，学生获得知识不再局限于课堂。作为一种全新的教学模式和学习模式，慕课所倡导的优质教学资源共享、信息技术与现代教育深度融合、翻转课堂等理念也日益为人们所接受。近几年来，"好大学在线""优课联盟"等慕课平台，已经在全国很多高校教学中使用。

（一）慕课丰富了音乐通识教育选修课程资源

慕课作为大规模的网络在线课程，其最为突出的优势便是开放式的优质资源共享。慕课拥有的海量优质资源和低门槛教学，给学生创造了学习的可能，有利于充分实现教学资源共享，促进教育资源的公平分配。

近几年来，长江大学也一直紧跟教育改革的步伐，从 2014 年开始，分别在"好大学在线""优课联盟"和"超新尔雅通识课程"三个中文平台引进 29 门慕课，作为通识选修课程，供在校学生选修。其中，通识音乐类课程有"好大学在线"平台的《音乐基础知识》和"优课联盟"平台的《音乐与健康》。这两门通识音乐慕课广受学生的喜爱，并获得了一定的教学效果。

目前，学校开设的音乐类公选课程有《音乐基础理论》《民族管弦乐

鉴赏》《流行音乐鉴赏》和《钢琴作品赏析》，但缺乏民族音乐、音乐史论、戏曲等方面的课程。针对这一问题，学校可以选择开设相应的慕课来满足学生的需求。目前，有关音乐类的慕课较少，学校可以根据需要，引进优质的慕课课程，也可以结合学生的需求和地域音乐的特点，来研发开设校本通识音乐慕课。

（二）慕课提升了学生的自主学习能力

在传统的通识教学模式中，由于选课人数多、学时少，在教学中普遍都是教师满堂讲，学生被动地听。学生参与性少，缺少教学互动，教学效果和教学评价不尽如人意。另外，传统的公选课考核比较简单。一篇论文或者随堂做几个题目便可作为考核的标准，很多学生都能轻松地获得学分。考核不够严格，使公选课普遍存在混学分的现象。

慕课是以学生线上学习为主，线上学习包括观看视频、完成课堂作业、参与线上师生互动讨论和线上考试等内容。学生可以自由地在任何时间、地点来学习相关的课程，针对感兴趣或者不太懂的知识点，还可以反复观看视频学习，同时还可以与同学或教师在平台或 QQ 群里交流、讨论。学生只要在规定的时间内完成线上学习及课后测试，参加线上考试，就可以获得线上的成绩。

慕课作为一种在线的公选课程，最终成绩评定由三部分组成：线上成绩、线下辅导和线下考试，三者缺一不可。以《音乐与健康》课程为例，学生最终成绩评定比例为：线上成绩占 40%、线下辅导占 30%、线下考试占 30%。学生为了获得学分，都会认真地进行线上和线下学习。这种自主的学习模式受到学生的喜爱，最大限度地提升了学生学习的主动性，更有助于学生自主学习能力的培养。

（三）慕课满足了学生的个性化需求

在多年的通识音乐教学中，笔者发现，学生的音乐水平参差不齐，并且兴趣不一。笔者在申请开设的音乐公选课程《音乐基础理论》课程教学中，通过问卷调查提问：你们最想从这门课上学到哪些与音乐相关的知识？调查结果是，有的学生是想学习吉他，有的学生想学唱歌，有的学生想学编曲，有的学生想学乐理。在学校公共课程《大学艺术》教学中，通过随堂音乐鉴赏的考试中可以看出，学生对音乐的偏好也不同，有的学生喜欢古典音乐，有的学生喜欢民族音乐，还有的学生更偏好于流行音乐。一门课 20 个课时，无法讲授这么多的内容，并且术业有专攻，教师也不是什么都会。慕课优质的教学资源为个性化学习提供了极大的便利，学校可以根据学生的需求，来引进并开设相关的音乐类慕课，满足学生的需求。

（四）慕课突破了传统教学的时空限制

学生可以在"超新尔雅通识课程"等提供的网络平台上通过电脑或手机选学这些课程，实现自主学习，慕课为个性化学习提供了极大的便利，学生在学习时间和空间的安排上更为灵活，突破了传统教学中通识教育选修课程与专业课上课时间冲突、跨校区上课麻烦等问题。除此之外，慕课还能为师生提供了自由交流的平台，学生与学生之间、学生与教师之间可以在平台上交流和分享，可以自由讨论，解决传统大课堂中教师一人面对上百名学生无法做到的相互沟通交流问题。

每学期的《音乐与健康》课程都会建立相应的 QQ 群，该群主要用于课程的交流、学习。学生有关的学习问题都可以在群里提问、交流，教师也会在群里进行答疑。师生可以有一个很好的互动，并且这个互动不受时间、地点的限制，这是传统的课堂教学所无法做到的。

慕课还可以进行更好的课堂延伸。提高学生的音乐鉴赏能力和艺术修养，需要欣赏大量优秀音乐作品。但是，一个交响乐作品十几分钟，一个音乐剧一个小时，一部音乐电影两个小时，在传统的课堂教学中是无法完整地欣赏这些优秀的作品的，只能截取短短的一小部分。音乐是时间的艺术，不花时间去欣赏就无法感受到音乐作品的内在魅力。通过慕课平台来学习，学生可以随时通过网络来搜寻音乐作品，进行音乐欣赏，并且在慕课课程中还提供了很多优秀的作品供学生欣赏。这是传统的音乐教学课堂上所无法做到的。

（五）慕课改变了传统的教学模式

美国教育部 2010 年对在线教育的实验研究发现，混合式教学比纯粹的面对面教学或在线教学效果更好。基于慕课的"翻转课堂"教学模式，将在线学习与线下翻转结合起来，学生在课下观看微视频，完成相应的学习项目，线下则主要参与互动、感受和讨论。这种混合学习模式改变了传统的知识传授方式，更加受到学生的喜欢。

通识音乐类课程线下翻转课堂形式多样。以《音乐与健康》课程为例，为了保证学习效果，教师将学生分成以 30 人为一组的学习小组，学生以小组的形式来参加线下辅导。该课程线下辅导主要包括小组 PPT 主题汇报、音乐感受及音乐治疗体验、音乐互动游戏和音乐处方的分享几部分。学生参与其中，学习兴趣浓厚，可以更好地提高教学效果。

慕课的出现，给通识教育选修课程建设带来了教学理念和手段上的革新，为学生提供了一种新的学习方式。通过慕课维护了高等学校音乐教育教学的公正化，促进了新型教学体制的改革。通识音乐教育是高校推进素质教育的重要组成部分，高校公共艺术课程是一门充满活力和艺术文化底蕴的课程，依托慕课平台，结合翻转课堂的新型教学模式的课程认知与实践，将为该课程的发展注入新鲜血液，提供发展契机，在促进大学生全面发展方面体现自身的价值和意义。

（作者：王　慧　长江大学艺术学院）

大学英语移动自主学习平台
"微英语"的研究与实践

　　大学英语移动自主学习平台"微英语"是长江大学外国语学院赵吟老师在 2011 年申请的长江大学校级教学科研项目"手机 WAP 网辅助英语教学新模式的研究与探索"取得的教学研究成果。从 2013 年 7 月起，大学英语移动自主学习平台"微英语"就被运用到长江大学英语教学过程中。通过四年的不断探索和发展，取得了令人满意的成绩。截至 2017 年 12 月，使用该平台进行教学和自主学习的师生已超万人。同时，依托该平台的发展，建立了教师教学科研团队，取得了丰硕的教学科研成果。2016 年 10 月，该项目获得长江大学教学科研成果二等奖。2017 年 12 月，该项目与长江大学外国语学院谈宏慧教授的教学科研项目合作，获得湖北省第八届高等学校教学成果奖二等奖。

　　下面将从大学英语自主学习平台"微英语"建设的背景、设计思路和在大学英语实践教学中的运用等方面进行详细的介绍。

一　建设的背景与理论基础

（一）平台建设的背景

1. 我国的移动互联网发展现状

　　我国第四代移动通信技术的进一步发展和普及，使互联网和移动通信网络加速融合，极大地推动了我国移动互联网技术的进步。Trustdata 在 2017 年 10 月 31 日发布了《2017 年 Q3 中国移动互联网行业发展分析报告》。报告显示，截至 2017 年 9 月，我国移动互联网用户数量已经超过 30 亿。在 2015 年全球移动互联网大会上，国家工业和信息化部怀进鹏部长指出，我国的手机用户现在已经超过了 12 亿，其中，有 9 亿用户开通了数据流量服务。而相关数据统计显示，预计到2020年，全球支持移动互联网连接的移动终端数量将达到250亿—500亿部。而预计到2018年，我国的智能手机数量也将是当前数量的两倍。通过这些数据不难看出，我国的移动互联网发展迅速，用户数量庞大，技术日趋成熟，我国已经进入到移动互联网时代。同时，连接互联网的终端也由从前的电脑向移动终端发展，比如智能手机或平板电脑等。这些都为长江大学英语移动自主学习平台"微英语"的建设奠定了坚实的技术基础。同时，长江大学英语移动自主学习平台"微英语"的建立，满足了新时代发展条件下对大学英语教学手段改革的需要。

2. 微课与慕课

（1）微课。微课是指按照课程标准及教学实践的要求，以视频为载体，来记录教师围绕学科中的某个知识点、例题习题、疑难问题、实验操作等进行的教学过程。微课的核心是微视频，包含与该教学视频内容相关的微教案、微课件、习题、教学反思等辅助性的教学内容。微课是在传统单一的教学课件和教学设计等资源基础上继承和发展起来的一种新型教学资源。微课主要针对课程中的重点、难点等内容，来设计并制作出具有时间短、容量小、内容精和易传播的教学视频，满足学生移动学习和个性化自主学习的需求。

（2）慕课。慕课的意思是大规模有线开放课程。与传统课堂教学相区别的是，接受慕课教育的学生，通过网络注册来学习，不受学生学习人数、地域和时间的限制。

无论是微课还是慕课，两者都侧重于资源的共享，需要有成熟、稳定和完善的网络平台。目前，长江大学虽然加入了一些由其他学校建立的慕课联盟，分享兄弟院校制作的一些在线课程，但是仍然存在一些问题。首先，缺乏大学英语的相关微课和慕课。其次，不同学校的大学英语课程教学在课程进度和教学重点上也不尽相同，因此，在教学资源的使用上存在一些问题。最后，微课和慕课的教学对象是学生，不同学校的学生在英语基础和对英语的要求上也不相同，所以，可能无法满足长江大学学生对大学英语的个性化需求。综上所述，大学英语移动自主学习平台"微英语"的建设，有助于满足长江大学对大学英语教学改革的需要。

（二）平台建设的理论基础

1. 混合式学习

目前，国际教育界和技术界达成了共识，即只有将传统学习和网络化学习结合起来，两者优势互补，才能最终获得好的学习效果。同时，何克抗教授积极在中国倡导混合式学习。他认为，所谓混合式学习，就是把传统学习方式的优势和网络化学习的优势相结合，也就是说，既要发挥教师引导、启发、监控整个教学过程的主导作用，又要充分体现学生作为学习过程主体的主动性、积极性和创造性。移动互联网环境下的混合式学习具有三个显著特征：（1）混合式学习的教学理念是以学生为中心的。现代学习理论研究显示，自主学习或主动学习可以极大地强化知识内化的过程和效果，在被动学习方式的基础上，混合主动学习方式，同时利用现代学习理论，采用混合式学习的方法可以强化知识的内化过程。（2）混合式学习的课程资源精英化、精细化和社交化。在移动互联网环境下的混合式学习非常依赖优质的学习资源。（3）混合式教学设计要有针对性、及时反馈性和高密度性。学生在移动互联网的条件下进行混合式学习，其及时反馈性和高密度性是传统课堂教学所无法比拟的。

2. 泛在化学习

泛在化学习是指智能化和网络化与教育有关的物理空间中的事物，从而使学习者可以随时随地、不受资源限制地使用任何终端进行学习的学习方式。根据《国家中长期教育改革和发展规划纲要（2010—2020年)》的要求："到 2020 年，我国将形成人人皆学、处处可学、时时能学的学习型社会。"泛在化学习环境下大学英语课堂的特点主要表现在三个方面。首先，大学英语课堂的泛在性，即学生可根据自身的需求，在任何地方、任何时间获得无所不在的学习支持。其次，大学英语课堂的个性化。目前，仅凭教师课前所收集的学习资料，无法满足学生对英语学习的个性化需求，具有泛在化学习特点的平台学习资源要更加丰富，学习者可以根据自身的需求来筛选学习内容。同时，大学英语课堂线上与线下要具有交互性。在泛在化学习的环境下，无论是在课上还是课下，学生与学生间、学生与教师间、教师与教师间都可以进行同步或异步的交流，学生通过这种方式，能够更好地解决学习过程中产生的疑问，提高学习的效率。

二 设计思路与特点

（一）平台设计思路

1. 平台设计模块化

长江大学的大学英语移动自主学习平台"微英语"主要由四个模块组成（见图1），即微信自主学习模块、学习效果评估模块、课程学习与互动模块和传统课堂讲授模块。

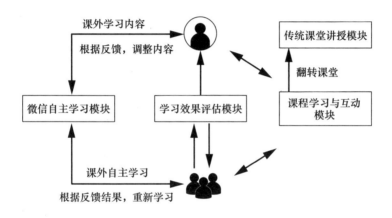

图1 平台设计模块

平台中的四个模块既相互独立，又相互连接。教师在传统课堂讲授完毕后，通过微信自主学习模块发布学习任务，学生通过微信自主学习模块进行课外线上的大学英语自主学习。学生在自主学习后，通过学习效果评估模块，对自主学习的内容进行掌握程度的自我评估，掌握知识点的理解情况。教师也通过学习效果评估模块，掌握学生对知识点的掌握程度，在课程学习与互动模块中，与学生进行交流，答疑解惑，并根据互动的结果调整课堂讲授的内容。这样的设计理念能对教师的教学和学生的线上与线下的自主学习形成一个良性循环，提高了教学效率。

（1）微信自主学习模块。2017年，企鹅智酷的《2017微信用户和生态研究报告》结果显示，我国有8.89亿微信活跃用户，其中绝大部分为年轻用户，微信已经成为中国移动互联网的国民级应用。因此，利用我国年轻人，特别是大学生的社交习惯来建立微信自主学习模块，更容易被学生所接受。同时，微信也为大学英语自主学习模块提供了稳定的技术保障。

在微信自主学习模块中，包含各个栏目，如双语阅读、英语口语、中国文化、英语听力、西方影视欣赏、英语课程辅导等。这些栏目的建立旨在帮助学生提高英语的听、说、读、写、译等各方面的综合能力。

（2）学习效果评估模块。目前，很多高校都建立了各种各样的大学英语自主学习平台。但是，在这些自主学习平台中，绝大部分都没有对学生自主学习的效果进行评估。对学生自主学习内容"重布置而轻评估"的设计理念，直接影响学生的自主学习效果。由于自主学习效果评估体系的缺乏，学生无法了解自己对大学英语自主学习内容的掌握程度。同时，教师也无法有效监督学生课堂外进行线上大学英语自主学习的过程，最终严重影响教学的效果。

为了改变这种现状，在设计学习效果评估模块时，上述的一些设计弊端就被充分考虑。在长江大学设计的学习效果评估模块中，学习内容的评估试题可以通过多种途径分享给学生，比如微信推送、二维码分享等。这种评估既可用于线上自主学习，也可以将评估试题通过二维码的方式插入到课堂教学的 PPT 中，进行随堂教学效果评估。学生在提交评估试题后，马上就能获得评估的分数，迅速了解自己对知识点的掌握情况。同时，评估结果也实时同步出现在教师后台管理系统中，帮助教师及时了解学生学习的情况。

（3）课程学习与互动模块。在课程学习与互动模块中，教师可以布置讨论的话题，组织各种线上或线下的学生小组学习活动。学生在此模块中，分享小组活动的成果。学生不仅可以与教师进行互动交流，也可以学生与学生间、小组与小组间进行互动交流。交流的方式既可以是文字，也可以是语音。通过该模块，教师可以解答学生在学习过程中产生的疑问，防止学生因疑问得不到及时解答而产生的厌学情绪。

（4）传统课堂讲授模块。将传统课堂作为一个单独的模块纳入整个大学英语移动自主学习的体系中，是长江大学英语自主学习平台的特色。近年来，随着微课和慕课兴起，越来越多的教师重视线上课程的建设。然而，传统课堂和教师在课堂中的作用不应被忽视。在传统课堂讲授模块中，学生通过教师的指导，能够更加系统且宏观地把握课程要点，人与人的交流和人机交流相比较而言，前者能为学生带来更加愉悦的心理感受。因此，在传统课堂讲授模块中，要求教师将线下学生自主学习的任务也纳入课程设计的范畴，帮助学生系统地梳理所学内容。

2. 整合现有技术，使移动学习成为可能

长江大学英语移动自主学习平台"微英语"充分利用现有的技术和教学科研成果，认真思考长江大学英语教师的信息技术能力现状，降低技术门槛，整合现有的技术和教学科研成果，在节省教学软硬件资金投入的同时，创新性地打造具有长江大学特色的大学英语信息化教学平台。

（1）微信公众平台。微信公众平台操作便捷，对于硬件要求不高。目前，智能手机在学生群体中普及程度极高，这为大学英语教学中应用该技术奠定了基础。同时，微信平台丰富的功能，能满足大学英语的教学要求，比如，即时聊天功能、语音、文字、图片、视频等。这些都有助于教师为学生的大学英语自主学习提供丰富的教学素材。

（2）蓝墨云班课。蓝墨云班课是一款免费的移动教学 APP。在传统课堂教学过程中，教师利用蓝墨云班课组织丰富的课堂活动，比如小组讨论、头脑风暴等。教师还可以利用该软件，组织学生对小组活动的内容进行互评，既能保证学生更好地完成活动内容，又能增加学生间的交流与互动，丰富了传统课堂大学英语教学的手段。

（二）平台的特点

大学英语移动自主学习平台"微英语"具有鲜明的特色，比如，受众面广、兼容性强、师生实时互动、教学资源易分享、不受硬件条件制约、完善的学习效果评估体系等。

1. 长江大学所有非英语专业学生都可利用该平台进行大学英语自主学习

截至 2017 年 12 月 30 日，长江大学使用该平台进行大学英语自主学习的学生人数已超过 1.4 万。每天通过该平台进行大学英语自主学习的活跃学生超过 8000 人。

2. 平台具备兼容性，可以满足其他英语课程的教学需求

由于大学英语移动自主学习"微英语"平台模块化的设计理论，该平台不但可以用于大学英语读写课程，还可用于英语口语、英语听力、

商务英语等多门外语课程，满足更多教师和学生对大学英语教学与学习的需要。目前，长江大学非英语专业大一学生可以通过该平台进行大学英语读写和大学英语听力两门课程的线上与线下自主学习。

3. 更好地衔接线下课堂教学和线上自主学习

长江大学的大学英语移动自主学习平台"微英语"突破了传统学习平台的单一性，为混合式教学奠定了基础。目前，很多高校也建设了各种大学英语学生自主学习平台，但是，线上网络自主学习平台无法与传统课堂教学进行衔接。举例来说，教师在传统课堂上就某个知识点提出问题，只有部分学生有机会参与，而另一部分学生因为课堂时间或者课堂人数比较多而失去参与的机会。但是，利用长江大学的"微英语"平台，教师可以提前将问题用二维码的方式插入PPT，在课堂教学过程中，学生利用手机扫描二维码即可参与课堂活动。通过这种方式既能保证课堂上每个学生都能参与，又提高了教学效率。

4. 分享自主学习资源，强化学生间互动

学习需要良好的学习氛围，这也是学风建设的重要部分，所以，必须调动学生的学习主动性，并且通过学生间的互动交流，传递学习的快乐，从而建立起好的学习氛围。学生通过该平台，可以将自己平时收集的学习资源进行共享，学生间可以相互查看学习资源，通过这种方式，既提高了学生英语学习的兴趣，又提升了英语学习的氛围。

5. 重视课程学习效果评估

对于学习效果的评估，往往都存在一个误区。一般来说，提到课程评估，就是指考试的分数，这种观念并不正确。课程学习效果的评估应该包括两个方面：一是知识点的考核，即通过测试分数，了解学生对某个知识点的掌握情况。二是自主学习投入程度的考核。这是很多自主学习平台都忽视的一部分。大学英语学习效果的考核要考虑语言学习的特点，语言学习重积累。因此，要想全面评估一个学生的学习效果，既要评估学生对某个知识点的掌握情况，也要了解学生平时学习的投入程度。学生使用"微英语"自主学习平台进行学习，每次查看教师分享的内容和资源时，会得到相应的分值，再结合学生对知识点测试考查的情况，就能对学生自主学习的情况有一个全面的了解。

三　教学实践中的运用

大学英语移动自主学习平台"微英语"能有效地解决长江大学英语教学实践的"痛点"：

（一）基于大学英语移动自主学习平台，针对学生"泛在化"的学习特点，探索具有长江大学特色的大学英语"混合式"课堂

总体来说，那就是"学有所得，得有所评，评有所思，思中促学"。学生通过这种混合式教学法，更加高效地掌握学习的内容。教师利用平台对学生的学习效果进行综合性评估，再将评估结果反馈给学生。学生根据教师反馈的评估结果，对学习中出现的问题重新思考，必要时重新进行学习。同时，教师也会思考学生的学习评估结果，进一步改进教学的内容。

（二）依托大学英语移动自主学习平台，建立大学英语教学信息化团队

目前，长江大学外国语学院建立了大学英语教学信息化团队。在对大学英语移动自主学习平台不断完善的过程中，提高了团队成员的信息化技术水平，增强了团队成员的教学信息化意识。并且，团队成员积极申报教学科研项目。截至 2017 年 12 月，大学英语教学信息化团队共申报校级教学科研 4 项，发表学术论文 15 篇。

（三）通过大学英语移动自主学习平台，整合优质的大学英语教学资源，提高教学资源的运用范围和利用率

2017 年，中国进入到共享经济时代，"共享经济"这个术语最早由美国得克萨斯州立大学社会学教授马库斯·费尔逊（Marcus Felson）和伊利诺伊大学社会学教授琼·斯潘思（Joel Spaeth）于 1978 年发表的论文 *Community Structureand Collaborative Consumption：ARoutine Activity Approach* 中提出。其主要特点是个体借助平台，交换闲置物品，分享自己的知识、经验，或者向企业、某个创新项目筹集资金。共享单车、共享汽车、共享充电宝等创新项目应运而生。在教育领域，优质资源共享的口号很早就已经有学者提出，但因为受到技术、学科发展规划等条件的制约，一直无法真正有效开展。大学英语移动自主学习平台"微英语"能够帮助教师整合优质的资源，所有大学英语教师都可以将自己备课过程中制作的优质资源放到自主学习平台上实现资源共享，不但提高了教学资源的运用范围，让更多的学生从中获益，而且教师也可以相互交流经验，分享教学心得，提高了教学效率。

（四）深化大学英语移动自主学习平台建设，提高大学英语教师的信息技术化教学及科研能力

随着社会和时代的发展，教育技术也在不断变化。这种变化带来了大学英语教学的变革。在这个过程中，教师的教学理念起着决定性作用，而教师的信息技术与课程整合能力，是先进的教育理念能否有效实施于教学实践的关键因素之一。要实现信息技术在大学英语教学中的合理运用，必须建立一支质量合格、有较高信息素养的师资队伍。在大学英语移动自主学习平台建设过程中，外语学院组建了大学英语教育信息技术团队，为教师进行信息化教学讲座，鼓励大学英语教师参加全国各地组织的教育信息研讨会，学习完毕后，将学习的成果分享给其他老师。同时，在长江大学外国语学院公布以外，还专门成立了"智慧课堂"活动。在"智慧课堂"活动中，教师交流教学心得，分享教学资源和学术科研经验。该平台的建设，为外国语学院培养了一批大学英语信息化教学和科研骨干，为大学英语的信息化改革打下坚实的基础。

四 成果展示

（一）大学英语移动自主学习平台各模块建设成果

1. 微信自主学习模块

通过微信公众平台推送与课程学习相关的自主学习资源。截至2017年12月，推送内容超过6000条。覆盖长江大学非英语专业大一年级所有学生，日均活跃学生超过5000人。

2. 学习效果评估模块

该模块由自研的在线测试分享题库和蓝墨云班课两部分组成。目前已经建成与大学英语读写课程相关的阅读题库，大学英语口语课程的题库正在建设过程中。学生自主学习内容的评估由自研的在线测试分享题库完成，蓝墨云班课用于评估学生的自主学习投入程度。学生的平时成

绩 = 课堂出勤 × 20% + 自主学习测试 × 50% + 自主学习投入程度 × 30%。

3. 课程学习与互动模块

该模块由自主学习资源互动和线上微信师生互动两部分组成。在自主学习资源互动当中,学生可以对教师分享的资源提问或者提出要求。在线上微信师生互动当中,学生与教师实时互动,教师可以帮助学生解答学习中遇到的问题。

（二）基于大学英语移动自主学习平台的大学英语教学资源整合成果

目前已将大学英语读写、大学英语视听说两门课程的优质资源进行了整合,同时还包括精品阅读、四级辅导、学术资源和课程微课 4 个特色栏目。各种文字、图片和视频资源共计 358GB,其中,自建读写微课视频 45 个。

（三）利用大学英语移动自主学习平台进行大学英语混合式教学案例简介

教学对象:大一公外新生（中西医临床 11601、11602 及生工 11601、11602）

教材:《新视野大学英语》（第三版）

教学内容:读写第一册第三单元

教学目标:To know about how to conduct a survey

任课教师:赵吟

课时分布及详情介绍:

线下自主学习:How to make a survey & Better User Research Through Surveys（点击浏览内容）

课堂教学:第 1、2 课时

教学目标:

（1）To help Ss understand why we need survey.

（2）To help Ss design a questionnaire.

（3）To help Ss know about the different types of questions.

小组讨论,逐步设计问卷。

线下自主学习:小组讨论并设计完成调查问卷,要求包含 8—10 个问题。

课堂教学:第 3 课时

教学目标:To help Ss know about the different types of answers.

小组讨论，完善问卷。

问卷调查收集，数据汇总分析：生工调查问卷 100 份，回收 99 份。中西医调查问卷 100 份，回收 99 份。

（1）学生以小组分析汇总问卷数据。

（2）学生任务：以小组为单位准备问卷调查结果展示。

（四）基于大学英语移动自主学习平台的学术成果及教学研究成果奖励

依托该平台，建立了由 10 位教师组成的大学英语教学信息化团队。截至 2017 年 12 月，大学英语教学信息化团队共申报校级教学科研 4 项，发表学术论文 15 篇。该教学研目在 2016 年 10 月获得长江大学校级教学成果奖二等奖。

（作者：赵　吟　长江大学外国语学院）

上课必须玩手机

——C 语言课堂教学改革

一 引言

在大学里，绝大多数理工科专业都需要修读编程课，学生普遍反映编程课比较难学。这个问题可以从学生和课程两个方面来分析。从学生方面来看，大部分大学生是上大学后才真正接触编程，基本上属于初学者，而编程课又与以往学过的知识有巨大差异。同时，现代大学生需要学习的课程很多，每门课可以分配的时间有限。从课程方面来看，编程是一门严谨的、实践性非常强的课程，学生只有通过自己动手写代码才能学会。然而，初学者写的程序总是错漏百出，可能有语法上的错误，也可能有逻辑上的错误，有时甚至有因编译器设置错误而导致的错误。由于编程非常严谨，有任何一点点错误就会导致程序无法运行，因此，学生很难获得成功的体验。另外，虽然程序被编译时，编译器会输出错误信息，但是，由于这些信息都是英文，大部分学生根本不可能读懂这些计算机英语。综上可以看出，在写程序过程中，学生作为初学者，能得到的帮助非常少，很容易遭受挫折。

为了帮助学生更好地学习编程，高校教师也做了很多努力：有教法上的改革[①]，如有引入游戏式编程的[②]；有课程考核方式的改革，如引入

① 魏妮妮、宋翌：《结对编程在程序设计基础课程实验教学中的研究与实践》，《实验技术与管理》2013 年第 12 期。
② 潘颖：《基于游戏的 C 语言教学模式的探索与研究》，《科技信息》（科学教研）2007 年第 17 期。

上机考核①；有学习方式的创新，如结对子编程等。② 除此之外，部分教师还开发了一些工具辅助教学，如引入在线编程系统③、开发更加适合教学的编译器、引入 ACM 的自动判题系统④等。

事实上，尽管编程是一门非常实用的技术，但是，相对于庞大的学习人群，最终会从事编程工作的大学生并不太多。另外，现在大学生的课程较多，在每门课上可花的时间有限。因此，教师需要尽量充分利用课堂时间，最好让学生在课堂上就练习编程。为了达到这个目标，教师可以让学生带笔记本电脑来上课或者直接在机房上课。但是，由于各种原因，让每个人带笔记本电脑上课是不现实的。由于机房资源的稀缺性，教师总在机房上课也是不可能的。从 2010 年左右开始，智能手机得到普及，每一个拿着智能手机的人都相当于带着一台微型电脑。显然，充分利用手机，可以让每一位学生都可以在课堂上练习写程序。

基于上面的认识，笔者尝试通过架设服务器，让学生用手机也可以写程序。同时，通过微信公众号，让学生不必安装任何 APP 就可以随时随地可以写代码。本文以《C 语言程序设计》为例，详细介绍在线编译系统的建设，同时尝试应用该系统改进《C 语言程序设计》的课堂教学。

二 《C 语言程序设计》教学中的困难

笔者上《C 语言程序设计》这门课已经近四年了，在教学过程中发现了大量的问题。

第一，编译器的选择和安装是一个大问题。C 语言的编译器有微软的 Visual C^{++}、GNU 的 gcc 和 Intel icc 等，基于这些编译器的集成开发环境（IDE），它们要么太老，要么太庞大，非常不适合教学场景使用。

第二，C 语言课的上机课的课时非常少。一般来说，C 语言课都包含

① 徐义春、邓波：《ACM 在线评测系统与程序设计教学》，《时代教育》2015 年第 9 期。
② 魏妮妮、宋翌：《结对编程在程序设计基础课程实验教学中的研究与实践》，《实验技术与管理》2013 年第 12 期。
③ 张巍：《在线编译教学系统在 C/C^{++}课程中的应用与研究》，《才智》2009 年第 33 期。
④ 田地：《支持移动终端的 C 语言在线编译系统的设计与实现》，《信息通信》2015 年第 1 期。

大量的理论学时和少量的课内上机实验。在理论课上，老师一般是一边用 PPT 进行知识的讲解，一边打开编译器写程序进行验证。在上机方面，学生在机房练习写程序。C 语言是一门实践性非常强的课，上机课时明显严重不够。

第三，这门课的作业批改很困难。老师布置了程序作业，但收上来的程序是写在纸上的，只能看个大概，很难一眼看出对错。即使让学生交电子文档，老师也需要将学生交来的程序一个个地跑一遍，增加了工作量。

第四，学生要请教老师，非常困难。学生很难仅靠语言就能清晰地表达出他遇到的问题，只有向教师展示代码才能真正解决问题。

三 在线编译系统构架

在开源社区的驱动下，现在要架设一个在线编程系统并不复杂，仅仅在开源代码平台 github 上就有不少于 20 个类似工程。这些工程大致可以分为：简单的仅能编译源代码的，主要用于 ACM 竞赛的；在线编译并且带调试的；帮助企业开发、管理更便捷地使用准备的系统如 Cloud 9。

在这些众多的解决方案中，选择一套适合课堂教学场景的系统颇为不易。在技术选型时，首先需要选择服务器的类型，不同的服务器类型决定了可供选择的系统框架的范围。一般来说，现在的服务器大致分为两类：一类是 Windows 系统的；另一类是 Linux 系统的。Windows 服务器成本高，一套 Windows Server 就要好几千元，其灵活度也较差，现在使用的较少。现在的服务器基本都是 Linux 系统的，绝大多数在线编译系统都是基于 Linux 系统的。其次，在线编译系统也需要模拟一般的编译器的使用习惯。比如，C 语言课程里面的程序都是控制台程序，经常需要从键盘输入，表现为程序运行时会暂停，等待用户输入，在获得用户输入后继续运行。要达到这个效果，就必须引入 Web Socket 连接远程主机。但是，引入 Web Socket 后带来了一大堆的问题，其中最大的问题是安全问题。Web Socket 相当于给用户一个终端，用户可以在里面输入各个系统命令。如果不想使用交互式终端，也可以让用户提前准备好输入，在运行程序时通过管道将输入传递给程序，这就需要改变用户的使用习惯。为了避免麻烦，很多解决方案都没有提供交互式终端。最后，在线编译系统应该尽量简化操作。一般来说，传统的 IDE 都是为工业用途准备的，是以项目为单位进行代码管理的，非常复杂。打开 IDE 每次都要先新建项目，然后不断地点击"下一步"，每一步都有很多选项。这在一定程度上影响了学生的学习。而且，在《C 语言程序设计》课程中，一般写的程序非常简单，只包含单个 C 语言源文件，并不需要 IDE 的一大堆功能。

在考虑了老师日常教学需求和学生的使用需求后，笔者最终选择了 Linux 服务器。为了最大限度地兼容教学，笔者使用了 Web Socket 的交互式终端，在网页端显示用的是 Xterm. js 库。根据 C 语言这门课的教学特点，我们使用了最简单的单文件程序模式。程序输入用的是 Codemirror 的 JS 控件，编译则使用 PHP 代码调用 Linux 服务器上的 Gcc 编译器。

另外，用手机写程序还是有诸多不便，比如屏幕小、输入困难等。因此，除需要开发手机端外，笔者还开发了 PC 端网页，这样，学生上课可以用手机进入微信公众号练习，下课回宿舍可以用电脑练习。为了方便，笔者注册了域名 byte – wave. com 和微信公众号 ByteWave，以方便学生使用。

四 在线编译系统应用于《C 语言程序设计》课堂

在拥有了在线编译系统后，以上问题都迎刃而解了。首先，学生不再需要安装任何编译器，用浏览器打开 byte – wave. com 就可以写代码。其次，在没有电脑的时候，比如课堂上，学生可以通过手机的微信公众号写代码，这样，即使是理论课，学生也可以练习写程序。课程再也不需要区分理论课和上机实验课。同时，学生的程序可以保存在云端，随时可以调出来。比如，当学生编写的程序有问题的时候，他可以用手机调出程序，请教教师。这样，问题很快就能被解决。教师批改作业的问题也基本不存在了，作业的问题直接交给编译器了。

在使用了在线编译系统后，笔者的《C 语言课程设计》课堂教学模式发生了明显变化。现在，笔者再也不需要让学生去机房上机了。在普通的教室里，笔者讲完部分知识点，就出一个相关的编程题，学生则使用手机练习写程序。笔者在教室里面走动，随时解决学生遇到的问题。在大量的学生写完程序后，笔者对部分重点，难点再讲解一下。小部分没有学懂的学生则保存好课堂上写的程序，课后再进行修改，实在还不懂的学生则课间再和笔者沟通。笔者布置作业后，也不再要求学生提交纸质作业。如需要检查学生的作业，笔者则让学生打开手机，看他保存在云端的程序。

五 效果与讨论

将在线编译系统应用于《C 语言程序设计》课程后，不少同学反映编程更方便了，学习的热情有所提高。现在，学生可以随时随地写程序，如果一次没写完，可以保存下来，下次打开再写。以前，学生向教师请教程序上的问题一般只能通过截图发给老师，有时候一些隐藏的问题并不太容易被发现。现在，学生可以拿着手机直接问老师，方便了很多。

当然，由于时间和能力的限制，笔者开发的在线编译系统还存在不少问题，需要一些时间来优化。比如，由于使用了 Web Socket 的交互式终端，现在的系统面临一些安全问题，这需要通过容器化方法来解决。另一个问题是抄袭。由于作业电子化，现在学生抄作业更加方便了，复制粘贴一下就可以了，这个可以通过作业比对的方法得到一定程度的解决。

参考文献

1. 刘冲、张玮炜：《C 语言程序设计教学方法点滴》，《黑龙江科技信息》2008 年第 34 期。

2. 潘颖：《基于游戏的 C 语言教学模式的探索与研究》，《科技信息》（科学教研）2007 年第 17 期。

3. 徐义春、邓波：《ACM 在线评测系统与程序设计教学》，《时代教育》2015 年第 9 期。

4. 魏妮妮、宋翌：《结对编程在程序设计基础课程实验教学中的研究与实践》，《实验技术与管理》2013 年第 12 期。

5. 张巍：《在线编译教学系统在 C/C ＋＋课程中的应用与研究》，《才智》

2009 年第 33 期。

6. 田地:《支持移动终端的 C 语言在线编译系统的设计与实现》,《信息通信》2015 年第 1 期。

7. 梅刚、林龄、潘峰:《基于 Web 的在线编译环境设计》,《计算机时代》2015 年第 5 期。

8. 黄净杰、董希福、郑川:《基于云计算技术的在线编译平台的设计分析》,《网络安全技术与应用》2017 年第 8 期。

(作者:刘启民 长江大学地球物理与石油资源学院)

现代信息技术背景下基于传统教学的
《古代文学》课内外整合教学模式研究

近三年来，伴随着"互联网＋教育"的兴起，以慕课为代表的、以联通主义理论和网络化学习的开放教育学为基础的在线课程，在中国的大学校园越来越受到关注，越来越多的高校着力引进或开发推广自己的在线课程资源。在线课程热的大背景下，慕课模式无疑成为一些高校探求教育改革出路的最有效途径，甚至是成为先进教学理念或方式的代言，这让传统的教学模式冷落甚至投入不够。诚然，与传统的班级授课方式相比，在线课程以大数据分析为依据，将课程内容片段化（优化）为15分钟左右的时长，通过精细化制作成视频资料，借助网络打造出一种公共的、可灵活支配的学习模式，还可以跨时空实现优势资源的共享，确实具有新时代的时代属性（技术性、视觉性、数据化、聚合性、自由性等），也迎合了一些厌倦了传统教学方式的学生的猎奇心理。但在线也有着与传统教学不可比拟的缺陷，即情感交流和情感培育的缺失、教学的即刻性和直接性的丧失、教学调节灵敏度的缺乏等。因此，在在线课程热的背景下，基于传统教学的冷思考，在此刻尤显重要和必要，传统教学的生命力和魅力，不是丧失了，而是缺少发现和重塑。

一 对当前教学形态和思想现状的梳理与反思

随着社会的发展、时代的进步，特别是现代先进技术的发明以及对社会生活各方面深层次的影响，我们当今的日常生活方式、生活观念、生活态度、思维习惯、行为习惯和学习环境，与此前任何一个时期相比，都发生了翻天覆地的变化，在对我们的高等教育模式提供了更多的便利和机遇的同时，也带来了深刻的挑战，特别是对给人以"与现代生活有些隔膜"印象的课堂教学而言，这种感觉尤为明显，正是基于上述实情，我们对课堂教学的优化实践与省思也尤显迫切。

关于课堂优化教学实践与省思讨论的现状，基本可以用三组关键词概括：信息时代、数字化环境、互联网＋；"90"后；教改。第一组关键词概括的是我们的生活环境，也是当今教育的时代背景；第二组是高等教育教学的主体，也是我们教育的对象；第三组是教学的应对方式与出路，是教育模式的选择。三组关键词处于不同层面、三维一体，构筑了我们当今多元文化视野下课堂优化教学的时代语境。

（一）MOOC 来了

虽然比欧美及发达国家晚了近 15 年，但我们还是以阻挡不住的脚步步入了信息时代并发展迅猛（网络时代）。伴随着计算机的普及与数字网络化深入，信息（包含知识和技术）对整个社会的影响逐步提高到一种绝对重要的地位。依托于电子媒介的信息量、信息传播和处理的速度，以及应用信息的程度等，都呈几何级数增长。由于计算机（手机）和网络技术（无线网络）的广泛应用，人们的学习方式也发生极大的改变，学习速度大大提高。伴随着"互联网＋"战略的推进，一些新的行业模式如雨后春笋般涌现，并以各自的方式证明其存在。不管你是欢迎的，还是观望或拒绝的，慕课都以一种不可阻挡的方式进入了我们的视野，并在长久以来、苦于无良方可觅、成果不显的教改大旗的推动下，以一种空前绝后的方式推进。

1. 慕课的优势

作为一种大型的在线开放课程，慕课有着与生俱来的融技术性、视觉性、聚合性、自由性、精细化、数据化等于一体的时代优势和自身特长，这是传统的课堂教学无法全面实现的。从根本上讲，慕课就是技术的产物，依网络互联而生，融视听于一体，兼有娱乐审美之效。慕课制作就是借用了影视制作的视觉蒙太奇技术、剪辑工艺、音响特效（同期和后期）整合工艺，其过程本身就是一种极精细化的美化操作，从某种程度上说，就是一种课堂教学的影视化过程。这种精致的影视化教学，先不论内容，且从形式看，对于惯于"读图""猎奇"的年轻人而言，确实在一段时间内是具有吸引力的。而依靠网络的推送（限时或按时），一方面，可以使在线学习具有自由性，只要你愿意，你就可以在规定的时间内任意安排你的学习时间或地点；另一方面，也可以使在线学习呈现出聚合性特征，即只要借助网络平台，就可以跨越时空，"在一起"学习、讨论同一课程。与此同时，课程管理者可以借助网络后台，对在线的情况做出"大数据"的量化管理和监控，甚至可以使用技术手段干预在线学习的进程。从上述特性来说，慕课确实看上去很美。那么问题来了，慕课模式是将来教改的方向与未来吗？在慕课热的大背景下，冷静地思考，这确实是一个问题。

2. 慕课的"脚踵"

与传统的课堂教学相比，慕课在借助技术凸显优势的同时，也存在阿基琉斯的脚踵，主要表现在：情感交流和情感培育的缺失、教学的即刻性和直接性的丧失、教学调节灵敏度的缺乏、教学仪式感的丢失。

教育的根本目的在于基于知识传授（教）之上的心灵情感培育。特别是对传统的人文学科学习而言，教育的根本目的是培育一个人的人文品格。著名的教育家孔子说："弟子入则孝，出则悌，谨而信，泛爱众而亲仁，行有余力，则以学文。"在夫子的教育设计里，一个人的德育情感（孝悌谨信爱）是第一位的，是根本，行有余力，而后学其他知识。儒学经典《四书》之首的《大学》开宗明义："大学之道，在明明德，在亲民，在止于至善。"明德、亲民、止于至善，这既是《大学》的纲领旨趣，也是儒学"垂世立教"的目标所在。教育的目的在于情感培育，不只中国先贤的认识如此，现代西方也有相同的认识。德国著名哲学家雅思贝尔斯在《什么是教育》一书中指出："所谓教育，不过是人对人的主体间灵肉交流活动（尤其是老一代对年青一代），包括知识内容的传授、生命内涵的领悟、意志行为的规范，并通过文化传递功能，将文化遗产教给年青一代，使他们自由地生成，并启迪其自由天性。因此，教育的原则，是通过现存世界的全部文化导向人的灵魂觉醒之本源和根基，而不是导向由原初派生出来的东西和平庸的知识（当然，作为教育基础的能力、语言、记忆内容除外）。"而实现这种目的最为有效的方式就是"人对人的主体间灵肉交流活动"，亦即传统的口传心授。诚如明代著名大学士解缙之言："学书之法，非口传心授，不得其精。"虽然是对书法学习而言，也是对言传身教的教习之道的形象概括。慕课模式，用机器取代人为，最终造成了学习过程中教者和学者的情感交流及情感培育的缺失，成为这一教学形式无法弥补的情感缺憾。

慕课课堂教学一是一门遗憾的艺术。每一次授课都是现场直播。即使你再精心设计，再认真贯彻，总难免会留有缺憾，这些缺憾会成为日后的经验，激励下一次课堂向更高更好地臻于理想的境地迈进。而这种残缺的美，正是传统课堂模式的即刻性和直接性的魅力之所在。教师在授课时的一颦一笑、一时的激扬或沉醉，尤其是教学双方一刹那间的举目会心，更可心情畅适，成为风景。而慕课借助现代影视手段，把授课内容精细化，通过后期的剪辑和特效技术，使音画最优化，这种精致的美凝练集中却缺少了现实课堂的鲜活与生动，更重要的是割裂了教学双方的实体联系，到头来终是一副虚拟的触摸不到的风景。另外，慕课视频一旦上线，由于主客观条件的限制，不可能在短期内频繁更新，难以像传统课堂教学那样容易修正和复旧如新。更有一点不得不重视，基于学分目的的慕课学习，"在线"并不一定"在场"，再强大的后台管理，也无法远程捕捉"隐身人"。

与教学的即刻性和直接性相关，慕课的在线虚拟性导致教学调节灵敏度的缺乏。慕课视频一旦上线，即成为一种学习的客体存在，即便有在线学习者间的互动与讨论，都不能弥补讲授者和观摩者间现场感的缺失。讲授者的对象的虚拟性就如学习者对讲授者的虚拟性的双重对立，从这一点来看，慕课是根本没有教学的即时调节可言的。

学习的自由性可以说是慕课的一大特点和优势，只要你有电脑并连接网络，你可以选择任意的时间地点进行在线学习，甚至可以把学习的内容化整为零。这种自由性提供了学习便利，同时也增加了学习的随意性。方式上的随意性会直接影响态度上的随意性，这无疑会削弱学习的效果。教学是一种需要仪式感的活动，这不是说要有多少外在的条条框框，而是要强调心理上的一种慎重感。慕课模式与传统课堂教学相比，丧失了一种学习的仪式感，多了随意，少了庄重。我们不敢想象，一个人把大把时间用在网上游离而蹲在卫生间里看慕课，该是件多么荒谬的事。"立身之道，与文章异：立身先须慎重，文章且须放荡。"无论做人还是做事，慎重的态度还是第一位的。人文教育的终极目标是成德，做一个有人文品格的人。对于教育而言，不论是讲授者，还是受教者，都理应有一份对对象发自心底的敬畏之心。

（二）挡不住的"90后"

进入21世纪，我们的教育对象与此前任何一个时期相比，都发生了巨大的变化。"90后"以不可阻挡的趋势，成为这个主体的主要构成部分。在他们身上，我们可以看到这个庞大的群体具有的独特性情。从社会大环境看，他们生长在社会安定、物质繁荣、经济飞速发展的时期，互联网影响到社会生活的各个层面，娱乐化消费成为主流，而生活节奏的加快，使他们有一种先于他们真实感知的无可言说的竞争压力感。从家庭环境看，他们大多出生在独生子女家庭，相对而言，有比较好的生活物质条件。生活中除了学习，基本上没有什么大的生活波动和人生经历。从教育情况看，大学之前，他们中的绝大多数接受的还是传统的义务教育，由于众所周知的原因，虽然教育改革呼声一浪高过一浪，但总体上还是以应试为终极目的。而由于就业机制的变化，他们不免对未来感到有些迷惘，有潜在的工作压力。

据笔者调查发现，"90后"这个群体整体上对自身的性格特点有着相当清晰的认识。他们普遍认为：这个年轻的群体有好奇心强、接受能力强、喜欢推陈出新、反对因循守旧的特点，而且兴趣广泛、标榜个性、富有青春活力，他们认为，这是他们成长的优势。同时他们也不否认自身的缺陷（但往往不愿正视或努力改变），即自我中心、抗挫能力弱；内心敏感脆弱、学习焦虑、有强烈的反叛意识；过于依赖网络（低头族），缺乏毅力与专注；务实主义等。由此我们不难发现，基于上述各方面的综合作用，这个群体往往普遍带有表面上的成熟与实际上心智不成熟的歧隔特点。在为人处世的过程中，利己主义、功利主义、娱乐主义、自我中心、简单主义和情绪化等倾向比较突出。事实证明，在与这个群体交流中出现的交流障碍和效度距离的"代沟"现象，正是当代高校教师不得不正视的一个问题。

那么，问题又一次出现了：我们的教学改革的方向是要投其所好，还是要保持一种仪式感呢？个人以为，答案肯定是后者。中国青年报社社会调查中心联合问卷网对2001人进行的一项调查结果显示，49.2%的受访者认为当下人们的仪式感减弱了，32.1%的受访者认为增强了；79.8%的受访者表示生活中仪式感重要。而仪式感的缺失，正是由于生活节奏的匆忙、虚拟社交平台的发展，以及人们越来越看重实用性的结果。正是基于教育手段对网络技术的使用的理性认识和对教育对象深刻的体认，笔者更加认为，未来的教育改革方向应该是融合现代技术的向传统课堂教学的回归，而不是顺承现代技术和青年一代的使用习惯或兴趣一味地投其所好。

二 基于传统教学的《古代文学》课内外整合教学模式课程建设实践

(一)课前十分钟的风采

古代文学所涉及的内容,无论是对作家思潮还是具体作品的理解认知,由于时空跨越,其价值判断和情感体认与现代人的生活存在巨大的差异,尤其是在看待传统伦理的关系及知识分子的行藏出处的选择上。因此,对古代文学的学习,需要有一定的文化情感转换。另外,同一学期不同类型课程的并列开设,学生常常在古代与现代、理论与实践、职场与文场等众多不同类型的情景中穿梭,有时一天会经历数种"不同人生",让人实在应接不暇。这些具体的情况都会影响和现代社会"有一定距离"的古代文学课授课效果。为此,笔者在具体的教学实践中,充分利用课前的十分钟,鼓励学生自发走上讲台,或展示特长,或介绍家乡风俗,或分享读书心得,或吟诵诗文歌赋,目的在于"求放心",营造一种文学的或文化的心理情感环境,把大家的注意力从课程之外的事务中转移出来,以便更好地为进入课堂做好准备。而对于发言的主题,采取"先松后紧、渐次靠近"与教学相关内容的办法,既充分调动了学生参与的积极性和学习的主动性,又巩固了学习过的内容,还预习了即将学习的相关内容,特别是背诵赏析作家作品环节,可以有效地对学习内容中的识记部分做日常的检测。经过不同年级的实践,事实证明,这一措施对古代文学的教学有很大的促进作用,效果良好。学生后来把《古代文学》课前的这十分钟称誉为"文艺复兴",可见,这一举措确实获得了学生的认同。

(二)课中的教学对话

课堂是语言的艺术,大学课堂的教学主要依赖语言这一传播媒介得以实现。但是,由于授课内容庞大繁杂与教学课时有限之间的巨大矛盾,传统的古代文学授课往往以讲授为主,不可能进行专门的或大量的讨论(即使是这样,要完成学期计划有时也要赶进度或者让学生自学一些非重点的内容,以为重要内容挤出更多的时间)。这就使课堂教学中师生有效的交流受限,使师生之间基于课程的思维交流处于不对等的地位。传统的"满堂灌"方式，学生缺乏主动性，师生之间也缺少应有的和谐，对此，学生很无助，老师很无奈。为改变这种状态，笔者在具体的教学实践中，十分注重教学过程中的对话艺术，取得了很好的教学效果。在这里把一些心得略作总结，以期交流，并祈批评。

教学实践中所强调的"课中的教学对话"，主要是指在自由开放、活泼灵动的课堂气氛中，师生之间在教学过程中基于教学文本的开放性互动交流，重在授课过程中文学情景的营造和对作品的感知与阐发（感发联想），智慧策略地利用交叉学科艺术如绘画、吟唱、方言、表演等艺术形式，调动学生的参与热情和积极性，开拓思维、培养创造理解能力，达到师生思想的互启、教学情感的一致。

1. 画意

中国古典文学，都富于形象，浓郁深情，讲究诗情—乐感—画意。把浓郁的情绪、悠扬婉转或激越慷慨的节奏，用最直接的画境表现出来，是对作品融入自己理解的综合感觉还原。一切诗语皆景语，一切景语皆情语。课堂教学整合画的意识，是对课堂的一种升华。

古代文学教学中，"上古神话"这一节内容由于其蕴含"诗性智慧"的独特文化特性，学习理解起来具有很大的难度。为营造一种更亲近深入的理解情境，笔者在讲授《山海经·刑天与帝争神》神话时，启发学生根据自己的理解，描绘自己心中的刑天形象。这里并不着重强调专业的绘画技能，而重在"形"与"意"的把握。从"形"上必须紧扣神话文本中的要点：断首、以乳为目、以脐为口、操干戚。但有的学生在描绘的过程中虽然把握了上述诸要素，却没有体现出"操干戚以舞"所体现出来的"猛志固常在"的坚毅品格和不屈的斗争精神。通过比较、启发以及相互点评，大家不仅对作品有了深入的理解，而且对这种新的教学形态抱着极大的热情，参与度也高。几分钟的时间凝聚了学生的注意力，调动了学生的学习主动性。

又如在学习《登幽州台歌》后，要求大家根据自己的理解，用画的方法表现此歌的内容。与画刑天相比，画子昂困难了许多，因为诗歌本身没有任何涉及具体环境和外在情态的句子，学生必须根据自己的理解和想象来完成，这样就会有很大的差异性。结果，学生基本上能呈现那种登台望远的情景，但在具体的表现上，有的同学画出了城墙，配有大河，甚至有人画出了宋人的官帽，这就有些背离了。笔者又结合陈子昂的《燕昭王》诗以启发，更深刻理解其中的历史感、渺小感、压抑感、孤独感，于是有同学设计构图人处中远景，以示人之微茫渺小，用远处丘陵乔木以示天地空阔，用乌云压境示压抑，用雁阵夕阳以示孤独。大家又竞相补充，不断完善，在有限的时间内，教学达到一个小高潮。

在教学中，笔者一直鼓励学生用思想作画，只求意到，不强求技术，这样，大大激发了学生学习的兴致，陆续出现了诸多关于神话、诗、词等作品意境的理解作品。

2. 乐（歌）

古代文学里的很多文学形式都和音乐相关，可以统称为音乐文学，比如诗词曲，包括小说里的韵文部分等。而不同的地域又有独特的音乐风格，这样就使古代文学教学中的音乐手段介入成为可能。和绘画一样，音乐的吟唱，同样可以实现课堂对话的有效增值。音乐的吟唱有两种情形：一种是有据可循的唱，就是本来就有曲谱并流传下来，或者已经被改编走流行风并流传广远的。前者如姜夔的《暗香》、苏轼的《念奴娇·大江东去》，后者如《关雎》《阳关三叠》、李煜的《虞美人》、苏轼的《水调歌头·明月几时有》、据李清照《一剪梅·红藕香残玉簟秋》改编的《月满西楼》《越人歌》等。另一种是无据可循的，根据自己的理解率性而发地唱。在具体学习这些内容时，适时地引入音乐，不论是示范、播放还是学生自己演唱，都会给学生感官和情感上意想不到的惊喜，趣味性有了，学习的专注力、热情和主动性自然得到提升，对作品的理解也就强化了，小环节往往有事半功倍的效果。两种吟唱形式都能有效地调动学生融入课堂的教学情境之中，相对而言，后一种更具有挑战性。和绘画一样，不必强求技术相关的基础，重点在于理解性的尝试。比如，讲授"原始歌谣"部分，讲到南音之始的《候人歌》，笔者就拿出几分钟的时间和大家探讨，这简约而不简单的一句"候人兮猗"该如何唱好，或者怎样改编演唱更好。并给学生示范《渭城曲》的演唱和元代散曲对《渭城曲》的改编，对学生以启发。文学中的《关雎》《陌上桑》等诗，都可以让学生大胆尝试，勇于探索着去吟唱，学生对此类教学环节感到新奇，在大家的积极参与下，课堂的气氛很热烈。

3. 诵

诵包括朗诵和吟诵两种。借助口语发声，传达对作品的感知、理解与抒发。一般的要求是朗诵，即用清晰、响亮的声音，结合各种语言手段来富有情感地表达并传递作品的思想感情的一种语言表现形式。一般而言，要求用标准的普通话，但结合中国传统文化地域性较强的特点，可以根据作品差别和作者的身份，鼓励尝试用地方普通话（方言）的形式去表现。古代文学具有很强的地域特性，而不同的地域总有独特的语言声调和语言表达习惯，在古代文学的教学中，适度引入方言，更有利于课堂对话，提高授课效果。虽然经过了千百年的发展，语言的发音及语言的表达都会出现很大的变化，但语言的延续性也会得以一定程度的保留。古代文学教学过程中方言的使用，并不是苛求还原古人的语言和语调，而是让学生更直接地感受不同语言表达的差异和特点，体会其风味，更直接理解语言表达习惯和情感表现的内在关联。比如讲授《楚辞》后，笔者就要求来自荆州江陵的学生用楚语颂《离骚》；学习《诗经》，让河南的学生用河南梆子读《诗经·郑风》里的诗，让山西的学生用山西梆子读《诗经·魏风》里的诗，让陕西的学生吼《秦风》，等等。适时整合，相互比较，在趣味中增加理解和交流，并赋予切身的体会，往往会取得意想不到的效果。在实践过程中，曾以多方言语种诵读《登幽州台歌》，其中，粤语的效果最好，学生对这种形式的课堂参与也非常欢迎。更高级的要求是吟诵。吟诵是一种遗失的传统，有基本的规范。讲求运气发声、音腔唱法、摇头摆身的基本味道，达到情通古人、修身养性、自成曲调的境界。这对于没有任何吟诵基础，又没有进行专门学习和训练的教师和学生都具有不小的难度，但具有无限的魅力。雅言传承文明，经典浸润人生。大学课堂重拾吟诵，势在必行，义在必行。

通过现代方言的表现，直观感受不同的语言表达呈现出的文化气场，这样，既活跃了课堂气氛，更增进学生了对作品本身的理解。

4. 情景剧

整合课堂内外，融合理解和开拓，勾连古典和现代，涵盖文学和文化，让学生有所为、有欲为、争相为，另一种有效的方式就是改编情景剧，更高级的表现就是依托现代信息媒介，转化成微影像。前者对场景没有特殊要求，几个人和一方讲台就可以闪亮登场；后者需要一定的设备和资金支持。但只要有投入，学生的热情和能量总是不可限量的，一切都有可能。在课堂实践中，有过《论语》情景剧、《诗经》短句、《屈原》话剧的有效尝试。结论很明确，文学风情剧，风月无边。

改编表演是一种课堂对话的有效途径。具体做法是：立足于学习内容，在理解的基础上改编成可操作的微剧本演出。这种改编可以是即兴的，也可以是预先布置有备而来的。如在上完《楚辞》后，让学生自编自导自演微话剧《屈原》，这样，既巩固了所学知识，进一步加深了对屈原及其作品的理解，又更深入地了解了楚国的文化和政治，学习以点带面，由浅入深，学生的各种潜力得以广泛地发掘和淋漓尽致地表现。在讲授《诗经·伐檀》后，为加强学生对民歌中的劳动歌曲的了解，采取全班分组分角色齐声朗读，如一群人唱"坎坎伐檀兮，置之河之干兮，河水清且涟猗"，另一群人唱"不稼不穑，胡取禾三百廛兮？不狩不猎，胡瞻尔庭有县貆兮"，然后是合诵"彼君子兮，不素餐兮"。这样处理让学生更能进入到作品情境中，玄想其事，遥体其情，对作品的情感把握就会更透彻。诸如此类的安排可以有很多，顺势而为又不走偏锋，学生都对这类教学环节表示欢迎。

课堂教学的对话交流，其形式可以有很多种，但任何形式都只是提高课堂效率和效果的手段，使用必须合理，且须严格把控好节奏，切不能"喧宾夺主"，如果把文学课当成了娱乐课，则又过犹不及了！

上文论及的课堂对话的几个方面，基本上都是从微观着眼，重在对作家作品的拓展式理解和深刻把握。对文学史的发展规律、文体研究等宏观性的问题，根据学生的具体情况，可以采用问课式的对话交流，条件允许的还可以进行师生角色互换，有选择地进行由学生讲授、大家质疑的更高层次的交流对话。只要每一个古代文学的教育者对待课堂认真负责，用心思虑，或对职业充满敬畏，不管外在环境如何变迁，我们的课堂都会富有无尽魅力！

（三）课后的作业设计

传统的古代文学的作业基本上都采取论文的形式，要求学生一学期提交一篇或两篇与本学期授课内容相关的论文，要求不能统一，作业的次数有限。由于学习兴趣、学习耐心、自觉性和责任心的不强或缺乏，加上网络时代各种资料搜索的便利，很少有学生能够静下心来认真对待论文的写作，转抄、拼凑的现象突出，这样的论文越来越难以达到预期的效果。作业完成作为实现教学目标的一个重要的环节，新时期学生学习中凸显的这些问题，应引起古代文学教师足够的重视并努力解决。在具体的教学实践中，笔者对上述问题做过一些有益的探索，取得了一定的效果。具体的做法是：改变传统笼统的论文写作形式，对课后作业布置更注重作业与教学内容的延伸度、思维空间开拓度、学生热情的激发度，这些或务实或富有创造性的作业设计尝试，既可循序渐进，也可多管齐下，但一定要做到具体可行。笔者根据作业性质，将作业归纳为实用型、创作型、参与教学型、调查型和研究型五种类别。

实用型作业，简单地说，就是务实，重实用。古代文学的学习需要有一定的作品储备量，而在教学中笔者发现，大部分学生的知识储备尚停留在中学水平，很多学生的背诵内容只是到了考试前才突击一下，对作品缺乏深入的了解，这样的应考做法并不能让作品在学生的记忆中保存长久。同时，电子时代的背景下，大多数学生被鼠标键盘所绑架，因为缺少书写实践而手写一塌糊涂，提笔忘字、书写不规范、别字连篇、不能正确使用标点符号的现象十分突出。针对上述实际，笔者采取以抄代背的做法，要求学生在课后用规范的字体抄写与教学相关的重要内容，比如《论语》《诗经》《楚辞》等经史子集的内容，内容自选，形式不拘但求抄写高质量，并可根据自己的具体实际，给抄写内容作注或者翻译。这样，既能达到识记的要求，同时又训练了书法，更培养了一种静心的能力和持之以恒的意志力。对于学习中文的学生而言，好的书法和高的文本知识含量，是一种起码的素养。有的学生以此为契机，养成了一种抄写的习惯，甚至有的学生为了达到自己未来创作的需要，为了全面熟悉神话故事而抄《山海经》全本。

创作型作业重在开放性思维的拓展和培养。笔者采取的主要形式是感发式改写。比如根据某个神话文本、《诗经》中的某个篇章、某首诗的诗境进行改写。在具体的教学实践中，《后羿射日》《伯兮》《君子于役》《击鼓》取得让人叹为观止的效果，其中有对作品及时代本身的把握、情景的虚设，更有当代视角的观照。论战争可以观照家国情感，谈爱情可以知往鉴今。学生的写作能力、领悟能力、想象力、整合能力、再创造能力得到了综合锻炼。另外，续写也是一种很好的尝试，可以培养学生多维的思考习惯和能力。续写是在作品理解的基础上思维的延展，是课堂教学深入到人生体验的经历。如上文提到的《伯兮》，诗歌表现的是思妇因夫自豪为夫忧思的矛盾情感，究竟"伯"的结局如何，思妇最终将面临何种现实，诗歌并没有任何的暗示，这就给联想接受以多种可能。学生在续写的过程中有的以"伯"战罢凯旋，两情携手，白头人生，大团圆结局以告慰等待与爱情，有的则以"伯"最终战死沙场，"可怜无定河边骨，犹是春闺梦里人"的悲剧结局震撼人心，更加深化了对战争主题的反思。更有学生以《千年遗梦——献给〈诗经〉中的女子》为题，用现代人的视角和口吻同《诗经》中的女子对话，交流对爱情、生活、梦想的看法和反思。改编表演也是一种训练综合能力的有效途径。具体做法是：立足于学习内容，在理解的基础上改编成可操作的微剧本演出。如在上完《楚辞》后，让学生自编自导自演微话剧《屈原》，这样，既巩固了所学知识，进一步加深了对屈原及其作品的理解，更深入地了解楚国的文化和政治，学习以点带面，由浅入深，学生的各种潜力得以广泛地发掘和淋漓尽致地表现。如此的作业布置更有利于对所学知识的消化吸收，更能拓展能力，给学生的启发和印象无疑是一般传统的作业无法企及的。创作型作业的另外一种尝试是创作。创作是对所学知识的具体实践。如在学完《论语》后，笔者要求学生结合校园生活和学习实际，仿写十则"论语"。学生在作业的完成过程中自然加深了对《论语》语体特征的把握和运用，更了解了这个逐渐远离大众视野的语录体的魅力。又如在学完唐五代文学后，为了让学生对诗歌有更直观的认识，基于学生对古体诗（古风和律诗）的基本了解，要求学生作一首自勉诗。在尝试写诗的过程中，学生对诗歌的情感和诗意的表达以及诗歌的格律有了更真切的感受。

参与教学型作业主要是指关于课堂教学讨论内容甚至是有关自主授课的资料收集、整理、综合的准备工作。古代文学教学的课时有限，对于一些文学史上相对而言只做概述介绍的非重点的内容或者由于时代和文学原因讲授有困难的内容，可用布置课后作业引导自学的方法，比如南北朝骈文、民歌、汉代的赋体文学、六朝文学批评等，既可用具体的问题引导学生各自学习，也可分组集中学习，然后在规定的时间内讨论检查效果。对于一些比较熟悉的、在文学史上又比较重要的内容，可以有选择地让学生自主讲授，比如李白、杜甫、白居易等重要作家，可让学生自行分组准备规定内容（可以是生平，可以是具体作品赏析，也可以是评价影响），然后推选代表发言。参与教学型作业让学生以课堂主体的角色进入学习，是教学方法的改变，也是教学观念的更新。但对师生双方都提出了很高的要求，即学生要有专业精神，教师要有掌控能力，否则，效果会和预期有很大的差距。

调查型作业虽然对古代文学教学适用面有限，但可视为对学生知识面拓展的一种有效的补充。比如讲《诗经》会涉及一些民俗的问题，可让学生调查生源地盛行或保留的婚丧嫁娶等民俗习惯或生活禁忌，并与《诗经》中涉及的相关主题对比，在比较中，既结合文化，加深对诗的理解，同时也可以做到对家乡文化的认识，对乡土文化的传承做出应有的贡献。作为坐落在楚都故地——荆州的一所大学的学生，对楚文化的了解无论是历史遗迹，还是风俗遗存都有得天独厚的优势。当讲到《楚辞》时，建议学生深入实地调查，了解当今楚地的楚风情况，在非物质文化遗产的大文化背景下，古代文学的教学得到了古今的结合和相关领域的广泛延伸。

研究型作业更专门，要求最高。更多的是培养学生的治学态度、锻炼治学能力和养成学术规范。可以是阐释型研究，可以是溯源流别研究，可以是考辨研究，还可以是整理研究，不一而足。可以说这是最为传统的一种作业方式，达成目标任重道远，

三　结语

回归传统教学，强化课堂学习的仪式性庄重氛围，而又不失却活泼，避免教学手段与时尚过多地捆绑，但又不排除有效使用现代技术手段，在教学探索过程中，秉持的态度不是哗众取宠，不是迎合，而更多的是引导和开放兼收、合理利用；通过对中国古代文学教学的多层面的综合探索与实践，使文学史的教学旨在立足传统的方式上，实现一种三方（教师、教材、学生）和谐的生态文明：立足教材，入乎其内又能出乎其外，教师乐教，学生乐学，在其乐融融中达到合知识性、合趣味性、合审美性的人格养成，使文学史的课堂真正成为合艺术性、情感性、诗性、学术性的交流平台。

要达到上述的预期和取得理想的教学效果，除需要教师的规划、学生的参与外，尚需要学校的一定设备和场地投入。但从整体情况而言，基于当前汉语言文学专业中国文学史课程设置以及教学大纲既定情况下的对《古代文字》传统教学的课内外整合教学模式改革与实践，无须对课程的设置做重新调整，具有较强的灵活性和可行性。

该模式对教学中教师的角色定位、知识视野、教学能力和教学态度

进行较全面的反思，能有效地激发教师的教授热情，提升教师的教学魅力。该模式在充分了解学生的基础上，因材施教，让学生在积极参与教学中增进人文素养，最终从单纯的知识掌握上升到作用人生，达到学以致用的最高境界。该模式对中国文学史课程教学的方法进行有效的探索，力求跨学科、合文化的课堂融合，使文学史的课堂真正成为合艺术性、情感性、诗性、学术性的交流平台。课堂教学的回归传统，不是与现代对立，而是在现代电子科技造成的人与人之间的或近或远的"歧隔"之外，在此处不再迎合，让课堂教学具有仪式感和参与意识，实现一种"你我都在场"的庄重和谐之美。

（作者：刘砚群　长江大学文学院）

长江大学在线开放课程助教团队的研究与实践

慕课是在线开放课程模式的一种独特类型，这一术语出现于 2008 年，并迅速普及、扩张、进化。[①] 长江大学于 2014 年在武汉校区引入慕课课程，2015 年推广至荆州校区，到目前为止，慕课的发展总体呈现出良好态势，选课人数逐年增多，结课通过率也稳步提高。

慕课作为一种在线开放课程，具有让更多普通大学学生享受名校名师教育资源、解决偏远地区教育落后问题等诸多优势，但其与传统课程相比，缺少了身临其境的体验和感悟。为了解决这一短板，慕课线下辅导教师和学生助教群体应运而生。由于慕课选课学生数量大，线下需要辅导的问题纷繁复杂，仅靠线下辅导教师的辅导是远远不够的，还有大量工作需要学生助教来协助。[②]

长江大学慕课助教团队于 2016 年 3 月成立，团队成员的稳定性，助教职责范围，助教与教务处、指导教师、学生之间的联系是否顺畅、有效，助教工作执行标准等都还需要一一建立、处理与规范。针对这些问题，我们面向长江大学助教人群设计了一份调查问卷，2017 年 12 月共收回有效问卷 22 份。通过对有效问卷进行统计分析，我们得出了若干有意义的结论。

一　助教团队成员基本情况

在长江大学助教团队中，2015 级和 2014 级学生最多，助教成员全部

[①] ［美］斯蒂芬·哈格德、王保华、何欣蕾：《慕课正在成熟》，《教育研究》2014 年第 5 期。

[②] 李辉、张雪彬、刘为民、张陈文：《基于 MOOC 环境下研究生助教工作质量监控系统设计与实现》，《高等农业教育》2016 年第 3 期。

为本科生。其中，理工科学生占绝大多数，人文社科类学生仅占 18% 左右。由此可见，后者对于此项工作的热情不高，这也可能与长江大学理工类专业占比大、人文社会科学类慕课课程少有关系。

（一）助教参与慕课学习情况

助教自身都参加过慕课课程学习，但多为选择 4 门以下课程，选择 4 门及以上课程的只占 10%。目前，长江大学合作的慕课平台为"好大学在线"和"优课联盟"，助教没有自行寻找其他平台选课学习，可以判断长江大学所选两个合作平台已能基本满足学生选课需求。此外，这也从另一个侧面反映出长江大学学生利用网络课程自学行为相对较少。

（二）选择助教工作基本动因

通过调查发现，助教都希望通过助教工作更深入地了解慕课相关情况并培养管理、组织技能。同时，"结交更多朋友"也是他们选择担任助教工作的一个重要原因。

（三）助教工作基本职责

调查发现，在"好大学在线"平台担任助教的学生占比更多，约为 65%。绝大多数助教都担任两门及以上课程助教工作，其中担任 4 门及以上课程工作的约为 39%，担任两门课程工作的约为 33%。大约 50% 的助教平均每周工作时长为 1—2 小时，28% 的助教平均每周工作时长为 3 小时以上。约有 67% 的助教做了两个学期的助教，22% 的助教做了 3 个学期的助教，11% 的助教承担了 4 个学期的助教工作。助教工作涉及最多的方面是"回答选课学生的各种疑问"和"发布上课或交作业或考试通知"，"开通补交作业"也涉及比较多。还有 78% 的助教参加过辅导教师的翻转课堂或线下辅导课，主要是帮助教师解答学生疑问、动手展示课堂内容、回答平台操作相关问题等。除这些工作之外，绝大部分助教都希望更多地参与慕课线下工作，包括多开展线下活动、与教师同学交流；更多地参与辅导教师的工作，包括整理资料、课程辅讲、参与学习课程、与教师一起监考、去慕课开课高校参观交流、一学期代替辅导教师上一次课，等等。

（四）助教对工作的评价

在认为助教工作是否大量占用了个人时间这个问题上，65% 的助教认为"没有"。大多数助教认为，助教工作能帮助自己"更有针对性地选择慕课课程"和"提高自学能力"；也有半数人认为，助教工作还能"有助于了解慕课热点教师和课程"以及"更精准地把握专业热点和前沿"。

83%的助教在工作过程中遇到过无法解决的问题，而在如何处理这类问题时，助教一般会倾向于求助该课程的指导教师或者有经验的助教、组长，此外，他们也会求助教务处/慕课社团辅导教师，或者联系课程平台的客服。33%的助教与慕课线下辅导教师的沟通频率为两周一次，28%的助教为一周一次，另外还有17%的助教与辅导教师联系很少。在被问到有问题向慕课课程指导教师反映能否得到及时回复与处理时，71%的助教认为"很及时"，29%的助教认为"较及时"，没有人反映"不太及时"或"不及时"。而被问到向教务处或慕课社团辅导教师反映问题能否得到及时回复与处理时，77%的助教认为"很及时"，23%的助教认为"较及时"。至于问到是否有学生提出线上沟通不畅、希望面对面交流的愿望时，88%的助教回答"没有"。

（五）助教对助教团队运行管理的评价

79%的助教认为岗前培训"很有必要"，剩下的人认为"比较有必要"。68%的人希望岗前培训以面对面授课和网络视频授课相结合的形式来进行。大部分助教希望学校还能提供长江大学慕课基本情况介绍、常见问题解答、平台操作技巧、公文写作、管理技能等方面的培训课程。在提交问卷的助教中，仅有3人获得长江大学教务处印制的助教聘书，其余助教均没有获得。大多数助教认为，助教团队应该一个月至两个月召开一次助教工作总结会（67%）；33%的人则认为，应该一学期召开一次。在被问到对于长江大学慕课运行、助教团队运行有何建议时，很多助教都认为，应该加强助教相互间的交流，加强助教团队的管理，形成制度化的约束和考核机制。此外，部分助教还建议加强与其他高校的交流合作，取长补短。

二　研究小结

从以上调查结果的分析不难看出，目前长江大学助教团队总体还是呈现出良好的发展趋势，助教对于工作的热情和积极性比较高，助教与辅导教师、教务处等各方的沟通也比较顺畅、及时，但是，由于助教缺乏相应的专业培训，在工作过程中难免有些力不从心。此外，由于团队管理缺乏规范性和相应的机制，导致很多工作热情高、工作能力强的助教不能充分发挥主观能动性和积极性，从而拉低了团队整体的运作水平和效率。

基于此调查研究，建议长江大学应尽快出台慕课助教团队的运行管理规章，让助教团队的工作有章可循、有据可依。此外，应将助教团队岗前培训制度化，培训内容也应基本明确，团队成员之间应加强交流，每学期召开两次以上的助教团队工作总结会。

（作者：马兆武　长江大学医学院）

参考文献

1. ［美］斯蒂芬·哈格德、王保华、何欣蕾：《慕课正在成熟》，《教育研究》2014 年第 5 期。

2. 李辉、张雪彬、刘为民、张陈文：《基于 MOOC 环境下研究生助教工作质量监控系统设计与实现》，《高等农业教育》2016 年第 3 期。

3. 范逸洲、冯菲：《浅析 MOOC 发展中不可忽视的群体——MOOC 助教》，《工业和信息化教育》2014 年第 11 期。

附件：长江大学慕课助教团队运行研究调查问卷

为了更好地促进长江大学慕课助教团队的运行，我们设计了此次问卷调查，感谢您百忙之中填写问卷。本次调研数据仅用于研究目的，不会对您产生任何负面影响，请您如实填写，谢谢合作！

1. 您入学的年份为（　　）。

A. 2017 年　　　　B. 2016 年　　　　C. 2015 年　　　　D. 2014 年

E. 其他

2. 您目前的身份是（　　）。

A. 本科生　　　B. 本科毕业　　　C. 研究生　　　D. 专科或其他

3. 您的学院或专业是（　　）。

4. 您参加过几门慕课课程的学习（已获得或正在修学分的课程）？（　　）

A. 1 门　　　　　B. 2 门　　　　　C. 3 门　　　　　D. 4 门及更多

5. 您学习过哪些平台的慕课课程？（　　）

A. 好大学在线　　　　　　　B. 优课联盟

C. 微信平台　　　　　　　　　D. 其他平台，请写出_____

6. 您在哪个/哪些平台担任助教？（　　）

A. 好大学在线　　　　　　　　B. 优课联盟

C. 微信平台　　　　　　　　　D. 其他平台，请写出_____

7. 您担任过几门慕课课程的助教工作？（　　）

A. 1 门　　　　B. 2 门　　　　C. 3 门　　　　D. 4 门及更多

8. 慕课开课期间，您作为助教平均每周工作多长时间？（　　）

A. 少于 1 小时　　B. 1—2 小时　　C. 2—3 小时　　D. 超过 3 小时

9. 慕课开课期间，您与慕课辅导老师的沟通频率大约是多少？（　　）

A. 一周 2 次或以上　　　　　　B. 一周 1 次

C. 两周 1 次　　　　　　　　　D. 一月 1 次

E. 联系很少

10. 开课期间，您作为助教主要涉及哪些工作？（可多选并排序）
（　　）

A. 回答选课学生的各种疑问　　B. 发布上课或交作业或考试通知

C. 开通补交作业　　　　　　　D. 其他，请写出_____

11. 作为助教，除了现有的工作，您还希望参与哪些方面的工作？请
写出_____

12. 您选择成为助教的原因是（可多选并排序）（　　）。

A. 更深入了解慕课相关情况　　B. 结交更多朋友

C. 培养管理、组织技能　　　　D. 方便自己更好地学习慕课

13. 您认为助教岗前培训是否有必要？（　　）

A. 很有必要　　B. 比较有必要　　C. 可有可无　　D. 没必要

14. 您个人更喜欢哪种形式的助教岗前培训？（　　）

A. 面对面授课　　　　　　　　B. 网络视频授课

C. A 与 B 混合形式　　　　　　D. 其他形式，请写出_____

15. 为了更好地做好助教工作，您希望校方还能提供哪些方面的培
训？请写出_____

16. 您认为助教工作是否大量占用了您的个人时间？（　　）

A. 没有　　　　B. 有一点　　　C. 是的

17-1. 您做了多长时间的助教工作？（　　　）

A. 1 个学期　　　　B. 2 个学期　　　　C. 3 个学期　　　　D. 4 个学期

17-2. 您是否已经获得长江大学教务处印制的助教聘书？（　　　）

A. 是　　　　　　　　　　　B. 否

18. 是否有选课学生提出：线上沟通不畅，希望面对面交流的愿望？
（　　　）

A. 没有　　　　　　　　　　B. 有

19. 您认为助教工作对您自己的学习有何帮助？（可多选并排序）
（　　　）

A. 更有针对性地选择慕课课程　　　B. 有助于了解慕课热点教师和课程

C. 提高自学能力　　　　　　　　　D. 更精准地把握专业热点和前沿

20. 在助教工作过程中，您有没有遇到过无法解决的问题？（　　　）

A. 有　　　　　　　　　　　B. 没有

21. 在助教工作过程中，您遇到比较棘手的问题时一般如何处理？
（可多选并排序）（　　　）

A. 求助本校的课程负责教师　　　B. 求助教务处/慕课社团辅导老师

C. 联系课程平台的客服　　　　　D. 请教有经验的助教或组长

E. 其他，请写出

22-1. 第 21 题您若选择了 A，您向本校的课程负责教师反映的问题
是否能得到及时回复与处理？（　　　）

A. 很及时　　　B. 较及时　　　C. 不太及时　　　D. 不及时

22-2. 第 21 题您若选择了 B，您向教务处/慕课社团指导老师反映
的问题是否能得到及时回复与处理？（　　　）

A. 很及时　　　B. 较及时　　　C. 不太及时　　　D. 不及时

23-1. 您是否参加过慕课辅导老师的翻转课堂/线下辅导？（　　　）

A. 是　　　　　　　　　　　B. 否

23-2. 第 23-1 题您若选择了"否"请跳过本题目；您若选择了
"是"，请写出主要做了什么？（　　　）

24. 您认为应该多久召开一次助教工作总结会？（　　　）

A. 2 周　　　B. 一月　　　C. 两月　　　D. 一学期

25. 您对长江大学慕课运行、助教团队运行何建议？请写出_____

第三篇
效果篇

通过长期研究、改革与建设，长江大学明确"引""用"为主，重"改"慎"建"，以"管"促"变"，"推"中协"同"的在线开放课程建设方针。"引、改、建、管、推"五种方式的结合，促进学校在线开放课程的"一体化"发展的"五位一体"在线开放课程模式，在应用在线开放课程构建"五位一体"教育生态方面取得了显著成效。

本篇收录的6篇文章重点围绕长江大学在线开放课程在"创新、协调、绿色、开放、共享"五大发展理念指导下，从整体优化出发，在课程建设和管理上，融合如下："共享"理念下的"引"；"绿色"理念下的"改"；协调理念下的"建"；"创新"理念下的"管"；开放理念下的"推"。学校在线开放课程更多地成为"载体""平台"，承担更多的"服务"和"交流"功能，如此形成课程建设生态的良性循环，可持续地服务在校学生、学校教师、教育管理人员、公务员和企业员工五大主体，取得了校内应用广、校外辐射强、社会评价高的良好效果。

创新课程形式，提升专业影响

——国家精品视频公开课《透视地下油藏》的建设与应用推广

　　教育部高度重视"本科教学质量工程"建设，在"十一五"国家精品课程建设取得成绩的基础上，根据《教育部财政部关于"十二五"期间实施"高等学校本科教学质量与教学改革工程"的意见》（教高〔2011〕6号），于2011年10月下发了《教育部关于国家精品开放课程建设的实施意见》（教高〔2011〕8号），决定开展国家精品开放课程建设工作。国家精品开放课程包括精品视频公开课和精品资源共享课，是以普及共享优质课程资源为目的、体现现代教育思想和教育教学规律、展示教师先进教学理念和方法、服务学习者自主学习、通过网络传播的开放课程。

　　精品视频公开课是以高校学生为服务主体，同时面向社会公众免费开放的科学、文化素质教育网络视频课程与学术讲座，旨在着力推动高等教育开放，弘扬社会主义核心价值体系，弘扬主流文化、宣传科学理论，广泛传播人类文明优秀成果和现代科学技术前沿知识，提升高校学生及社会大众的科学文化素养，服务社会主义先进文化建设，增强我国文化软实力和中华文化国际影响力。

　　精品视频公开课建设以高校为主体，以名师名课为基础，以选题、内容、效果及社会认可度为课程遴选依据，通过教师的学术水平、教学个性和人格魅力，着力体现课程的思想性、科学性、生动性和新颖性。从2011年开始到现在，教育部已经建设988门国家精品视频公开课，全部在"爱课程"网上免费供在校大学生和社会大众学习，取得了良好的社会效益。

一　发挥学科优势，建设优势课程

2012 年 2 月，长江大学在接到教育部和湖北省《关于开展 2012 年度精品视频公开课推荐工作的通知》（教高司函〔2012〕11 号）后，学校领导高度重视，组织成立由分管教学的副校长任组长，教务处、地物学院相关负责人担任主要成员的专门工作小组。在政策、经费和人力等方面充分保证，课程精心制作，反复打磨。严格内容审查，把好政治关、学术关和质量关。2012 年 3 月 11 日，第一讲样片通过湖北省教育厅评审，2012 年 4 月 23 日通过教育部评审。2012 年 5—7 月，拍摄完成的《透视地下油藏——找寻石油的地震方法》全部 8 讲视频课程。2012 年 9—12 月，经教育部严格审查修改后，于 2012 年 12 月 28 日起正式上线教育部"爱课程"网站，供在校大学生和社会大众学习。

选择"透视地下油藏——找寻石油的地震方法"这个主题建设，主要有以下三个方面的原因：

(一) 视频公开课满足社会大众的需求

众所周知，石油是现代工业的血液，它牵动各国首脑的敏感神经，影响平常百姓的日常生活……怎样才能找到深藏于地下的石油呢？目前，地震勘探无疑是找寻油气藏最为广泛、最为有效的手段之一。《透视地下油藏——找寻石油的地震方法》满足了广大学生和普通民众对石油，特别是石油勘探科学方法的浓厚兴趣。

(二) 课程的学科优势

1950 年 10 月，国家石油管理总局在上海交通大学举办"上海地球物理探矿"培训班，学制为两年，翁文波院士任主任。1952 年，该培训班搬迁到北京秦老胡同石油管理总局旧址，扩建成北京石油工业专科学校，被称为"高探一班"，同年 8 月至 9 月初，石油管理总局又举办了两期地球物理探矿训练班，即"高探二班"和"高探三班"。翁文波和顾功叙、傅承义等著名地球物理学家在训练班上授课。1953 年北京石油工业专科学校由秦老胡同迁往北京东郊定福庄（现中国传媒大学校址），改名为北京石油地质学校，该校设野外地球物理和矿场地球物理两个专业。20 世纪 50—70 年代，随着全国石油大会战的转移，学校校址多次变迁；1978

年，经国务院批准，在江汉石油地质学校的基础上组建了江汉石油学院；2003 年 4 月，经教育部批准，由原江汉石油学院等 4 所学校合并组建长江大学；2012 年 8 月，地球物理与石油资源学院搬迁到武汉校区。现在，在长江大学荆州校区内竖立着翁文波院士的头像，用以缅怀中国地球物理勘探和教育的奠基人与功勋者。

（三）课程主讲人的选择

主讲人毛宁波教授是教育部高等学校地球物理类本科教学指导委员会委员，长江大学地球物理与石油资源学院教授、副院长、博士生导师，长江大学教学委员会委员。主要从事地震勘探的教学与科研工作。2009—2010 年以高级访问学者身份在美国麻省理工学院（MIT）地球资源实验室（ERL）开展合作研究。毛宁波教授是美国勘探地球物理学家学会会员、中国地球物理学会会员。他主讲的《地震勘探原理》先后获得"国家精品课程"称号和"国家精品资源共享课"称号，他主持或参加的科、教研项目获得湖北省科技进步二等奖一次、湖北省教学成果一等奖两次、湖北省教学成果二等奖两次、长江大学教学成果特等奖两次、长江大学教学成果一等奖一次，以及"湖北名师""长江大学教学名师"、长江大学"模范共产党员"、长江大学"师德十佳个人""温暖长大人物""任大龙奖教金"等荣誉称号。

图 1　毛宁波教授

毛宁波教授注重讲授内容的选择和教学方式的创新，善于与学生互动，充分展现出鲜明的教学个性和独特的人格魅力，使讲授效果更具科普性和通俗性，能充分保证视频课堂的现场教学效果，他充满激情和生动有趣的讲授能吸引大众的注意力。

视频公开课分为 8 讲，依次为石油资源和石油勘探方法简介、石油地震勘探的发展史、地震波的基本理论、陆上和海上石油地震资料采集、地震资料的计算机处理、地震资料的石油地质解释和石油地震勘探新进展，总时长 298 分 7 秒。语言通俗易懂，画面生动形象，视频引人入胜。课程循序渐进，讲授从石油资源到石油勘探，再到找寻石油的地震方法及具体技术。课程将石油科技前沿知识和科研成果充实到课堂上，将复杂的科学道理用生动的语言、形象的图片、动画来表达和展现。课程对提高大学生文化素养、提高大众对石油科技知识的了解将起到积极作用。

二　成果丰硕，影响深远

2012 年 12 月 11 日，该课程被授予"湖北省省级精品视频公开课"称号（《湖北省教育厅关于公布 2012 年度省级精品视频公开课建设项目的通知》（鄂教高函〔2012〕45 号）。2012 年 12 月 28 日，课程在"爱课程"网、中国网络电视台和网易 3 个网站以"中国大学视频公开课"形式免费向社会开放，产生了良好的社会反响。2013 年 5 月 30 日，教育部确定该课程为第三批国家"精品视频公开课"。2016 年，《国家精品视频公开课〈透视地下油藏〉的建设与应用推广》获得长江大学教学成果特等奖，2017 年获得湖北省教学成果二等奖。参与的《地方高校构建"五位一体"在线开放课程模式的研究与实践》2017 年获得湖北省教学成果一等奖。

该课程为教育部 988 门国家精品视频公开课中，唯一系统讲授运用地球物理方法勘查油气的专门技术类课程，对普及和提升我国油气勘探开发知识做出了贡献。该课程是湖北省省属高校首批两门入选和建设课程，是长江大学首门国家精品视频公开课，是长江大学教师首次在全国公共课程平台上展示名师风采。课程内容精练，形式活泼，引人入胜，在促进教育观念转变、更新教学内容、提升教学方法等方面具有重要作用，并为长江大学后续国家、省级和校级精品视频公开课及其他网络课程的建设与制作树立了榜样，起到了示范和推动作用。

在课程上线后，学校大力推广应用，发挥优质教育资源共享，实现大学服务社会和文化传承创新等社会责任。探索通过线上线下相结合的方式，实现优质教育资源共享的方式和途径，并获得了良好的社会效益。为了增强课程的辐射示范作用，课程负责人毛宁波教授建立了"地震勘探原理"微信公众号，吸引2000多人关注；在科学网开设"毛宁波工作室"博客，拥有320多万点击率；通过QQ群、微信群和长江大学官网主页置顶宣传等方式，引导师生和社会大众学习该课程。线下，课程负责人通过新生专业教育、新教师培训、"翻转课堂教学"教学改革、武汉校区"毛宁波教授歇脚小站"、校内外学术讲座等方式推广和应用该课程，受到校内外师生和石油企业的一致好评。

据教育部"爱课程"网站统计，学习该课程的人数达31090人次。课程学习的人次排名，在教育部988门上线精品课程中排121名，在上线的227门工学课程中排第7名，在上线的46门地学类课程中排第3名，在上线的湖北省属高校课程中排第2名。课程建设及应用经验在全国地学和石油高校得到介绍和推广，网易网、教育部"爱课程"网、中国网络电视台等18家媒体网站转载和共享了课程视频。在"网易公开课"手机端有120多万人次学习了该课程。

图2　毛宁波教授与学生在一起

长江大学石油学科勘查技术与工程等5个专业，每年有750多个学生把该视频课程作为地震勘探原理学习的参考教材，20多位教师把该视频作为"翻转课堂"教学改革的重要资料。

中国科技大学、中国石油大学等"985"高校、"211"高校及其他石油、地学相关高校，有3000多名师生学习了该课程。特别是南通大学，自2014年起即将该课程列为12门网络通识课程之一，先后共有600人选修学习，取得了很好的教学效果。

中石油、中石化、中海油、国家地震局、国土资源部等10多个单位研究院（所）3000多名科技人员系统地学习了该课程，部分单位还邀请毛宁波教授现场答疑解惑。该课程被我国三大石油公司相关研究院作为视频课程，为推动我国石油勘探工作做出了贡献，也履行了高等院校为国家经济建设服务的职责。

本研究成果将课程建设与教师培养相结合，对提升长江大学教师教学水平起到了示范和促进作用。近三年来，通过课程负责人面授及网络学习等方式，校内外近800人次青年教师从本课程中受益。

三 教改成效显著，社会反响强烈

（一）学生评价

"毛老师讲得很有特点，而且提供大量资源，我们在课下可以自行学习，手机电脑都可以看视频，很方便！""石油，是现代工业的血液。毛老师讲课言简意赅，通俗易懂，理论与实际相结合，实例丰富，语言饱满，让我明确在将来实际应用中自己的专业课学习的方向和目标，对自己的专业有了更深入的了解。毛老师本人平易近人，对学生非常好，求教的时候，对我们非常的认真，是一个非常非常好的，不可多得的好老师。让我对石油从迷惑到非常地喜欢，希望全国高校的老师都能像毛老师这样对学生认真负责，那么大家都会喜欢自己的专业，中国的教育一定能蒸蒸日上，支持毛老师！"

"以前只知道石油重要，很好奇石油是如何找到的。有一段时间还真以为石油是在地下的油湖里面。听了毛老师的精彩讲授，不仅对石油的富集有了新的认识，而且还知道了找寻石油的方法，特别是地震方法。

在提倡教授至少为本科生讲授一门课的年代，毛老师如此呕心沥血投入教学工作，如此用心地研究教学方法，值得我们大家学习和赞扬。感谢教育部的中国大学视频精品公开课，让我们领略了大师风采，让我们大众看到了中国教育的未来。今天是2013年的元旦，借此平台向毛老师致以节日的问候，祝福他身体健康，万事如意，心想事成，继续为中国的教育事业多做贡献！"

"近期我非常荣幸地聆听了长江大学毛宁波教授的授课。作为一名教授，其专业水准毋庸置疑，可是依然能够坚持在教学的第一线，并且从上课伊始激情澎湃、激发思考的开场，一直到课程结束，让听众意犹未尽，获益良多。作为一个非石油专业的听者，既感受到专业知识的深入浅出，又感受到了毛教授无尽的人格魅力。"

1. 教师在课堂呈现最基本的就是语言艺术

"当听着毛教授授课时，会发觉语言竟有如此之魅力。它能带领学生思考石油与现实生活的联系，从广阔的生活空间到有限的课堂时间，激发学生的思维广度，通过专业知识的学习，解决实际问题。授课同时还准备了精美的PPT，一边是逻辑明晰的数据对比图，一边是教授透过貌似简单数据挖掘出的深度思考。教学是一门艺术，教学语言更是一门艺术，毛教授更是将它演绎到极致。开场的层层发问，激发学生的思考欲望；中间对各个数据进行分析，带动学生思考；现实生活案例还有偶尔的幽默，都是那么扣人心弦，唤醒学生学习的热情。"

2. 独立思考、开放引导的课堂让人耳目一新

学生的独立思考是第一位的，教师的引导调控是第二位的。着眼于学生自主发展的教学，既是对学生独立思考结果的评价，也指向了学生的思考态度，指导了思考的方法，同时，其激励的效果是不言而喻的。在课堂上用欣赏的眼光、赞赏的话语去激励学生，也是毛宁波教授在授课中一直坚持的。

3. 实现了学习方式的自主合作

毛宁波教授的课关注学生学习的过程、学习的方式，这是引导学生学会学习的关键。一方面，在课堂教学中，把学生的自主学习贯穿于教学的全过程。在这一过程中，学生的自学探究是基础，合作学习是重要的方式，教师的指导是实现有效学习的重要条件。教学是在教师的指导下师与生、生与生交流对话、教学相长的过程，也是由领悟学习方法、

运用学习方法到将学习方法融会贯通、能用适合自己的方法学习的过程。另一方面，专题性、综合性学习引起重视，加强这一类学习的研究与实践。这类学习更具综合性和探究性，也更富于挑战性。学生在综合性学习过程中，有效地培养主动探究、团结合作、勇于创新的精神，培养综合运用知识、方法解决实际问题的能力。教学一半是科学，另一半就是艺术，这在毛宁波教授的课堂上能充分领悟到了。

（二）社会评价

"该课程于 2012 年年底全部向社会开放，收到非常好的社会效益。世界五百强的三大石油公司（中国石油、中海油、中石化）均把该课程当成新入职员工的基本课程和领导干部的科技读本。"

"我是一位热爱科技的国家工作人员，以前对石油知识和找寻石油的方法几乎不怎么了解。听了毛老师的《透视地下油藏——找寻石油的地震方法》后，不禁眼前一亮，茅塞顿开。毛老师的课像讲述一个个故事，通俗易懂，深入浅出，娓娓道来，让人一听就明白。不仅让我知道了石油是如何寻找出来的，而且让人领略了石油与人们的生活是如此的息息相关，石油对国家经济建设又是那样的具有重要的战略意义。衷心希望这样的课程再多些！谢谢教育部！"

"今天借助于'爱课程'网站，有幸聆听了毛宁波教授的视频公开课，颇有收获。最大的收获当然是，毛宁波教授的讲课让我得到了关于石油和地震勘探知识的启蒙。比如，我的印象中，石油存在地下的状态，如同河水存在于河流。是毛教授的讲授让我知道，石油存在于地下岩石微小的孔隙中，如同水存在于海绵。当然，并不是所有的岩石都能储集石油。还有，寻找石油主要运用地震方法，也是超乎我的想象。毛教授以医生用 CT 和核磁共振为病人发现病灶的通俗比喻，使我明白地震方法就是利用地震波的特性来区分不同的岩石性质和地质构造，从而间接地寻找石油。教育部做了一件造福人民的好事情，让我们普通老百姓足不出户就能聆听大师们的演讲。希望有更多的像毛老师这样关心和致力于教学的好老师！"

（作者：毛宁波 长江大学地球物理与石油资源学院）

触摸文化脉动，领略荆楚华章

——《楚文化漫谈》国家精品视频公开课的实践与建设

　　《楚文化漫谈》网络视频公开课是长江大学文学院扎根深厚的地域文化土壤，依托丰富的学术研究成果，立足于本校，辐射社会的优秀传统文化教育通识课程。从 2013 年正式立项建设以来，先后获得省级和国家"精品视频公开课"称号；自课程视频在网络上线以来，获得了良好的社会反响。随着这一课程影响力的扩大，楚文化的传播实现了从高校走向社会、从线上延伸到线下、从网络视频发展到电视讲座的多维辐射传播，对传承优秀传统文化、推进地方文化事业的发展起到了积极的作用。

一　凸显地域特色，打造精品课程

　　楚文化是我国先秦时期地域文化百花园中的一朵奇葩。楚文化铸造了精湛的青铜器、巧夺天工的漆木器、五彩缤纷的丝织品，让人流连忘返；楚文化义理深邃的哲学、惊采绝艳的辞赋、奇异谲诡的美术，让人陶醉其中。长江大学地处荆州，这里曾经是楚国强盛时期的国都所在地，是光辉灿烂的楚文化的中心。两千多年前，正是在我们脚下的这片土地上，楚人经过漫长而又艰苦卓绝的奋斗与努力，筚路蓝缕，以启山林，创造了博大精深的楚文化。在历史的长河中，楚文化已深深地融入中华文化的血脉，成为中华民族优秀传统文化的重要组成部分。研究楚文化的内涵，传承楚文化的精髓，弘扬楚文化的精神，成为长江大学光荣的历史使命。

　　从 1992 年湖北省教育委员会批准成立荆楚文化研究所，到 2003 年湖北省教育厅批准成立湖北省高校人文社会科学重点研究基地——荆楚文化研究中心，再到 2015 年组建成立楚文化研究院，长江大学依托得天独厚的地理条件，始终致力于楚文化的研究工作，努力汇聚丰富的学术资源，广泛吸纳优秀的研究人才，共同推动楚文化研究的繁荣发展。

在楚文化研究工作稳步推进的同时，长江大学文学院以系列楚文化研究成果为基础，开始着手建设与楚国历史和文化相关的课程，先后在文史类专业开设了《楚国史》《楚文化概论》《楚文化研究》《荆楚文化概论》（双语）等专业选修课，面向非史学专业本科生开设了《楚文化漫谈》公共选修课。《楚文化漫谈》这一公选课开设后，一直是长江大学理、工、农、医、经、管、文、法等各个专业本科生选修的热门课程。从 2013 年开始，该课程被录制成视频在网络上以公开课的形式发布，强化了课程辅助教学手段，拓展了社会传播渠道，取得了教学效果和社会效益的双丰收。

图 1 徐文武教授主讲《楚文化漫谈》视频公开课

《楚文化漫谈》视频公开课在介绍楚文化的基本概念、发展历程、构成及其特点的基础上，分别从哲学、文学、绘画、雕塑、乐舞、民俗、科技等领域进行全方位的讲解。作为一门通识课程，该课程讲授力求深入浅出、明白易懂，旨在使学生通过对该课程的学习，对楚文化的基本知识有一个较为全面的了解，从而起到宣传、传播楚文化的作用；使学生在今后进入社会后，能运用所学的相关知识，利用楚文化资源，弘扬楚文化精神。作为一门具有极强地域特色的课程，该课程对于传播中国优秀传统文化、弘扬民族精神具有重要意义。该课程以网络视频课的形式公开传播，对于普及楚文化知识、弘扬楚文化精神、推动地方社会经济文化的发展，具有极强的现实意义。

《楚文化漫谈》视频公开课是 2013 年长江大学本科质量工程建设的重点项目，当年被湖北省教育厅评为 2013 年度省级精品视频公开课。2014 年 1 月，《楚文化漫谈》作为精品视频公开课，在中国大学视频公开课官方网站——"爱课程"网正式上线。"精品视频公开课"是在《教育部财政部关于"十二五"期间实施本科教学质量与教学改革工程的意见》（教高〔2011〕6 号）文件精神指导下建设的网络视频课程，它以大学生为服务主体，同时面向社会大众免费开放，着力推动高等教育开放，弘扬社会主义核心价值体系，弘扬主流文化，宣传科学理论，广泛传播人类文明优秀成果和现代科学技术前沿知识，提升大学生和社会大众的科学文化素养，服务社会主义先进文化建设，增强我国文化软实力和中华文化的国际影响力。《楚文化漫谈》视频公开课在"爱课程"网、中国网络电视台及网易公开课 3 家网站免费向社会开放，标志着该课程的建设已提升到一个更高的层面。

2014 年 10 月，教育部办公厅印发了《教育部办公厅关于公布第六批"精品视频公开课"名单的通知》，《楚文化漫谈》正式入选第六批"精品视频公开课"。教育部专家组在对该课程进行评审后给予了高度的评价："《楚文化漫谈》所设计的楚文化专题中，主题鲜明，内容翔实，有机地将楚文化考古发现资料与楚国历史大背景融合。每个专题材料丰富，结论明确，具有较强的可信性。主讲者语言流畅，逻辑性强，具有较好的连贯性和可听性。在课程讲解过程中，通过提问的方式能较好地与学生互动，充分表现主讲者对课程内容的把握。"

《楚文化漫谈》视频公开课在网络媒体上线后，获得了良好的社会效益。该课程获得了 2016 年长江大学教学成果奖特等奖，课程负责人徐文武获得长江大学第三届教学工作突出贡献奖一等奖、长江大学第五届教学名师、长江大学大学生课外科技工作"优秀指导教师"、全国"挑战杯"大学生课外学术科技作品"优秀指导老师"等荣誉和称号，还获得了"任大龙"奖教金资助。

图2 《楚文化漫谈》视频公开课光碟封面

二 结合课程实际，探索教改新路

《楚文化漫谈》视频公开课立足于地域性特色课程的具体情况，有效地解决了一系列教学中的疑难问题。第一，系统地解决了楚文化特色课程的教学体系问题。《楚文化漫谈》视频公开课第一次全面地解决了楚文化教学的知识结构、框架、教学内容设计、教学方法设计、教学过程设计和教学结果评价等各个教学要素和环节存在的问题。第二，有效地弥补了课堂教学易达性不够的缺陷。《楚文化漫谈》视频公开课结合大量的文物图片资料进行讲解，让学生对楚文化从感性认识升华到理性认识。视频教学中通过剪辑的方式插入大量文物图片，弥补课堂教学的不足。第三，从根本上解决了传统课堂教学的封闭性问题。网络课程具有灵活性、开放性和共享性等优点，在学习时间和地点上不受限制，能灵活掌握学习进度，改变了大学生的学习方式，同时也为社会民众提供了学习资源，很好地解决了传统课堂教学的封闭性问题。第四，有助于促进大学生开展自主性学习。视频公开课作为一种新的学习资源，给大学生的自主学习提供了更好的知识获取渠道；其丰富的课程内容、直观的展示形式可以激发学生的学习兴趣，提高学习质量。在解决上述教学问题的过程中，我们重点做了如下几个方面的工作。

（一）加强教材建设，编写适应性强的新教材

教材是优化教学质量的依据和根基。在课程建设过程中，我们始终按通识教育的要求，加强《楚文化漫谈》课程的教材建设。针对该课程原有教材专业性和学术性过强，不适应通识教育的情况，重新组织编写了《楚文化简明读本》（孟修祥主编，徐文武副主编）。《楚文化简明读本》以史实为依据，探究了楚文化的源流和发展脉络；以简洁明快、深入浅出的语言，简要叙述楚国的发展历史，阐释楚文化的精神内涵，展现楚文化的独特魅力。《楚文化简明读本》面世后，受到社会的广泛关注，荆州市文化局将该书作为领导干部地方文化修养的必读书，发放给全市所有科局级干部，在实际工作中发挥了极大的作用。

（二）注重实践教学，增加田野考古实践环节

为了让学生将理论与实践结合起来，我们加强了实践教学，借助荆州市丰富的历史人文资源和地方考古文物资源，开辟了第二课堂，将课堂的部分教学内容改在博物馆、考古工地以及国家级大遗址保护现场进行教学，组织学生到荆州博物馆、荆州纪南古城遗址、熊家冢国家考古遗址公园进行教学，使学生通过具体可感的历史文物和考古现场收获更多的知识，不仅极大地提高了学生的学习积极性，还使学生对课堂教学的内容有了更深层次的了解。

（三）引导学生科研，培养大学生创新能力

为了提高大学生的创新能力，自2009年起，课程负责人徐文武教授每年都坚持指导大学生申报创新实践项目，先后指导学生完成了"荆州古城历史文化资源的保护与开发利用研究""'宜荆荆'旅游资源的联动整合与开发利用研究""纪南城大遗址历史文化资源的保护与规划利用研究""荆州楚文化旅游资源的调查与开发战略研究"等国家级大学生创新实践项目。参与项目的学生结合课堂所学知识开展专题研究，发表学术论文共计85篇；3项科研成果获得省级大学生科研成果奖，其中获湖北省大学生科研成果奖三等奖2项，获湖北省大学生"挑战杯"三等奖1项；另有1篇论文入选第五届全国大学生创新创业年会。

（四）强化理论研究，以科研促进教学质量的提高

徐文武教授一直致力于楚国历史与文化的研究，在楚国思想与学术研究领域成果颇丰。他主持了国家社会科学基金项目"楚国黄老学研究"和国家出版基金项目"楚国思想与学术研究"，另外还主持和参与其他省、市级科研项目 10 多项。徐文武教授出版有《楚国思想与学术研究》《楚国思想史》《楚国宗教概论》《鹖冠子译注》等多部专著，还主编和参编了其他多种楚文化著作与教材。发表学术论文 50 余篇，其中，《熊家冢楚墓墓主蠡测》一文以历史文献和考古资料为依据，推论出熊家冢楚墓墓主为春秋晚期楚昭王，这一研究成果引起广泛社会反响，被中央电视台等全国数十家媒体报道和转载。徐文武教授的科研成果获得各级奖项 10 多项，包括湖北省优秀社会科学成果奖一等奖 1 项，荆州市优秀社会科学成果奖一等奖 3 项，长江大学优秀教研成果奖一等奖 1 项，长江大学科技进步奖二等奖 1 项。

三　勇于突破创新，形成自身特色

《楚文化漫谈》视频公开课从教学形式到教学体系和教学方法，都尝试进行突破和创新，形成了课程的独特性、体系性和实证性等特色。

（一）独特性

《楚文化漫谈》视频公开课是全国高校中首次以独具地域特色的楚文化作为课程教学内容开发的网络视频公开课。楚文化是中国传统文化中极具特色的地域文化，它有别于中原文化，具有自身的发展脉络和文化个性，因此，以楚文化作为教学内容开发的视频课程具有独特性和不可复制性。

（二）体系性

以往以楚文化为对象开发的课程，一般都是以楚文化的"六大支柱"（即青铜、丝织、漆器、文学、哲学、艺术）来构建课程的内容结构，这种结构体系由于考古学专业色彩过重，因而不适合通识课的教学。《楚文化漫谈》视频公开课改为从历史、哲学、文学、绘画、雕塑、音乐、舞蹈、民俗、科技等方面对楚文化进行全方位的介绍，从多元视角观照楚文化，涵盖了楚文化的主要知识领域，实现了课程内容体系的重大改革。

（三）实证性

《楚文化漫谈》视频公开课将楚文化考古资料与楚国历史大背景进行有机的融合，使教学内容更具有实证性和科学性。《楚文化漫谈》视频公开课运用了大量考古图片资料，生动地阐释了楚文化的内涵，使生硬的考古材料有机地和所讲授的历史文化内涵融合在一起，有效地激发了学生的学习兴趣，提高了教学质量。

四　多维辐射传播，社会效益显著

《楚文化漫谈》视频公开课在网络上线以来，引起了极大的社会反响。楚文化的传播从高校课堂走向社会大众，从线上观看发展到线下讲座，从网络视频延伸到电视荧屏，实现了多媒体、多渠道的传播，取得了显著的社会效益。

（一）线下线上受众广泛，好评度高

《楚文化漫谈》视频公开课在"爱课程"网上的统计数据表明，参与该课程学习的人数达到 2 万多人次；从网易公开课上在该课程留言的情况统计来看，通过手机和电脑学习该课程的观众遍布全国各省份。从留言内容来看，超过 85% 的学习者给予了好评。

校内学生在观看《楚文化漫谈》视频课后，纷纷留言发表感想。学生 Sunhelenda 留言说："看到这些精美的雕塑，难以想象这是出于几千年前的作品，十分骄傲。""第一讲条理清晰，内容明了。特别是讲授姓氏的不同，增长知识点。"学生 jll 留言说："很有收获，听了徐老师的讲座，更是为楚文化的悠远神秘、浪漫不羁、惊采绝艳而倾倒。"学生醉墨居士留言说："课程讲授内容全面，又一次加深了对楚文化的理解！"

该课程在"爱课程"网、网易公开课、中国大学生在线等网站面向社会公开后，取得了良好的社会反响。岳阳市网友 chenlingzhi1303 认真地观看了每一讲并留言说："老师讲的还不错，楚文化果然博大精深。""学习了这个课程之后，对楚地的兴趣更浓了。""生活在当时是楚地的我们，需要好好了解楚地的文化和楚地是怎样发展的，追本溯源。"上海市网友

158240040 每看完一集都留言说:"不错,要系统地学完。""赞,谢谢,继续观看,形成系统。"

(二)从校内向校外辐射,社会影响大

《楚文化漫谈》这一课程虽然是面向大学本科生讲授的通识课,但自从课堂实录视频在网络上线后,在社会各界产生了极大的反响。社会各界纷纷邀请主讲人徐文武教授前去举办与楚文化相关的讲座。从2014年3月到2016年11月,徐文武教授应邀到全国预备役军官培训班、湖北省司法厅、荆州市政府、市人大等政府机关,荆州市各企事业单位,以及大学和中学举办讲座,总场次达100多场。

(三)走进中央和地方电视媒体,渗透力强

《楚文化漫谈》课程上线后,也受到电视媒体的关注。课程主讲人徐文武应邀在中央电视台制作的大型历史文化纪录片《楚国八百年》(8集)中担任主讲嘉宾,出镜讲解楚国历史与文化。大型历史文化纪录片《楚国八百年》是电视史上第一部完整、系统地讲述楚国800年波澜壮阔历史的纪录片,全面地梳理了楚国诞生、发展、高峰、衰落和涅槃的轨迹。该纪录片共有8集,徐文武教授在7集中出镜讲解,他的讲解观点新颖,视野开阔,受到观众广泛好评。

图3　徐文武教授在央视纪录片《楚国八百年》中出镜讲解

2012 年 9 月，荆州市纪委、监察局创办大型电视讲座栏目"楚廉文化讲坛"，徐文武教授应邀在荆州电视台主讲《楚国廉政文化》，利用楚国历史上的廉政人物与廉政事迹，通过电视媒体开展反腐倡廉教育活动。他按照楚国历史的发展线索，以"筚路蓝缕筑基业""励精图治开鸿篇""尚武重德成霸业""廉吏之首垂青史""兴衰荣辱史为鉴""变法图强再称雄""贤愚忠佞在民心""失德乱政国祚尽"等为题，通过对历史人物、重要事件的透彻分析，深入挖掘楚国廉政文化的内涵，阐明其现代价值。当年年底，《楚廉文化讲坛》被湖北省纪委监察厅评为全省年度纪检监察系统优秀工作项目，2013 年又被荆州市评为"十佳"优秀学习活动品牌。

（作者：徐文武　刘远军　卢　川　周家洪　向会斌　长江大学文学院）

监测流体宝藏，欣赏精品课程

——《生产测井原理》课程建设研究与实践

生产测井技术发端于 20 世纪 30 年代，长江大学（原江汉石油学院）根据石油行业和地球物理测井学科发展的需要，经精心筹划，于 1984 年率先在国内高校开设《生产测井原理》专业课，并出版了国内第一部生产测井教材。课程建设以培养学生工程实践能力和工程素质为目标，依托长江大学"勘查技术与工程"和"石油工程"国家特色专业和"油气资源与勘探技术"教育部重点实验室建设，在 2006 年校级、2007 年省级、2008 年国家精品课程立项建设的基础上，2013 年转型升级为第二批国家精品资源共享课程建设项目，2013 年 12 月，作为精品资源共享课程在"爱课程"平台上正式上线运行，2016 年 8 月被教育部正式冠名为"国家精品资源共享课程"。先后获得校级教学成果奖一等奖 3 项，湖北省高等学校教学成果奖三等奖 2 项。在石油勘探开发人才培养计划中，《生产测井原理》是石油勘探开发类专业一门主要的专业基础课程。在完成教学和培训任务的同时，学校大力开展生产测井原理理论方法和应用科学研究。经过三十多年的建设发展，《生产测井原理》成为了学校有鲜明特色的专业课程和有明显技术优势的研究方向。

一　承续历史，再造辉煌

《生产测井原理》课程是一门多学科交叉渗透的、综合性的技术学科，主要是应用物理学的方法和原理去研究解决有关地质及工程问题，其测量方法和应用技术不仅有物理学基础问题，还涉及电子学、信息学以及地质工程学、石油工程学等多学科的知识。课程主要学习生产测井方法理论、资料处理解释方法和综合应用等方面的知识，主要内容包括生产测井基础、生产动态监测、注采剖面资料解释、套管井储层参数评价、工程测井、生产测井综合地质应用六个方面。主要培养学生现场生产测井操作和资料分析解释及综合应用能力，为石油行业培养生产测井高级技术人才，具有广泛的适应性。生产测井主要用于油气田开发生产驱油效率的动态监测等。监测方法是采集储层在二、三次采油过程中的动态变化信息，并对所测得的信息进行综合分析，得到油气水的分布动态，由此了解整个油区的开发动态，从而为调整、优化开发方案及提高原油采收率提供科学依据。

国民经济的持续发展对石油资源的需求日益增长，除寻找新的石油资源之外，更重要的是对老油区进行挖潜，提高储层的油气采收率，因此，生产测井技术无疑将会发挥越来越重要的作用。

（一）创建时期（1982—1987 年）

长江大学（原江汉石油学院）根据石油工业和测井学科发展的需要，按中国石油天然气总公司的总体学科规划，先后选派骨干教师到国内外学习考察生产测井，编写了《生产测井原理试用讲义》，于 1984年率先在国内高校开设了《生产测井原理》专业选修课。1985 年，总结相关教学经验与成果，编写了《生产测井原理简明教程》，该教程重点介绍了与生产测井有关的基础知识以及注采剖面生产测井方面的内容。1987 年，学校组织有关教师专题研讨并规划了生产测井原理教学内容，由吴锡令等人精心设计编写并由学校出版了生产测井原理教材《生产测井与电缆地层测试》，该教材系统地介绍了生产测井基础、生产动态监测、套管井地层评价和工程测井四个知识模块的内容，生产测井原理知识体系基本形成。该时期的建设成果为以后生产测井原理课程的发展奠定了坚实基础。

（二）发展时期（1987—1999 年）

经过十多年的建设发展，该课程已成为矿场地球物理专业（后与勘探地球物理专业合并为应用地球物理专业）的核心课程和石油工程等专业的必修或选修课程，生产测井成为学校有鲜明特色的专业课程和有明显技术优势的研究方向。这一时期，中国石油天然气总公司和学校对该课程进行了大量的投资建设。学校成立了生产测井实验室、测井资料解释实验室，并先后选送多名教师学习深造，师资力量明显加强。受中国石油天然气总公司委托，于 1992 年、1993 年先后承办了首期和第二期中国石油天然气总公司生产测井技术培训班，系统地修订了原教材并更名为《生产测井》，编写了《生产测井解释》《生产测井解释大作业》等配套教材。1994 年，受中国石油天然气总公司委托，系统地总结了测井技术在油气田开发中的应用，多名教师参与编写了《油气田开发测井技术与应用》。1997 年进一步修订原教材，更名为《生产测井原理》并正式出版。在完成教学和培训任务的同时，大力开展生产测井理论方法和应用科学研究，承担了国家、中国石油天然气总公司各种基金项目、攻关项目和各油田委托科学研究项目，先后获得国家科技进步二等奖 1 项，省部级科技进步一等奖 1 项、二等奖 4 项、三等奖 4 项。中国石油天然气总公司在长江大学（原江汉石油学院）设立测井重点实验室江汉石油学院分室，并指定生产测井为分室的主要研究方向。科研活动为教学提供了丰富的教学材料，促进了教学质量的提高。

（三）成熟时期（1999—2005 年）

学校进一步加大了《生产测井原理》课程建设力度，该课程成为长江大学传统特色课程之一，在学科建设发展和科学研究中的特色优势更加突出并起到了示范作用，2007 年被评为湖北省省级精品课程，课程负责人郭海敏 2007 年被评为"湖北名师"。勘查技术与工程、地球物理学、石油工程等专业将该课程列为必修课程，资源勘查工程等其他石油专业也将该课程列为选修课程。这一时期，根据专业调整和新的人才培养计划，学校多次立项加强了本课程相关实验室建设和教学改革研究。其中，《勘查技术与工程教学改革与建设》先后被评为中国石油天然气集团公司和湖北省教学成果二等奖。学校进一步选派中青年教师到国内外深造学习，并引进多名年轻教师，根据各自的情况，为年轻教师制订了详细的培养计划，指定资深教师传帮带，促进他们快速成长，逐步形成了结构合理的教学梯队。学校扩建了生产测井实验室，完善了实践教学软硬件条件，并与国内外相关高校和石油单位开展了广泛的学术交流，聘请了校外专家为兼职教授，建立了校外实习基地，配备了校外实习指导教师。跨国公司斯伦贝谢公司（Schlumberger）、贝克·阿特拉斯公司（Baker Atlas）以及国内主要石油科研院所向勘查技术与工程专业捐赠了石油测井教学软件，合作建立了培训中心并设立了奖学金，极大地激发了学生学习的积极性和自觉性。在教材建设方面，结合石油勘探开发的需要和生产测井技术的新进展，在原教材的基础上增加了新的教学内容，2005

年出版了新教材《生产测井》，新教材系统地论述了生产测井过程的各个主要方面，基本上涵盖了整个生产测井技术涉及的各个领域，从传统方法到新技术应用均有介绍，并把多年来的研究成果包含其中，科研促进教学的特色日益明显。并专门为石油工程等其他石油主干专业编写了教材《测井方法原理与资料解释》。此外，郭海敏出版了专著《生产测井导论》和《套管井地层参数测井》。这些教材专著成了在校学生学习生产测井和现场工作人员从事生产测井的主要参考书。2006 年，由中国石油教育学会推荐，长江大学教师郭海敏牵头编写了石油天然气类规划教材《生产测井原理与资料解释》，并于 2007 年出版，2009 年获 2004—2009 年中国石油高等教育优秀教材奖。

（四）辉煌时期（2006 年至今）

从 2006 年《生产测井原理》立项为校级精品课程，到 2007 年被评为湖北省级精品课程，2008 年被评为国家精品课程，直到 2013 年转型升级为第三批国家精品资源共享课程立项建设，2016 年 8 月被教育部正式冠名为"国家精品资源共享课程"。研究成果于 2008 年获长江大学教学成果奖一等奖，2009 年获湖北省高等学校教学成果奖三等奖，2012 年获长江大学教学成果奖一等奖，2013 年获湖北省高等学校教学成果奖三等奖，2016 年获长江大学教学成果奖一等奖。

长江大学依靠测井学科的优势，按照"国家精品资源共享课程"建设要求，以普及共享优质课程资源、体现现代教育思想和教育教学规律、展示教师先进教学理念和方法、服务学习者自主学习为建设目标，在原国家级精品课程的基础上，制订科学的建设计划，切实加强教学队伍建设，重视教学内容和课程体系改革，重视教材建设，理论教学与实践教学并重，注重使用先进的教学方法和手段。通过深入持久的实践和探索，总结了一系列行之有效的经验，使精品课程建设不断迈上新台阶，在质量工程和人才培养等方面取得了显著成果和综合效益，并得到广泛好评和推广应用。教学质量受到包括北京大学、中国石油大学、中国地质大学、同济大学、中国科学院、中国石油勘探开发科学研究院等重点院所的充分肯定，课程的受益人群逐渐扩大。

二 结合课程实际，探索教改新路

随着我国高等教育形势发展，教育方法理论和生产测井技术不断发展及进步，原课程的教学内容体系、教学方式结构急需改革以适应新形势的需要，原有的教学师资队伍和教学条件亟待改善以满足课程教学的需要。例如，在教学内容体系方面，由于生产测井技术的飞速发展和应用范围逐步扩大，生产测井原理已涉及应用地球物理学的各个领域，传统的教学内容体系已无法满足油田现场的需要，原有的教材内容急需修订完善；在教学手段方面，由于科技水平的进步和人们获取知识的途径不断增多，传统的课堂讲授、当面讨论答疑的教学方式已不能满足学生需要，多媒体教学、动画教学、录像教学、网络教学等教学方式更受学生欢迎；在实践教学环节方面，原有的教学实验室和现场实习基地已不能满足需要，不仅要增加实验教学仪器和实习基地的数量，更要根据课程知识点的增加开设新的实验实践项目；在师资队伍方面，随着招生规模的扩大和学科知识体系的不断发展，师资力量和师资水平亟待提高。为此，开展《生产测井原理》精品资源共享课程建设与教学改革，旨在完善教学条件，提高教学质量。在解决上述教学问题的过程中，我们重点做了以下几个方面的工作。

(一)提出了"定位准确、内容实用、注重技能、体系科学"的课程建设理念，确定课程在学生基本素质培养中的地位和作用

生产测井原理课程的基础性和广泛性，使之在有关石油专业本科教育中起着重要的作用。通过学习，使学生掌握生产测井原理的基本概念、基本方法原理、基本分析方法和基本实践技能，并使学生建立以下几个观点，形成正确的认识论，培养学生科学的思维方式和不断进取的精神。

1. 工程观念

地球物理测井学是应用物理学的一个重要分支学科。数学、物理的严格论证及精确计算，与工程实际之间往往有很大差距，生产测井原理中"忽略次要，抓住主要"的方法能引导学生的思维更切合工程实际，因而特别有利于学生工程观念的培养。

2. 科技进步的观念

随着物理学、数学和信息技术的发展，生产测井方法技术以及信息处理技术也不断创新。学习生产测井原理可以让人深刻地体会到，在科学技术飞速发展的时代，只有不断地更新知识，才能不断前进。

3. 创新意识

阐述生产测井方法原理产生背景和现场应用等问题特别具有启发性，同一个现场需求可能导致多种方法的提出，同一种方法原理可能产生不同的应用，这能够充分发挥学生的想象力和创造力，因而特别有利于创新意识和创新能力的培养。

（二）实施以"基本资源＋拓展资源"为结构的课程体系改革，创建先进科学的生产测井课程教学结构

在生产测井原理课程教学中，如何更好地解决基础与发展、基础知识与实际应用、理论与实践等矛盾，处理好"宽""新""深"的关系，建立先进和科学的教学结构，以适应不断更新的课程内容体系始终是我们改革的重点。

本课程建立起"课堂教学""实验教学""网络教学""实践教学""专家讲座"交叉融合的教学结构。各教学环节各司其职，相辅相成，互相交融，实现"加强基础，注重实践，因材施教，促进创新"的目标。

1. 加强课堂教学的基础性

课堂教学将生产测井最基础、最经典的部分作为基本内容，不针对具体的仪器产品，只专注某一类测井方法的讲解。根据"精讲多练，启发引导，留有余地，注重创新"的原则编排教学内容。

2. 台阶式实验教学，注重科学素质和综合能力培养

完善了实验教学条件，并充分利用教育部油气资源与勘探技术重点实验室和中国石油天然气集团公司测井重点实验室的资源优势，实现了基础实验、综合实验二阶段台阶式实验教学方式，教学层次分明，循序渐进。基础实验分电、声、核、渗流四个模块设置，以掌握基本方法原理、基本测量仪器的使用为目的。综合实验以学生科学素质、动手能力、综合能力为培养目标。利用开放的教育部重点实验室和测井重点实验室，学生可以根据自己的思想设计实验方案并完成实验研究，鼓励学生参与科研课题，在教师指导下完成科学实验研究。

3. 建立校内校外二级实践教学，突出课程的工程性和实践性

在校内校外建立二级实践基地，全方位锻炼学生现场生产测井操作和利用各种专业软件处理解释生产测井信息的能力。校内实践教学重点培养学生综合分析和处理解释生产测井资料的能力。学生利用演示教学软件，首先熟悉并掌握生产测井信息处理流程，然后对实际资料进行手工解释和计算机解释。学院与斯伦贝谢公司、贝克·阿特拉斯公司、中石油勘探开发研究院、中国石油测井有限公司等单位有着广泛的合作和交流，它们向学校赠送了石油测井解释专用软件，并分别在校内建立了中国地学培训与交流中心、长江大学 FORWARD 教学基地、LEAD 教学基地和 Cifsun2000 教学基地。学生在校就能学习和使用这些专用软件，不仅提高了测井信息处理水平，而且工作后能很快适应现场工作环境。校外实践教学重点培养学生现场生产测井操作技能。学校与江汉油田和南阳油田等单位合作建立了现场生产实习基地，聘请有经验的现场技术人员担任指导老师，并实现室内模拟测井和井场实测相结合，取得了很好的实践教学效果。

此外，斯伦贝谢公司、贝克·阿特拉斯公司等跨国内公司以及国内油田单位均在学院设立了奖学金，进一步调动了学生学习的积极性。

4. 利用网络教学的灵活性和开放性，实现因材施教

充分发挥网络课堂优势，建立生产测井原理课程学习网站，为学生提供电子教案、教学录像、思考练习题、教学大纲、教材与参考书、学习参考文献、网络答疑辅导等教学资源，延伸课堂教学内容，活跃教学气氛。根据"自主学习，交流互动，举一反三，归纳总结"原则，为更多希望深入学习本课程的学生提供发表自己看法的条件，使学习程度不同的学生相互启发，共同前进，实现因材施教。

5. 开设专家讲坛，活跃学术氛围

聘请国内外知名学者来校讲学，开设专题讲座和培训，介绍测井领域的新理论、新技术、新方法。既让学生了解学科前沿知识，也活跃了学术氛围，激发了学生对本专业、本课程的学习兴趣和学习欲望。

（三）创新设计并实践"三结合整合式"教学模式

以培养创新性实用型人才为目标，以教学理论创新为先导，借鉴KSA（知识、技能、能力）三项教学理论，建立了"模拟测井情景—自主探究—网上讨论—课堂归纳小结—实践反馈"的教学模式，激发了学

生对本专业、本课程的学习兴趣和学习欲望，提高了教学效果。

（四）建设高素质的师资队伍

高水平的师资队伍是培养高素质人才的保障。采用"以老带新""优势互补"、科研与教学相结合、走出校门国门学习国内外先进经验、及时补充具有高学历的新生力量等办法，建设和培育教师队伍，形成了一支学术水平高、教学效果好、责任心强、甘于奉献、具有良好传统的师资队伍。现有主讲教师 8 名，平均年龄 42 岁，其中 6 名主讲教师具有博士学位，有 3 名教师曾出国考察学习，近五年来，引进和培养博士研究生 3 名。主讲教师各自形成了独特的教学风格，在各种问卷调查中，他们都获得了有关教师和学生的好评，其中 1 名教师被评为"湖北名师"。以本课程教学组成员为主干的教学团队已入选"地球物理测井系列课程"湖北省省级教学团队。

课程教学组成员研究领域广泛，近五年来，承担国家"863"计划、"973"计划、国家自然科学基金及省部级科研项目 20 多项，横向科研项目百余项。先后获得国家科技进步二等奖 1 项，省部级科技进步一等奖 3 项、二等奖 11 项、三等奖 4 项，出版专著 12 部。教学与科研相互促进。

（五）大力开展教材建设，不断更新教材内容

围绕新的人才培养计划，配合生产测井原理课程教学改革，重新编写了与改革方案相配套的系列教材。在第一部教材的基础上，不断改革教学体系，更新教材内容。内容从注采井网部署、流量、压力、含水、温度、密度测量应用到资料综合解释，从射孔产能预测、水平井测井、套管井地层评价测井、工程测井到综合应用，涵盖了整个生产测井技术涉及的各个领域，力图使学生了解注采井网部署与注采剖面的关系、产能与射孔的关系、产能与剩余油的关系、传统生产测井工艺与现代生产测井技术的关系。

三 勇于突破创新，形成自身特色

生产测井原理课程的课程建设，从教学设施、教材、教学手段等方面都得到了很大的改善。课程内容体系结构上注重共性内容集中，特性内容突出，采取"多媒体＋黑板演绎＋现场事例探究"的三合一教学法，重视实践性教学环节，并注重将国内外的最新科研成果及时充实到教学内容中去，形成了较为鲜明的课程特色。

（一）形成了"基本资源＋拓展资源"的课程进化模式

基本资源满足课程学习的基本要求，是课程的核心，围绕培养目标和课程体系组织教学，传授理论知识和基本技能；拓展资源体现课程教学的先进性和科学性，体现教学特色和资源特色。

（二）设计并实践了"三结合整合式"教学模式

围绕教师、课程和学生三要素，以"精干团队、精品课程、精诚互动"为提高生产测井教学质量的关键；对教学团队的概念、运行模式进行探讨，提出建设学习型、创新型、和谐型与高绩效的教学团队；发挥共享课程在提高教学质量中的示范作用，以品牌教材支持精品课程，以大学生创新试验计划增强实践教学，对接、引领新课程理念；实现向与"研究性、实践型、互动式"的学习方式相适应的教学方式转变，发展师生多元互动模式，教师由知识传递者向学生学习的引导者转变，形成师生相互启发、共同研究问题、共同探寻生产测井工程问题、共同切磋教学技能的局面。

（三）创新教学模式，构建以工程问题为导向的多种教学新方法，推动生产测井原理精品教学资源共享，发挥示范辐射作用

本课程涉及其他众多石油及地矿类学校，其辐射共享也体现在其他院校师生以及油田测井工程师可以通过互联网络，无偿使用本精品课程网站上的教学内容（课程简介、课程目标、课程内容设计、教学内容组织与安排、教学大纲）、教学资源（授课课件、习题练习、习题解答、自测试题、参考文献、专题讲座）、实践教学（实验指导、工程实例课程设计、现场施工录像）等系列资源。通过共享，本课程在精品化建设中所积累起来的教学资源和成功经验对教学的深化促进作用能够最大化地辐射出去，从而对教学内容规范化、教学质量的提高产生良好的辐射作用。

四 辐射范围广泛，社会效益显著

《生产测井原理》精品资源共享课程建设成果的应用与辐射范围不仅使长江大学勘查技术与工程和石油工程专业学生受益，而且对国内其他学校勘查技术与工程和石油工程等本科专业和油田技术人员的相关课程的教学和学习也有示范作用，有较大的影响，取得了显著的社会效益。

（一）构建注重能力培养的新型课程体系，提升应用人才的培养质量，促进教学团队迅速成长

自 2013 年精品资源共享课程立项建设以来，作为"高等学校教学质量与改革工程"的重要内容，该课程建设项目的实施，在推动教学团队教师教学方法创新、课程内容及体系改革、提高学生学习效率及生产测井知识的推广应用等方面做出了巨大的贡献。在校学生对教师课堂教学评估分近三年平均为 93.41 分；同行专家对教师课堂教学评估分近三年平均为 93.6 分。近五年课程小组教师有 6 人次获校级教学质量优秀奖、1 人次获校级教学突出贡献奖。培养出的毕业生在工作中工程实践能力强、素质高，得到了用人单位的高度评价。

（二）社会影响显著增强，课程声誉大幅提升

教学改革形成了系列化的理论与实践研究成果，受到国内外地球物理勘探专家学者的广泛认可。在近几年的"中国石油高校地学学科论坛"上，推介了长江大学精品课程、精品资源共享课程的成果经验。课程建设成果为高校师生和石油测井行业学习者提供优质课程教学资源。相关课程内容和拓展资源在石油人论坛、阿果石油论坛、中国钻井网和博研石油论坛等石油论坛广泛转载。

（作者：郭海敏　宋红伟　张超谟　章成广　刘军锋　长江大学地球物理与石油资源学院）

传承办学理念，探究岩石奥妙

——《沉积岩石学》精品资源共享课建设

石油与天然气资源主要形成并保存在沉积盆地的沉积岩中，因而对沉积岩的成因、形成机理、沉积环境的研究是石油地质学家的首要任务。所以，《沉积岩石学》是原石油与天然气勘查地质专业（现资源勘查工程专业）、应用地球物理专业（现勘查技术工程专业）、地质学和地球化学等专业本科生必修的一门重要的专业基础课。因此，自在长江大学开设这些专业之时就开设了本课程。

1989年10月，《沉积岩石学与沉积相》被列为原江汉石油学院首批系级重点建设课程。1993年1月，《沉积岩石学》被列为原江汉石油学院第二批院级重点建设课程，并成立了以郭成贤教授为首的课程建设小组，经过课程建设小组全体教师的努力和辛勤劳动，该课程于1997年10月通过了原江汉石油学院教务处组织的专家复评，达到学院优质课程的标准，被授予校级优秀课程称号。

1997年以前，主要强调专业教育。石油与天然气地质勘查专业的沉积岩石学包括《沉积岩》和《沉积相》两门课程，课程教学总学时为120—130学时，其中实验课30学时，设置独立的地史、沉积相实践教学2—2.5周。理论教学分两个学期进行，分别安排在第四学期和第五学期。应用地球物理专业的教学时数为80学时左右，其中实验学时10学时，设置独立的沉积相实践教学2周。

1997年以后，随着教学改革的推进，除专业教育外，强化了基础教育和素质教育，相应压缩专业课程学时，《沉积岩》和《沉积相》合并为《沉积岩石学》一门课程，资源勘查工程专业教学总学时压缩为80学时，其中理论学时为56学时，实验学时为24学时，并且将原独立的地史、沉积相实践教学和构造地质学合并，开展综合地质实习，实习时间为6周。勘查技术与工程专业的课程名称为《沉积岩与沉积相》，教学总学时压缩为 48 学时左右，其中实验学时仍为 10 学时，也设置了综合地质实习，实习时间为 4 周，提高了学生综合运用知识的能力。此后，又增加了地球化学、地球物理等专业，这些专业的《沉积岩石学》课程教学模式基本上与勘查技术与工程专业相似。

至 2000 年，随着老教师的退休和青年教师的不断成长，逐渐形成了一支以中青年教师为主体的教师队伍。2002 年 12 月，该课程被评为湖北省第三届省级优质课程。2003 年，该课程被列为省级精品课程进行建设，并被授予 2003 年度湖北省高等学校省级精品课程称号。2008 年，《沉积岩石学》被评为国家精品课程，2012 年进行省级精品资源共享课建设，2013 年开始进行国家精品资源共享课建设，2016 年获批国家精品资源共享课。同时，《沉积岩石学》国家精品课程教学团队被批准为 2009 年度国家级教学团队。

一 工作与成效

（一）师资队伍建设

教师是课程实施的主体，因此，建立一支素质高、结构合理的教师队伍，是搞好精品课程建设的关键。在课程建设过程中，按照"多渠道、多层次、全方位"培养师资的原则，坚持引进与培养并重、增加教师数量与提高教师素质并举，大力加强师资队伍建设。在此过程中，课程组做了以下几个方面的工作：（1）充分发挥老教师的"传、帮、带"作用，构建"立体人才链"模式；（2）加强教学环节，站好神圣讲台；（3）积极开展科学研究，促进中青年教师成长；（4）选拔与培养学术带头人和骨干教师，加强学术梯队建设；（5）引入有效的激励机制，充分发挥教师潜力；（6）注重培育教师的集体意识和团队合作精神。

通过这些工作，本课程的师资力量得到显著加强，逐步形成了一支职称与学历层次高、年龄结构合理、队伍稳定、学术成果显著、充满活力的师资队伍。教师总数由 2008 年的 9 人增加到 16 人，其中教授 7 人，副教授 4 人，讲师与实验师 5 人，14 人具有博士研究生学历，博士导师 3 人，硕士导师 13 人，享受政府津贴专家 2 人，全国优秀教师 1 人，湖北省有突出贡献的中青年专家 1 人，荆州市首届十大杰出科技工作者 1 人，湖北名师和长江大学教学名师各1人，1人获首届全国大学青年教师地质课程教学比赛一等奖。该课程教学团队于2009年获批为国家级教学团队，由本课程组骨干教师组成的团队获"2015年湖北省自然科学基金计划创新群体项目"和2016年"湖北名师工作室"称号。

（二）教学改革

课程教学内容体系的改革，是培养计划的核心，是培养目标和培养规格最直接的体现。为适应资源勘查工程、地质学、地球化学和勘查技术与工程等专业新的人才培养方案，建立新的更加合理的《沉积岩石学》教学内容体系势在必行。在学时大幅减少的情况下，本着"结合国情校情，按本学科的特点，突出重点，拓宽知识面，将知识传授与能力培养相结合"的理念，重新审视了原有的教学内容体系，对部分教学内容进行了重组和优化，将教学内容体系分为理论教学和实践教学两个次级体系。理论教学内容体系主要包括沉积岩和沉积相两部分。其中，沉积岩部分，主要介绍沉积物和沉积岩的形成、沉积岩的分类、各类沉积岩的主要特征、沉积岩的成岩后生变化；沉积相部分主要介绍沉积环境和沉积相的基本概念、各种沉积环境特点及其在该环境中形成的岩石组合、各种类型沉积相的主要特征及其识别标志、岩相古地理研究的基本方法和编图，以及如何利用沉积相和岩相古地理研究成果为油气和其他矿产勘探开发服务。实践教学体系包括在实验室进行的实验课、课内外教学参观、第二课堂、野外综合地质实习及沉积学方面的毕业设计等。

针对本课程教学特点，为了增强学生的感性认识和动手能力，课程组一方面加强教学条件建设，主要包括教材、教学参考资料、实验室、实习基地、网站等方面的建设。在教材建设方面，针对课程改革的实际情况，与东北石油大学、西安石油大学联合编写了"十一五"国家级规划教材《沉积岩与沉积相》，此后联合西南石油大学，在2017年出版了该教材的第二版。完善了沉积岩实验室，建成了显微图像实验教学系统。另一方面不断改革教学手段和教学方法，树立新的学生主体观，充分利用现代化的教育技术和手段，根据本课程的特点，尽可能地采用形象化的手段描述问题，使课堂教学具有趣味性、研究性和探索性，同时不断改革课程考试类型和形式，最大限度地调动学生的学习积极性和主动性。

除此之外，本课程组还着眼于普通地质实习、综合地质实习和层序地层学等实践和理论课程与沉积岩石学课程的关系，考虑如何上好这门课。普通地质实习是地球科学概论课程之后的地质认识实习，同时也是为实习结束后的沉积岩石学课程做准备，起着承上启下的作用。鉴于这层关系，要求指导普通地质实习的教师有意识地讲解所见的各种沉积现象、成因和形成环境，为后续的沉积岩石学课程做铺垫；同时在沉积岩石学教学过程中，课程组教师讲课所用的图片、所举实例可选择普通地质实习所见的一些典型现象，更加直观，便于学生理解和接受。层序地层学和综合地质实习是沉积岩石学课程的后续课程，分别是从理论上和实践上对沉积岩石学知识的提高与深化，课程组教师要求在讲解层序地层学和综合地质实习时，尽可能引用沉积岩石学中所学的概念和原理，加深对沉积岩石学知识的理解。

（三）科研促进教学

科研是教学的基础。著名数学家、教育学家苏步青先生认为，要使自己的教学取得好的效果，"除教学经验的积累之外，主要是依靠科学研究，对新学科发展加强了解"。很明显，教师科研成果越多，教学内容就越丰富，而且富有新意，学生愿意听讲，培养出来的学生才能适应今后工作的需要。《沉积岩石学》课程组教师在高质量完成本科生和研究生教学任务的前提下，都积极参加科学研究，承担、参与了多项高级别科研项目，在深水牵引流沉积、辫状河三角洲、沉积模拟实验、碳酸盐岩储层沉积学等方面取得了一系列具有鲜明特色的科研成果，曾获省（部）科技进步一等奖 3 项、二等奖 6 项、三等奖 3 项，以胡明毅教授为首的科研团队立项的"碳酸盐岩岩溶储层成因机理及分布预测研究"，获 2015年湖北省自然科学基金计划创新群体项目。这些科研工作极大地提升了教师的科研水平，同时教师及时将这些成果补充到课堂教学中来，并通过"地学之光"讲座向学生介绍，丰富了课堂教学内容，激发了学生的专业兴趣，对本课程的教学起到良好的促进作用，收到了很好的效果。

（四）课程网站建设

课程网站是课程的完善与补充，是课堂教学的延伸与发展，是教学互动、经验交流的平台，也是课程示范辐射的载体。因此，课程网站建设是课程建设的重要内容，也是教学改革的必然要求。在精品课程建设中，课程组就进行了网站建设，内容包括课程概况、教师队伍、教学资源、实践教学条件、网上答疑、教学效果、教学研究、科学研究、课程建设规划等，特别是教学资源和网上答疑部分是学生学习的重要内容。

教学资源包括教学大纲、教材与参考书、授课教案、教学课件、教学录像、典型沉积图片、复习思考题、考试样卷等。此后,根据精品资源共享课的要求,进行了大量的补充和完善,完成了所有理论课和实验课的教学录像。并及时对网站进行更新、充实、维护,使该网站成为学生学习的重要资源和师生进行专业交流的重要平台。

二 推广应用

开展沉积岩石学课程建设以来,通过师资队伍、教学体系、教学内容、教学条件等方面的不断完善及补充,效果明显。2002 年,该课程被评为湖北省第三届省级优质课程;2003 年,该课程被评为湖北省精品课程;2005 年,该研究成果被评为湖北省教学成果一等奖;2008 年,该课程被评为国家精品课程;2016 年被确定为第一批国家精品资源共享课。

课程应用于长江大学资源勘查工程、地质学、地球化学和勘查技术与工程等本科专业教学中,教学效果优秀,并为同类课程的建设起到了示范作用,受到了相关学生、教师、专家、领导的肯定和好评。学生及同行对教师授课的评估值高出全校平均值,在全校教师排名中位居前列。课程建设和教学改革调动了学生学习沉积岩石学的兴趣,学生的学习积极性和主动性明显加强,基本知识的掌握程度和动手能力明显提高,学生综合素质也明显增强,如在 2015 年全国沉积学大会的沉积学知识竞赛中,长江大学学生勇夺冠军。为培养综合素质好、基础扎实、实际应用和动手能力较强的高素质资源勘探类专业人才奠定了基础,受到相关用人单位的高度评价,认为长江大学资源勘查工程专业毕业生"热爱石油事业,工作能力强,团结合作精神强,表现出良好的思想品德素质和专业素质,特别是毕业生在沉积学方面基础理论扎实,动手能力强,具有一定的综合运用所学知识解决实际问题的能力,并且掌握一定的学科前沿发展动态"。

沉积岩石学精品课程先后受到了中国石油大学、中国地质大学(武汉)、西南石油大学、大庆石油学院等相关高校的关注,得到了相关院校教师的好评与肯定,并加以借鉴,网络教学资源和主编的《沉积岩与沉积相》教材等优质教学资源已在中国石油大学、大庆石油学院、西安石油大学、河北地质大学、新疆石油学院、辽河石油职业技术学院等院校相关专业中使用，专业包括勘查技术与工程、地球物理学、地球化学以及资源勘查工程等。此外，还有部分院校选用本教材作为主要的教学参考书，目前，《沉积岩与沉积相》教材已进行了五次印刷，印数达 28000 册。2009 年 12 月，该教材还荣获 2004—2009 年中国石油高等教育优秀教材奖，第二版于 2017 年 1 月出版。

（作者：何幼斌　长江大学地球科学学院）

《画法几何与工程制图》课程建设研究与实践

长江大学图学教学团队隶属于长江大学机械工程学院工业设计系，其前身为江汉石油学院机械系图学教研室。自1978年江汉石油学院成立以来，制图课程就面向全院（校）机类、近机类和土木类专业开设，并于同年成立制图教研室；1998年，将制图教研室改为现在的图学教研室。20世纪八九十年代，江汉石油学院制图教师主要由20世纪60年代和80年代毕业的大学生构成，大部分老教师来自企业，具有工厂实际工作经验，在图学教学中得心应手；他们对年轻教师在教学业务培养方面很重视，严格要求，严把教学关。经多年的严谨教风积淀、团队协作，2002年，《画法几何与工程制图》被评为湖北省优质课程，并于2004年被评为湖北省精品课程。

图学教研室秉承优良作风，不断规范教学管理，认真组织开展教学活动。课程全体教师积极开展教学研究，不断改革教学内容、教学方法和教学手段，严谨治学，严格要求，积极做好各项教学工作，把握好各教学环节，努力提高教学质量。其教学效果得到了同行的认可和学生的好评。其间，教研室有10人次获得校级教学质量优秀奖，3人次获校级青年教师讲课比赛二等奖，1人次获"长江大学学生最喜爱的老师"称号。

一　探索符合现代设计方法的图学精品课程之路

《画法几何与工程制图》是机类和近机类专业的一门必修的技术基础课。以画图和读图为核心，培养学生的空间想象力、分析问题和解决问题的能力。随着现代计算机图形学的发展，出现了计算机绘图，这给现代设计方法带来了革命性突破，实现了直观设计、虚拟设计等。计算机三维绘图为图学教育带来了新的挑战，即传统的教学内容如何与现代设计方法融合。

计算机技术和网络技术的快速发展，为现代教学提供了便利，如何运用计算机多媒体技术和网络技术进行高质量、高效的教学，如何使学生借助这些技术高质量、高效的学习，是图学教育工作者必须思考和解决的问题。

面对科学的快速发展、新设计方法和新教学手段的出现，如何建设一支结构合理、教学水平一流的师资队伍，是满足人才培养要求的充要条件。

长江大学图学教学团队面向全校机械制图开设《建筑制图》《化工制图》《计算机绘图》《建筑阴影与透视》等课程，《画法几何与工程制图》精品课程资源共享在教学内容、教学方法、教学手段、多媒体教学、创新教育等方面的教学成果，不但可以丰富和深化本课程教学的电子教案、虚拟模型、网站、实验指导书、习题集等，将课程建设推向一个新的高度，而且也为其他课程提供了借鉴。

二 明确问题，把握课程教改实质

本课程建设和研究主要涉及教育观念、理念的更新，专业技术基础课的地位与内涵，课程体系和教学内容的改革，考试制度和方法的改革，教学手段和教学方法的改革，充分、恰当地运用现代教学手段，主要研究内容有以下四个方面：

（一）教学内容、方法和手段的改革与创新

为了帮助学生既打下坚实的专业基础，又了解本学科领域的最新成果和发展方向，不断结合科研实践，调整、优化教学内容的体系结构，寻求最为合理、有效的实施方式和教学手段。同时，努力处理好基础性与先进性、经典内容与现代内容、传统手段与现代教学手段的关系。建立教材、教学参考书、电子课件、电子教案以及网络教程等的立体化教材体系，构建将讲授、讨论、作业、测绘等多种教学方式有机地结合，全方位、立体化、多视角的新型教学模式。

（二）以实践、创新能力培养为核心的多层次实践教学模式

以学生为主体，以教师为主导，以能力培养为目标，建立包括基础知识、能力培养、知识的综合应用和课外科技活动多层次等的实践教学新体系。

（三）教学队伍建设

在知识经济的背景下，有关技能高的教师特别是高学历的中青年教师时刻面临着外界的高薪诱惑。因此，如何在日益激烈的人才竞争环境中稳定教学队伍，并且不断地吸引高学历、高层次的人才加盟，是本课程建设必须解决的首要问题。

（四）深化《画法几何与工程制图》课程教学

为了深化《画法几何与工程制图》课程教学，课程团队做了大量的工作。比如，讨论、制订、修改教学大纲，研究教学大纲与专业人才培养计划的有机结合，研究教学大纲中各个知识点的学时分配；研究制图课程的教学手段和方法，对制图课程的课件进行修改；研究《画法几何与工程制图》精品课程建设过程中存在的问题，对网上资源适时地更新和改进。

三　精品建设促进发展，教学成果实现共享

（一）课程建设了一支结构合理、教学水平高的师资队伍

学校通过引进高学历人才、在职攻读博士学位、出国访学、专题培训、在岗自学等方式，提高教师队伍的学历水平，改善其知识结构和职称结构，提高其业务素质和潜力。经常开展教学方法研究，实行集体备课制度，讲课的内容、方法、方式及例题、习题的选取，都经过集体切磋、讨论，保证了良好的教学效果。同时，建立了良好的青年教师培养机制，严格实行导师制度、试讲制度，制订并执行青年教师培训进修计划。

目前，教学团队具有博士学位教师的比例为56%，40岁以下的教师均为在读博士，高级职称教师比例为60%，共获校级教学质量奖14项，长江大学教学突出贡献奖1人，学生评教平均分在90分以上；青年教师培养卓有成效，近几年来，青年教师共获校级教学质量优秀奖4项，省

教学竞赛奖 1 项，校教学突出贡献奖 1 项。

（二）进行了适应现代设计方法的图学教学内容、方法和手段改革

教学团队适时跟踪国家标准、现代设计方法、先进制造和测绘技术，拓宽学生视野。认真落实讲授、讨论、作业、实践、考核和教材建设六个课程教学要素并形成特色。

结合现代设计方法的发展，基于三维设计方法，我们调整了课程体系及内容结构，修订了课程教学大纲，课程设计教学大纲，测绘教学大纲，制定了各种实践实验指导书；展开了"工程制图与机械系列课程协调性""图学课程与计算机绘图的融合"等专题研究。教学改革满足了社会对人才的要求，有助于学生克服学习困难，提高学习兴趣，增强教学效果。

（三）构建了现代图学的立体化教材

注重传统图学理论与现代科学技术逻辑关系，结合现代设计和制造发展，整合教学内容，并将教学改革成果应用于教材编写和修订。建立了由多媒体课件、教学大纲、教案、习题库、试题库、三维模型库、虚拟装配与测绘实验室等组成的教学网。

教学团队共编写教材 6 部，其中，主编《SolidWorks2012 三维设计教程》和《现代工程图学》两部教材，配套制作了三维虚拟模型库和 CAI 课件，并在湖北省精品资源共享课网站上共享；作为副主编参编教材 3 部。新编教材、配套课件、教学网站及相关学习资料相辅相成，形成了该课程真正意义上的"立体化教材"。

（四）建立了符合现代设计方法的创新教育体系

在多年的教学实践中，我们对教学内容、教学手段和教学效果等做了深入的探索与实践，并坚持开展教科研工作，将本学科的最新教科研成果融入课堂教学，让优秀学生以辅助制图形式参加科研，调动学生学习本课程的积极性，形成示范作用。

1. 采用了先进有效的教学方法

教学中实行现代教学手段与传统教学手段（如模型、挂图、幻灯片和投影仪等）的有机结合。比如，采用多媒体教学、电视教学、讨论式教学、自主学习式教学相互穿插的方式，使课堂教学既直观形象，又具有互动性，产生了很好的教学效果。此外，在班上建立制图学习兴趣小组，制图学习兴趣小组长定期组织本组同学进行讨论，同时，采用作业互查制度，较好地提高了学生的学习主动性。

2. 重视理论联系实际，加强创新能力的培养

采用专题设计的方法，鼓励学生发散式思维，并用三维软件进行造型，以展示优秀的创新结果；组织和鼓励学生参加计算机三维实体创新设计大赛；组织和辅导学生参加全国性的创新设计大赛及创造性活动，比如，机械创新设计大赛、全国制图创新大赛、工业设计竞赛等，鼓励和支持学生申请和推广专利。

教学团队指导的学生先后在全国制图大赛获奖 80 项，其中，团体一等奖 6 项，团体二等奖 4 项，个人全能及单项奖 83 项；参加制图大赛的成员在"挑战杯"、机械创新设计大赛等学科竞赛中获得省部级以上奖励 22 项，其中，国家级奖励 4 项，获得优秀学士学位论文 7 篇。

教学团队在教学中建立的现代设计方法的创新教育体系大致概括如下图所示。

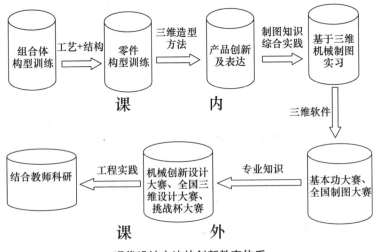

现代设计方法的创新教育体系

（五）形成了教学与科研并重的学术氛围

近四年来，在教育与科研中取得丰硕成果。教学团队教师共主持或参与 5 项教研项目，其中省级 1 项。获发明专利 6 项，实用新型专利 30 项，软件著作权 1 项，论文 30 篇。获校教学成果二等奖 3 项，校教学突出贡献二等奖 2 项。指导学生参加科研工作，获奖 11 项。

（作者：刘旭辉、吕志鹏、蒋　薇　长江大学机械工程学院）

"四创协同"与"开放共享"理念下地方高校创新创业人才培养体系创新研究

大学生创新创业能力培养，是高等教育人才培养的重要内容。深化高校创新创业教育改革，是国家实施创新驱动发展战略、促进经济提质增效升级的迫切需要，是推进高等教育综合改革、促进高校毕业生更高质量创业就业的重要举措。为此，长江大学作为省属地方综合性大学，积极响应中央和教育主管部门的号召，大力开展创新创业教育工作，不断推进创新创业教育改革。经过多年的探索和实践，学校在构建学生创新创业能力培养体系方面不断创新，走出了一条地方高校创新创业人才培养的特色之路。

一 凝练了"纵横一体"的创新创业教育理念

学校在创新创业教育理论与实践的探索中，逐步确立了"四创协同"和"开放共享"两大教育理念。"四创协同"理念体现在对学生创新创业能力纵向发展本质规律的认识，蕴含全面发展、个性化、多样性和系统性的创新创业教育观念；"开放共享"的理念着眼于横向的整合多元化异质性教育资源和结合社会实际培养创新创业人才的观念。两大理念通过纵向递进和横向互补，形成了"纵横一体"的创新创业能力培养体系，促进了教育资源的有效配置和学生创新创业能力的不断提升。

（一）确立"四创协同"的理念

结合学生创新创业能力层级递进式发展规律，形成不同阶段和不同学生"创新、创意、创造和创业"能力的协同培养思想。此外，根据大学生创新创业人才培育的阶段性特点，又可进一步将四类能力培养过程划分为创意形成阶段、知识准备阶段、能力发展阶段和行为发生阶段。

在此基础上,学校将"四创协同"理念贯穿到整个人才培养体系构建的过程之中,有效地发挥了方向引领的重要作用。

(二)确立"开放共享"的理念

着眼于为社会发展培养多样化人才和整合多元化异质性教育资源,将学生创新创业能力培养目标与过程相统一。在创新创业教育过程中,既要落实全面满足大学生能力提升的多方需求,又要尽可能满足不同学生成长发展的个性化需求。为此,高校应将教育相关资源物化为创新创业载体或平台,全面满足学生不同阶段、不同类型的需求,逐步形成"开放共享"的教育培养理念。

二 探索"1+4"星型协同培养机制

在两大理念的引导下,将"云"技术与"四创"能力层级递进式培养过程相结合,形成了基于"云"技术的意识、知识、能力和行为的协同培养机制。"云"技术具有"有限空间、无限应用"的特点,是整合创新创业教育资源的新技术。结合两大理念,学校围绕"四创"能力的"意识—知识—能力—行为"四层级递进式培养过程的特点,形成了基于"云"技术+"意识—知识—能力—行为"的协同培养机制(以下简称"1+4"星型协同培养机制)(见图1)。学校将这一协同培养机制深度融入不同专业背景、不同能力培养目标、不同能力培养阶段的课程体系和实践体系之中,形成了培养合力,构建了云中四创课堂、云中实验室、云中创意实训、云中模拟创业等特色化协同培养体系,提高了学生创新创业能力培养的成效。

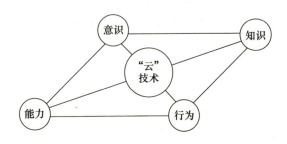

图1 "1+4"星型协同培养机制

三 构建"五位一体"培养体系

（一）"树状结构"的目标体系

在把握学生创新创业能力培养规律的基础上，坚持全面育人与因材施教相结合的原则，构建了"树状结构"的目标体系（见图2）。（1）以创新创业精神、创新创业意识和创新创业知识的培养为根，为创新、创意、创造和创业能力培养提供源源不断的"养分"；（2）以创新能力培养为"茎干"，作为创意能力和创造能力培养的支撑，发挥"养分"传输渠道的作用；（3）以创意能力和创造能力培养为"枝干"，促进学生个性化发展；（4）以创业能力培养为"果实"，促进面向社会、面向市场的学生创新创业能力的全面发展。

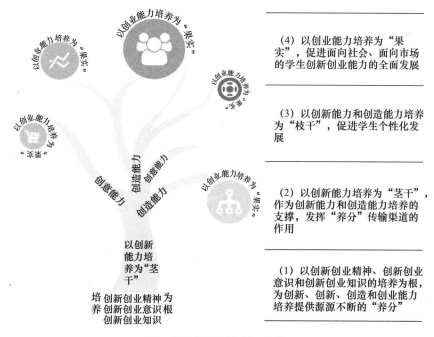

（4）以创业能力培养为"果实"，促进面向社会、面向市场的学生创新创业能力的全面发展

（3）以创新能力和创造能力培养为"枝干"，促进学生个性化发展

（2）以创新能力培养为"茎干"，作为创新能力和创造能力培养的支撑，发挥"养分"传输渠道的作用

（1）以创新创业精神、创新创业意识和创新创业知识的培养为根，为创新、创新、创造和创业能力培养提供源源不断的"养分"

图2 "树状结构"的目标体系

（二）"交叉融合"的课程体系

与学生创新创业能力培养目标体系相衔接，针对创新创业教育课程体系分散和缺乏系统性问题，采用"创新创业教育与专业课程相融合、线上课程与线下课程相融合、校内课程与校外课程相融合"的方式，形成了三类创新创业课程模块（见图3），即以创新能力培养为目标的通用型课程模块、以创意能力和创造能力培养为目标的专用型课程模块、以创业能力培养为目标的应用型课程模块，实现了跨专业、跨学校课程体系的交叉融合和开放共享。

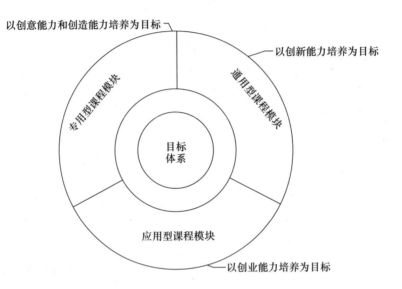

图3 "交叉融合"课程体系

同时，学校以在线开放课程作为教学改革的重要抓手。四年以来，学校累计引入93门次各类课程，4万多人次选修并获得学分，课程整体通过率达85%以上；100余门次课程开展了翻转课堂或混合式教学改革，18项与之相关的省级教学改革研究项目获批立项；"十一五"至"十二五"期间，9门课程被评为国家精品课程和精品开放课程，38门课程被列为省级精品课程和精品开放课程；各教学单位将学生创新创业能力培养体系有机地融入各学科专业的人才培养方案中，大胆尝试制度创新，开展了形式多样、内容丰富的实践教学活动，取得了显著成效。创业中心和创业实验班引入国家人社部推荐的在线创新创业实训系统。

（三）"层级递进"的实践体系

通过"云"技术整合了以往分散的创新创业实践载体，结合学生创新创业能力培养的多维度和多阶段特点,从"意识(Consciousness)—知识(Knowledge)—能力(Capacity)—行为(Action)"(以下简称 CK-CA)四维度,构建了"层级递进"的学生创新创业能力培养实践体系,即"大一重意识培养、大二重知识培养、大三重能力培养、大四重行为培养"。该实践体系将过程与结果相统一,既注重学生创新创业能力培养的内在发展规律,又能使创新创业能力培养与社会需求紧密结合。

(四)"统筹协同"的管理体系

为了解决学校创新创业教育管理条块分割、师资缺乏、评价机制不完善等问题,学校通过重构组织体系、优化管理流程、建立规章制度,形成了分头推进、多部门联动、齐抓共管、全方位协同推进的管理体系,构建了校院协同、部门协同、校企地协同的协同管理机制。建立了校内与校外结合、专职与兼职结合的创新创业师资队伍体系,实施了"长江讲坛""致远计划""三百名师计划"《长江大学关于开展科技特派员基层创业行动实施办法》等特色活动和管理办法。引入管理学领域战略绩效评价方法的思想,建立了基于平衡计分卡(Balanced Score Card,BSC)的开放环境下高校创新创业教学质量多维度评价体系即"统筹协同"的管理体系(见图4)。

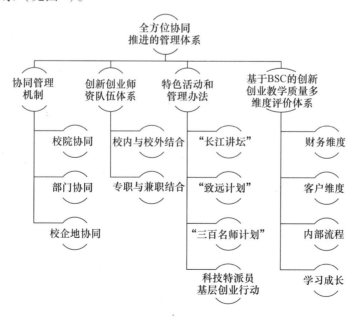

图 4 "统筹协同"的管理体系

（五）"彰显特色"的服务体系

结合学校石油地质、湿地农业、荆楚文化和区域经济四大行业的办学特色，以为大学生创新创业主体提供全方位、"一站式"优质服务为宗旨，从创业公共服务、投融资服务、项目对接服务、培训服务、导师服务和基金服务六方面入手，构建了创新创业服务体系（见图5）。目前，长江大学已与荆州市政府联合建立了创新创业服务站、面向创新创业主体、服务机构、高校科研院所等，提供政策咨询、创新促进、创业协助、技术供求、成果转化等服务，推进大学生创业教育、创业实践和项目孵化。

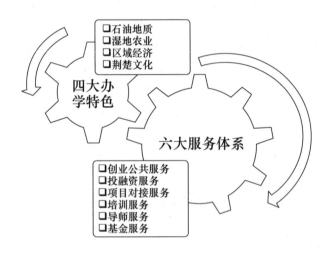

图5　"彰显特色"的服务体系

四　构筑"一引四创"的实践平台

在两大理念和"1+4"星型协同培养机制的指引下，将以往分散的创新创业教育实践平台进行整合，形成了引领平台、创新平台、创意平台、创造平台和创业平台创新创业教育的五大实践平台（见图6）。通过引领平台发挥创新创业教育研究、创新创业科学研究、创新创业顶层设计、创新创业综合服务、创新创业示范辐射等作用，为其他四大平台提供引导和支撑；通过创新平台，提高设计与创新型实验开出率，开展赛课结合，组建创新团队，实现校内与校外创新创业教育资源的开放共享；通过创意平台，为区域经济发展献计献策，实现校地之间创新创业教育资源的开放共享；通过创造平台，依托开放实验室开发各种新产品，实现校企之间创新创业教育资源的开放共享；通过创业平台，将科研成果转化为现实生产力，实现校地之间、校企之间创新创业教育资源的开放共享。

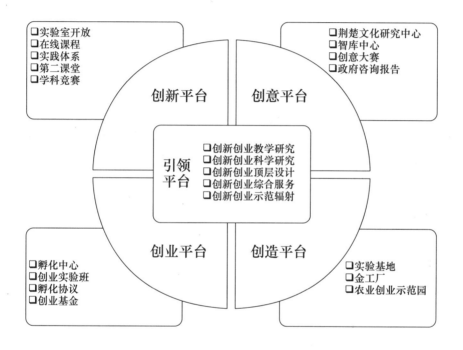

图6 创新创业教育的"五大实践平台"

五 取得丰硕的创新创业成果

（一）学生综合能力显著提升

1. 提升了学生的综合素质

仅2016年，学生公开发表论文468篇，获专利80项，初次就业率由2013年的87.33%提高到2016年的94.41%；获湖北省优秀学士学位论文

230 篇，在省属高校中名列前茅。

2. 提高了学生创新创业能力

2015—2016 年度，有近 1000 人次获得省级以上学科竞赛奖项，其中国家级 64 项；创业实验班自愿报名人数达到 324 名；大学生双创计划仅2015—2016 年度就立项 137 项，结题 102 项，42 项获得省级计划，13 项获国家计划；每年都有论文入选全国大学生创新创业论坛并做交流；学校荣获"2012—2014 年度国家级大学生创新创业训练计划实施工作先进单位"荣誉称号，长江大学是湖北省唯一获奖的省属高校；涌现了一批创新创业典型人物。

3. 提高了科研成果转化能力

通过建立创业公共服务站，入驻企业 62 家；获批湖北省创业扶持计划 10 家；石油管道巡线无人机项目获得"青桐汇"的"奇迹之星"并获贷款 10 万元，且与石油管道公司签订了战略合作协议。

通过建立"服务社会"的大学生创意转化新平台，以促进高校人才培养、科学研究和社会服务三大职能协调发展为目标，成立大学生智库中心，探讨了借助该智库平台来促进大学生创意能力培养的途径。通过智库火花征集、创新创业训练计划、参与教师调研课题等活动形式，强化学生创新意识和创意潜力的培养，利用大学生的创新精神和创意成果，为地方经济社会发展建言献策，促进大学生理论联系实际，发挥了大学生服务于社会的决策咨询作用。

（二）创新创业活动引起广泛关注

长江大学学生创新创业活动引起了社会的较大关注。社会资本投资者等纷纷到校考察，寻求投资项目，仅兰科白芨项目就获得风投资金 3500 万元，并已投入生产，带动了大学生创业就业，促进了地方经济发展，也为促进大学生创新创业起到了良好的示范效应。近年来，长江大学先后有政府单位和省内外高校如北京航天航空大学、湖北民族学院、荆楚理工学院的同行到学校进行考察、交流，学校创新创业教育的一些举措，得到了同行的一致认同。同时，长江大学在全国大学生创新创业年会、全国石油高校创新创业教育会议等重要会议中均做了典型发言，获得一致好评。

（三）创新创业成果获得社会好评

1. 社会赞誉良好

长江大学的创新创业教育受到社会媒体的广泛关注。2017 年 1 月 18

日，长江大学率先在全国成立"大学生智库"，新闻在《中国教育报》刊出后，随即被多家媒体转载；长江大学针对创新创业过程中存在的问题，成立财经素养教育课程开发小组，开设的"财经素养教育系列课程"等也被《中国教育报》、新华网等多家媒体报道，获得了学生和社会的好评。

2. 各级领导评价高

湖北省教育厅厅长刘传铁、副厅长张金元 2016 年两次视察长江大学创新创业中心，高度赞扬学生创业项目；时任荆州市市长杨智带领相关部门领导 40 多人视察了中心，对长江大学创新创业给予了大力支持，每年支持长江大学创新创业资金 500 万元，连续五年支持。

（作者：裴　潇　长江大学管理学院）

附件：长江大学国家、省级在线开放课程一览

精品课程	沉积岩石学	国家、省级	2008 年、2003 年	何幼斌	地科学院
	生产测井原理	国家、省级	2008 年、2007 年	郭海敏	地物学院
	地震勘探原理	国家、省级	2009 年、2009 年	毛宁波	地物学院
	力学（双语）	国家、省级	2010 年、2010 年	张昆实	物理学院
	无机及分析化学	省级	2003 年	易洪潮	化工学院
	中国现当代文学	省级	2003 年	沈光明	文学院
	高等数学	省级	2004 年	陈　忠	数学学院
	画法几何与工程制图	省级	2004 年	徐小兵	机械学院
	光学	省级	2004 年	徐大海	物理学院
	大学物理	省级	2005 年	杨长铭	物理学院
	混凝土结构	省级	2005 年	许成祥	城建学院
	感测技术	省级	2006 年	李　涛	电信学院
	数字信号处理	省级	2007 年	刘益成	电信学院
	石油与天然气地质学	省级	2007 年	林小云	地科学院
	大学物理实验	省级	2008 年	田永红	物理学院

续表

精品 课程	普通遗传学	省级	2008 年	田志宏	农学院
	单片机原理及应用	省级	2008 年	徐爱钧	电信学院
	信号与系统	省级	2009 年	张正炳	电信学院
	油藏物理	省级	2009 年	汪伟英	油工学院
	医学免疫学	省级	2010 年	丁建中	医学院
	统计学	省级	2010 年	黎东升	经济学院
	化工原理	省级	2011 年	吴洪特	化工学院
	钻井工程	省级	2011 年	熊青山	油工学院
	油藏工程基础	省级	2011 年	刘德华	油工学院
精品 视频 公开 课	透视地下油藏——找寻石油的地震方法	国家、省级	2012 年、2012 年	毛宁波	地物学院
	楚文化漫谈	国家、省级	2014 年、2013 年	徐文武	文学院
	用光记录世界	省级	2014 年	程庆华	物理学院
	母婴护理	省级	2015 年	周红	医学院
	沉积岩石学	国家、省级	2013 年、2012 年	何幼斌	地科学院
	生产测井原理	国家、省级	2013 年、2013 年	郭海敏	地物学院
	地震勘探原理	国家、省级	2014 年、2012 年	毛宁波	地物学院
	大学物理实验	省级	2013 年	田永红	物理学院
	石油与天然气地质学	省级	2014 年	林小云	地科学院
	混凝土结构	省级	2014 年	许成祥	城建学院
	画法几何与工程制图	省级	2014 年	刘旭辉	机械学院
	信号与系统	省级	2015 年	张正炳	电信学院
	兽医药理学	省级	2015 年	阮国良	动科学院
	大学物理	省级	2015 年	扬长铭	物理学院
精品课 在线开 放课程	中外文化精神十讲	省级	2017 年	李华平	文学院